华为营销基本法

华为销售铁军是怎样从胜利走向胜利的

刘春华 著

清华大学出版社
北京

内 容 简 介

本书采取"扎根理论、文献梳理、案例实证、案例拓展、比较研究、知识归纳和行动规划"七大方法，以华为及其营销体系的发展为线索，对华为的营销使命、文化、技能、素质、制度、业务流程、业务获取、业务绩效与评价、职业通道、持续学习、团队等方面进行分析，通过123个案例萃取出华为营销基本法。本书共计十一章，分为三篇：铸魂篇、筑技篇和逐梦篇，按照华为营销体系的实际脉络，梳理出华为营销基本法的五个步骤：内化于魂、固化于制、实化于技、潜化于质、优化于新。

本书力求引用案例真实，客观展示华为营销体系的全面性、系统性和科学性。本书语言浅显易懂，案例描述言简意赅，理论归纳深入浅出，希望能为企业界和学术界提供别样的探索视角和学习材料。

本书封面贴有清华大学出版社防伪标签，无标签者不得销售。
版权所有，侵权必究。举报：010-62782989，beiqinquan@tup.tsinghua.edu.cn。

图书在版编目(CIP)数据

华为营销基本法：华为销售铁军是怎样从胜利走向胜利的 / 刘春华 著. —北京：清华大学出版社，2019（2024.3重印）
ISBN 978-7-302-53601-7

Ⅰ.①华… Ⅱ.①刘… Ⅲ.①通信企业—企业管理—营销管理—经验—深圳 Ⅳ.①F632.765.3

中国版本图书馆 CIP 数据核字(2019)第 174353 号

责任编辑：施 猛
封面设计：熊仁丹
版式设计：方加青
责任校对：牛艳敏
责任印制：沈 露

出版发行：清华大学出版社
网　　址：https://www.tup.com.cn, https://www.wqxuetang.com
地　　址：北京清华大学学研大厦 A 座　　邮　编：100084
社 总 机：010-83470000　　邮　购：010-62786544
投稿与读者服务：010-62776969, c-service@tup.tsinghua.edu.cn
质 量 反 馈：010-62772015, zhiliang@tup.tsinghua.edu.cn

印 装 者：三河市东方印刷有限公司
经　　销：全国新华书店
开　　本：170mm×240mm　　印　张：18.25　　字　数：280 千字
版　　次：2019 年 9 月第 1 版　　印　次：2024 年 3 月第 7 次印刷
印　　数：13001～14000
定　　价：78.00 元

产品编号：084665-01

贺辞

科技和营销一样，是没有国界的。它们的目标在于提升人类的生活质量，满足人们对美好生活的需求。营销和技术一样，它们的提升需要工匠精神，需要奋斗精神，需要从业者矢志不渝、砥砺前行。《华为营销基本法》一书的宗旨就是发挥营销的力量，让更多的中国企业在营销体系上不断优化、持续提高，让中国企业在国际舞台上绽放出中国智慧和中国自信。

——中国工程院院士、世界著名杂交水稻专家　袁隆平

《华为营销基本法》一书对华为营销体系进行了系统、科学的研究，对中国企业的营销创新和升级具有启发意义。企业要实现新旧动能转换，商业模式要不断创新，华为的战略、技术、品牌和营销都值得企业关注。

——中国社会科学院学部委员、中国著名经济学家　汪同三

对企业来说，市场是最重要的。企业都在拼命，有的为生存而拼命，有的为"珠峰登顶"而拼命。无论是想成为某领域的全球冠军，还是想打造世界一流企业，都要坚守一个中心，就是心无旁骛坚守主业；还要坚守两个基本点，一个是聚焦市场，一个是聚焦短板，永远要坚定信念打胜仗。《华为营销基本法》一书

以刘春华先生知行合一的管理实践与精彩案例深刻揭示了营销的精髓和方法，是值得精读和思考的一本好书。

——全国劳动模范、全国五一劳动奖章获得者、徐工集团董事长　王民

我把此书推荐给想了解华为营销体系、营销文化的人们，想从华为的发展中借鉴思想的人们，想关注华为可持续发展的人们。

——中国中铁高新工业股份有限公司总经理　李建斌

营销管理既是科学，也是技术，既是理论、智谋，也是实践、战略。此书不只是一首华为营销史诗，更是一部由成功企业家与著名营销管理专家撰写的营销著作。

——凯尔福优国际医养健康产业有限公司 创始人/CEO　高夕结

企业打造自主品牌的落脚点在于核心技术，在于创新营销，在于培养有匠人精神和奋斗精神的管理干部。本书无疑是一本介绍以上宝贵实践经验的优秀书籍。

——天威控股董事局主席　贺良梅

本书凝聚了刘春华先生的营销和管理智慧，以系统的思维和生动的案例对华为的营销体系进行了精彩诠释，对新经济时代产业转型升级和商业模式创新具有很强的指导意义。

——山东省人大代表、海洋产业协会会长、明月海藻集团有限公司董事长　张国防

贺　辞

本书全面、系统地挖掘和揭示了华为公司多年来的成功营销经验，从"魂、技、梦"三个层面充分展现了营销既要推陈出新、以奇制胜，又要刚柔并济、动静结合的本质特征。本书值得推荐！

——中国海洋大学管理学院教授、博导　李志刚

本书能够帮助管理者认清营销的本质、抓住营销的核心、锻炼营销的思维、提升营销的技能。希望更多的企业管理人员和营销人员能够看到这本书，创造属于自己的营销奇迹！

——华仁物业董事长　解艳燕

不管对于资深学者，还是对于企业营销管理者，刘春华老师的《华为营销基本法》都是一部经典的教科书和营销行动指南。

——海洋化工研究院院长　王波

刘春华老师的《华为营销基本法》一书，通过真实案例解读，系统地提炼了华为公司营销与管理思路，萃取出了华为营销的基本方法。本书是营销工作者快速提升营销管理技能的捷径，相信您研读本书后会获得巨大的收获。

——青岛国信发展(集团)有限责任公司副总经理、党委委员　国信学院常务副院长　刘晓东

罗马不是一天建成的，华为践行日积跬步的艰苦奋斗精神，成为世界级的伟大公司。华为的市场营销和人才队伍建设方法，具有重大借鉴意义。

——华睿停车科技发展有限责任公司总经理　奚丽亚

"以奋斗者为本,坚持长期艰苦奋斗"的发展理念成就了华为。本书聚焦华为营销,其中的营销体系的转型和升级案例值得借鉴。

——黑猫集团党委书记、董事长　王耀

本书全面解析了华为营销的基本方法,对中国企业的营销创新和体系建设来说具有重大借鉴意义,将成为各企业研究学习的范例。

——元和生物农业创始人　展彬

本书精选100多个华为案例,将营销知识系统性地内化为实操技能。华为提升服务质量和增强营销效能等做法很值得借鉴。

——海信集团物流管理部总经理、青岛赛维电子信息服务股份有限公司总经理　孙瑛

回看华为走过的路,学习他们对待客户的态度、严谨的工作作风、刻苦的精神以及坚定的信仰,更加深刻领悟以客户为中心、以奋斗者为本和长期坚持艰苦奋斗的立业之魂,对现在和未来都具有现实的意义。

——青岛达翁集团总裁　戚振香

聚焦华为营销,探寻华为巨大成功背后的营销基因,让营销界学者和实践者在探索的道路上多了一盏指路的明灯。

——生活家地板总经理　林德英

大国重技,强企在营

刘春华老师邀我为《华为营销基本法》作序,我欣然同意。

华为是中国最受尊重的企业之一,和中铁工业公司一样,在中国强国之路上,都进行了艰苦卓绝和富有成效的探索。大国重器是中国复兴的基石,中国企业在夯实基石中所扮演的角色永远是开拓者和实践者。

华为是世界5G通信标准的重要制定者之一,而技术没有国界,致力于构建万物互联的智能世界是华为为自己制定的使命。

中铁工业公司的核心产品掘进机(第三代掘进机包括盾构和硬岩TBM)的发展将促进建筑事业的发展,促进社会文明的进步。为人类的美好生活和梦想做出贡献是中铁工业公司的使命。

中国经济的崛起世界瞩目。但"木秀于林风必摧之",在开拓国际市场的进程中,华为集团和中铁工业公司一样,有时候"雾中行走","修昔底德陷阱"的怪圈若隐若现,而马尔科夫链效应又不给我们放慢脚步进行喘息的机会。

"沉舟侧畔千帆过,病树前头万木春。"经历磨难的企业才可能诞生基业长青的基因,诚如华为总裁任正非先生所言:烧不死的鸟才是凤凰。

中国的企业应该向华为学习:锲而不舍的技术投入,绳锯木断的奋斗精神,海纳百川的包容文化。

我们能够向华为学习的内容有很多,诸如人力资源、财务、文化、战略等,但是研究华为营销方面的书籍却十分匮乏。这可能是因为华为的营销属于B2B(企业对企业)营销,而不是大众所熟知的B2C(企业对顾客)营销。中铁工业公司的营销模式和华为很相似，也属于B2B营销，属于大客户营销或者工程营销的范畴。

在企言企。毋庸置疑，营销是所有企业经营管理的重中之重，做好了营销，就如同执管理牛耳。科学和健全的营销体系是华为成功基因的重要组成部分，学习华为的营销和管理思路，是企业管理者们在新旧动能接续转换的换挡期里提升营销管理技能的不错选择。

大国崛起靠技术驱动和创造精神，企业强大靠技术和营销的齐头并进，这就是我们熟知的工业微笑曲线的逻辑。我们可以简单地总结为：大国重技，强企在营。

我拿到《华为营销基本法》的书稿时，眼前一亮。这本书萃取了华为营销成功背后的规律、逻辑和演变路线，最后形成了华为营销的理论架构。仔细研读，脉络清晰，言简意赅；案例生动，哲理丰富，趣味横生；点评到位，剖析深刻，智慧闪烁，引人思考。所以我把此书推荐给想了解华为营销体系、营销文化的人们，想从华为的发展中借鉴思想的人们，想关注华为可持续发展的人们。

如果一本营销书籍仅仅讲理论，就乏善可陈，读起来也味同嚼蜡，结果就是：始于开卷兴奋，终于半途而废。而《华为营销基本法》一书的独到之处是，它有一个非常巧妙的引人入胜的设计思路：概念到理论，理论到案例，案例到点评，点评到拓展案例，拓展案例再回归到普世方法论。简单来讲，就是共性到个性，个性到普世共性，两个来回都有案例作实证。我非常赞同任正非先生提出的观点：企业的成功主要源于技术创新与商业模式创新，本书所分析的营销属于商业模式、商业思想中最直观的部分。

本书付梓时，恰逢中美贸易摩擦激烈之时，也是华为被美国极限施压的至暗时刻，全国知名高校莘莘学子纷纷声援华为，提出"到华为去"。而华为的创始人任正非显得从容不迫，他的镇定从容、深水静流的治企哲学在本书中也有充分体现。

任正非借用"灰度"一词教育干部和员工不要走极端。在正确处理本土化和国际化的矛盾，正确对待与客户、竞争对手(友商)、供应商的竞争和合作关系和加强管理干部的心理承受能力方面，"灰度思维"都是非常好的坚守与妥协巧妙结合的思维。(上述观点来自《华为营销基本法》一书第十章《职业通道》中的相关案例)

序　言

　　这一点，也引起了我的共鸣。中铁工业公司的主要产品之一是盾构机，它的技术水平已经达到国际一流水平，在公路、铁路的建设中，为工程建设走出中国，为"一带一路"建设做出了贡献。从哲学角度来看，盾构的主要作用是矛，以矛穿石，次要作用是盾，以盾护人，然而却被叫作盾构，矛盾同体，互不矛盾，前矛后盾，实实在在是一个矛盾机。

　　矛盾哲学与灰度思维，是创新与守成，刚毅与柔韧的有机统一。内圣外王，厚积薄发；功不唐捐，博观约取；蓄势待发，一飞冲天。

　　"上根大器，一念直超。"企业界和学术界亟待学得会、用得着的营销经典书籍。

　　天宫和蛟龙的"上天入地"，盾构机的"逢山开道"，5G技术的"智联世界"，无不诠释了中国方案和中国智慧，向世界展示着：道路自信、理论自信、制度自信和文化自信。

　　志之所趋，穷山距海，艰难险阻，不可阻挡。"不尽狂澜走沧海，一拳天与压潮头"，这就是我们这代人的真实写照。靠着创造者的勇气，劈波斩浪，闯出狭小区域汇入海洋，何其幸运。

　　我们赶上了中国百年来国运蒸腾日上的时代，我们不该辜负这个时代。

　　在飘香的书籍里面，探寻华为的智慧，寻找未来的真我。"身体是慢慢长大的，而智慧却是一下子就顿悟的。"

　　或许，《华为营销基本法》一书，是点亮你智慧的那盏青灯。

　　大国重技，强企在营，是为序言。

中国中铁高新工业股份有限公司总经理

中华有为，此为序章

　　一本书的付梓就像一部电视剧杀青一样，它的生命只是刚刚开始。我诚惶诚恐地把这本书奉献给读者的时候，我特别期待读者能悟出其中的"弦外之音和心内之法"。

　　在美国打压华为的背景下，华为公司及其附属公司被美国列入管制"实体名单"，华为迎来了它发展历程中的至暗时刻。2019年5月17日凌晨，华为旗下的芯片公司海思半导体总裁何庭波发布了一封致员工的内部信，这封信的结尾是一首充满了豪情和壮志的诗句："滔天巨浪方显英雄本色，艰难困苦铸造诺亚方舟。"

　　2019年5月21日，华为创始人任正非在深圳华为总部接受了央视新闻频道"面对面"记者的专访，他说："我们根本不会死……我们梳理一下问题，哪些去掉，哪些加强，胜利一定是属于我们的……"

　　"华为不死"的从容来自华为32年的厚积薄发、日拱一卒的艰苦奋斗。在华为艰苦奋斗的历程中，有一个不可忽略的因素，那就是营销体系的日臻完善、不断迭代和持续赋能。

　　作为营销工作的实践者、学习者和传授者，我在企业从事管理工作时就已经开始关注华为的营销思想了，如今算来已经有20年的历史。兼之我的博士论文的题目是《基于扎根理论的华为公司与海尔公司国际化成长路径对比研究》，扎根理论的特点就是持续地跟踪个案企业，"一切现象和行为皆为证据。"

　　在学术研究的过程中，我多次通过电话访谈、网络调研和实地考察了解华为，在各地授课时对华为营销案例予以整理，在这些过程中加深了对华为营销体系的认知和理解。

管理研究依赖于真实的数据和资料。我从未离开管理岗位，在管理企业的同时，从一个实践者的角度来审视、推敲、探究华为的每一个营销管理细节，在创作这本书的时候力求保证华为营销管理的原汁原味。

为能真实地展现华为营销的精髓，本书采取"扎根理论、文献梳理、案例实证、案例拓展、知识归纳、比较研究和行动规划"七大组合方法，以华为及其营销体系的发展为脉络，对华为营销的使命、文化、技能、素质、制度、业务流程、业务获取、业务绩效与评价、职业通道、持续学习、团队等各个方面进行分析，以123个案例为依据，最后萃取出了华为营销基本法。

管理中有句俗话："管人管心，浇树浇根；追事追因，挖井挖深。"法规是规范的、标准的，是可以复制的。本书的11章就是华为营销法规的11个纲要，它可以供企业管理者们在提升营销管理水平的过程中选择性地复制和借鉴。

为让读者读起来"有序、有理、有料"，11章又分为三篇：铸魂篇、筑技篇和逐梦篇，按照华为营销体系的实际脉络梳理出建立营销基本法的五个步骤：内化于魂、固化于制、实化于技、潜化于质、优化于新，如图1所示。

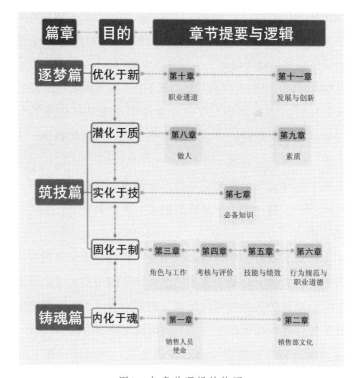

图1 各章节逻辑结构图

前　言

本书的创新点在于：不是空洞理论和行为现象的简单堆砌，而是通过123个案例的阐述和作者点评，归纳出知识点和理论体系。为做到"开卷有益，学以致用"，大多数案例在作者点评结束后，都附有读者所在企业或者团队应该"举一反三、查人知己"的三个思考题目。为保证学习和思考的系统性和连贯性，每一篇结束都有学习小结，以便于读者加深对书中知识点的理解，甚至于本书还帮助读者设计好了下一步的行动计划，供读者及其团队参考或者选择借鉴。"行胜于言，行胜于知"，实践是检验真理的唯一标准。

"一读万古春，一行万古愁。""非知之艰，行之惟艰，忱则不艰。"知与行的距离既是天壤之距，又是一纸之隔，关键看读者如何使用本书所列举的工具和方法。

"两句三年得，一吟双泪流。知音如不赏，归卧故山秋。"为客观展示华为营销体系的全面性、系统性和科学性，本书语言竭力浅显易懂，案例描述极力言简意赅，对华为营销体系中创新方法、脉络规律、理论原理和演变路线的归纳力求深入浅出。为让枯燥的营销学知识能够"有情、有文、有趣、有味"，案例描述后的点评和拓展案例部分引经据典、贯穿古今，争取为企业界和学术界的广大营销实践者和学习者提供别样的探索视角、轻松的读书氛围和迥然的学习风格。

营销技术和科学技术是人类智慧的结晶，是人类的共同语言，人类应该共享由它们带来的美好生活。一个割裂的全球技术网络和市场，最终不仅伤害技术本身，也伤害人类社会发展。无论最终华为事件(美国打压华为)如何结束，我们都期望它不影响全球化驱动的技术创新与市场的繁荣和开放。而本书的宗旨之一，也是弘扬营销的力量，让更多的中国企业在营销体系上不断优化、持续提高，让中国式营销方案影响世界。

撰写一本书的繁重任务不亚于拍摄一部电视剧，它同样需要一个团队的共同努力。写书的辛苦可谓"一盏青灯伴古佛，半为修道半入魔"，"夜静天高云舒卷，只闻杳杳键盘声"，"披星戴月伴晨露，开窗又见鱼肚白"。为让本书版面设计更生动，视觉更轻松，本书专门设计了一定数量的漫画配图。这一工作得到了许多人的支持和帮助，尤其是国内知名视觉设计师叶文玮和青岛欧亚传媒创意总监李友友和高级设计师隋宁宁，他们用不到半月的时间创作出86幅漫画插图，在此向他们表示感谢！

同时,特别感谢我的博士生导师南开大学商学院院长白长虹、中国海洋大学管理学院院长权锡鉴、中国海洋大学管理学院副院长姜忠辉、中国海洋大学管理学院博士生导师李志刚、中国海洋大学管理学院孔静、左鹏老师等,他们在学术上的指导和建议让本书的理论体系更加完善;感谢品牌中国战略规划院副秘书长魏建玲以及天威控股集团副总裁郑玉霞为本书所做的大量工作;感谢清华大学出版社李万红主任和施猛编辑对本书内容和设计的指导;感谢李瑞敏律师对本书内容的法律指导;还要鸣谢华商智业管理咨询公司的李艇、纪严、黄珊、邓洪燕、岳邦瑞、黄启凯等,他们利用业余时间校稿、查找资料,他们的通力合作和高效率工作让本书得以尽快出版。

由于写作时间仓促,加之笔者的认知有限,内容不当之处在所难免,恳请读者不吝批评,及时指正。沟通互动可以优化本书内容,让华为的营销精髓得以升华,以飨求知若渴的热心读者。

"世事洞明皆学问,人情练达即文章",以《华为营销基本法》这本书的名义邀请所有的读者对华为、对身边的企业、对自己所经历的人情世故进行深入的观察和思考,因为人情和世事才是一本读不完的、与时俱进的书。

《红楼梦》中有句诗:"蓼花菱叶不胜愁,重露繁霜压纤梗。"在"重露繁霜"般的市场环境中摸爬滚打,铸就了华为的销售铁军不断从胜利走向新的胜利。

于是,我恭敬地以《华为营销基本法》一书奉献给读者,以慰藉所有在营销界砥砺前行的奋斗者——但愿不只是鼓与呼,而是知后行。

中华有为,此为序章。欢迎与各位读者朋友交流与沟通。

第一篇　铸魂篇

第一章　销售人员使命　4
一、振兴民族通信工业　4
二、促进企业持续稳健发展　7
三、长期艰苦奋斗，点滴开拓市场　8

第二章　销售部文化　11
一、烧不死的鸟是凤凰　11
二、胜负无定数，敢拼成七分　16
三、胜则举杯相庆，败则拼死相救　17
四、大胆地设想，小心地求证　19

《铸魂篇》学习小结与行动计划　21

第二篇　筑技篇

第三章　角色与工作　25
一、角色　25

二、工作目标	26
三、例行工作	29

第四章　考核与评价　42

一、考核内容	42
二、认证关系与考核关系	44
三、考核方式	46
四、沟通与协调	46
五、考核结果	48

第五章　技能与绩效　50

一、人际理解与沟通	50
二、关系平台	55
三、信息平台	66
四、项目挖掘与推动	76
五、提升客户满意度	91

第六章　行为规范与职业道德　97

一、引子	97
二、劳动态度	102
三、行为规范	128

第七章　必备知识　141

一、公司概况	141
二、企业文化	143
三、市场部管理制度	144
四、市场部组织结构与工作流程	145
五、业务基本知识	147
六、熟悉公司产品	152
七、营销基础知识	158
八、广博的知识面	164

第八章　做人　　167
　　一、有理想　　167
　　二、尊重与自重　　169
　　三、开放自我　　172
　　四、谦虚　　180
　　五、艰苦奋斗　　182

第九章　素质　　185
　　一、素质冰山模型　　185
　　二、必备素质　　190

《筑技篇》学习小结与行动计划　　221

第三篇　逐梦篇

第十章　职业通道　　225
　　一、国内营销专家　　227
　　二、国际营销专家　　228
　　三、驻外机构管理岗位　　231
　　四、职能管理岗位　　234

第十一章　发展与创新　　237
　　一、做实　　237
　　二、创业　　239
　　三、创新　　240
　　四、开放自我，不断学习　　240

《逐梦篇》学习小结与行动计划　　248

附录 A	华为三级管理者任职资格行为标准	**249**
附录 B	华为行为准则	**252**
附录 C	华为干部二十一条军规	**263**
附录 D	华为干部八条准则	**265**
附录 E	任正非管理名言	**266**

案例目录

案例1-1	华为使命修正：民族的更是世界的	6
案例1-2	任正非：领先三步是先烈，领先半步才是英雄	8
案例1-3	华为开拓市场的"盐碱地"战略	9
案例1-4	华为开拓市场的"薇甘菊"精神	9

案例2-1	凤凰涅槃是创业华为的精神图腾	12
案例2-2	千金买骨与"歪瓜裂枣"	14
案例2-3	华为集团营销淘汰机制"955法则"	15
案例2-4	天赐食于鸟，却不投食于巢	16
案例2-5	"雁"的团队，"鹰"的个体	17
案例2-6	做企业的三种境界	19

案例3-1	和客户建立"不打领带的关系"	29
案例3-2	市场信息的四个维度：我、行、客、敌	30
案例3-3	华为的市场策略：无准备，不市场	34
案例3-4	职场非情场："小善大恶，大善非情"	35
案例3-5	营销人员的六"商"之一：融商	37
案例3-6	华为"别有洞天"的市场发现	39
案例3-7	文档管理的"左手栏"方法	39

案例4-1	华为的沟通协调"三件事"	47
案例4-2	华为卫生间里的香水味多久才会散去?	49
案例5-1	信息解码和分析的15字箴言	51
案例5-2	华为分析客户需求的16字方针	51
案例5-3	营销管理的"五道合一"	52
案例5-4	注意倾听:华为不需要"院士",只需要"院土"	54
案例5-5	华为坚决不做"黑寡妇"	55
案例5-6	营销创新的"FAST和FIRST"思维	56
案例5-7	营销大格局:大项目,大市场,大平台,大未来	58
案例5-8	战略决定成败	60
案例5-9	华为从不跨界打劫	62
案例5-10	华为的共享观:投之以木桃,报之以琼瑶	64
案例5-11	掬水月在手,弄花香满衣	66
案例5-12	"PESTEL"模型在营销中的使用	69
案例5-13	减少市场信息的"噪音"	71
案例5-14	昨天的阳光晒不干今天的衣服	72
案例5-15	华为集团的两个"报告"制度	74
案例5-16	洞察市场"六步法"	78
案例5-17	"无心插柳"式营销的本质	81
案例5-18	项目思维的"六不放过"精神	85
案例5-19	商务谈判的"APRAM"模型	87
案例5-20	华为倡导的谈判原则:英雄肝胆	90
案例5-21	服务营销的120法则	93
案例5-22	华为向海底捞和顺丰速运学习什么?	96
案例6-1	华为营销的"军事化管理"	97
案例6-2	华为营销行为规范的"四化原则"	100
案例6-3	西点军校女学员的"耳环标准"	102
案例6-4	华为学习西点军校的"七大管理法则"	102

案例6-5	双肩担道义：工作本身就是奖赏	103
案例6-6	"事事"不多，有四个	105
案例6-7	华为重奖投标迟到的女客户经理	106
案例6-8	把"事故变为故事"的能力	107
案例6-9	华为不倡导996工作制，而是2750	109
案例6-10	华为睡在地上的高学历"民工"	110
案例6-11	营销人员的"六商"之一：韧商	111
案例6-12	华为"铁军"的"传帮带"	113
案例6-13	华为倡导奉献精神，但决不让雷锋穿破袜子	115
案例6-14	华为的"四不"奉献精神	116
案例6-15	华为的团队组合：重装旅与陆战队	119
案例6-16	华为的团队配合：蜂群战术	119
案例6-17	团队建设的"三补"原则	120
案例6-18	沟通原理：七分氛围，三分技巧	122
案例6-19	华为的自我批判：惶者生存	124
案例6-20	自我批判，才能自我涅槃	125
案例6-21	华为的自省："黑锅"变金锅	127
案例6-22	华为研发人员8年"洗辱"的故事	127
案例6-23	营销人员的"六商"之一：形商	129
案例6-24	一盏青灯伴古佛，不负如来不负卿	131
案例6-25	华为：保密能力也是市场竞争力	137
案例7-1	通于一而万事毕	142
案例7-2	《华为人报》：传播华为价值观的高速列车	144
案例7-3	华为不惜重金买管理、买制度	145
案例7-4	企业"四治"境界之"法治"	146
案例7-5	知识运用的"N+1+N"模型	150
案例7-6	华为惺惺相惜爱立信：对手即帮手	153
案例7-7	"四情分析"与"135"卖点提炼	154
案例7-8	营销管理切忌"晚节不保"	156

案例7-9	华为的竞争对手都是"友商"	162
案例7-10	华为营销人员的"两力一度"能力模型	162
案例7-11	华为的"血洗力"	165
案例7-12	华为的新岗位："合同场景师"	166

案例8-1	华为集团的"三有"人才标准	168
案例8-2	水至平而邪者取法，镜至明而丑者亡怒	170
案例8-3	大客户营销的四种模式	170
案例8-4	喜马拉雅山的水为什么不能流入亚马孙河？	173
案例8-5	华为的"之"字形人才成长模式	173
案例8-6	纵使一年不晴天，不可一日不笑颜	174
案例8-7	从来不赚数得清的钱	176
案例8-8	救寒莫如重裘，止谤莫如自修	178
案例8-9	像姚明一样蹲着说话，也不能证明你不伟大	180
案例8-10	营销人员处世三字诀：谦、清、勤	181
案例8-11	任正非：华为给员工的最大好处就是"吃苦"	183

案例9-1	华为定位"修教堂"而不是"抬石头"	187
案例9-2	任正非的思考题：《铃儿响叮当》的作者为何87岁才出名？	187
案例9-3	无视鲜花与荆棘方能成就自己	190
案例9-4	营销人员心态：少做减法和除法	192
案例9-5	价值标准的"试金石"	194
案例9-6	营销管理"四交法"	196
案例9-7	大地为心灵所震动	198
案例9-8	华为营销的每日"市场三问"	199
案例9-9	机会的别称是"主动积极"	201
案例9-10	人际理解：功夫在诗外	203
案例9-11	华为营销的"清单工作法"：能找到客户的"心内之法"	203
案例9-12	管仲的人际理解：知音到知心	206
案例9-13	销售的五个层次	207

案例9-14	"逆踢猫效应"：善待他人，花香自来	209
案例9-15	用户背后的眼睛	211
案例9-16	访问客户需要准备"七个抽屉"	213
案例9-17	服务营销的三个层次	215
案例9-18	以客为尊，坚守理念	217
案例9-19	"信息链"思维的使用方法	218
案例9-20	日本如何在大庆油田的设计方案中一举中标？	219

案例10-1	华为选拔干部的"三优先"和"三鼓励"	226
案例10-2	华为选拔营销干部：猛将发于卒伍	227
案例10-3	华为选拔国际营销干部：拒绝"万能将军"	228
案例10-4	华为在莫斯科的"36美元"订单	230
案例10-5	任正非曾是英语课代表	231
案例10-6	华为海外市场的"王小二定律"	232
案例10-7	华为倡导的领导者风范：灰度思维	233
案例10-8	蒙古姑娘与任正非的抑郁症	234
案例10-9	华为例行的"三反"运动	235

案例11-1	华为是怎么培养务实精神的？	238
案例11-2	塑造总结力：小本子，大本事	240
案例11-3	全国学华为，华为学习谁？	241
案例11-4	今天是人才，明天未必是人才	242
案例11-5	学到老，才能活到老	245

第一篇
铸魂篇

华为价值观四句:

以客户为中心,以奋斗者为本,长期坚持艰苦奋斗,坚持自我批判。

——华为基本法

华为谨慎的乐观主义:

身在黑暗,心怀光明,梦想不灭,努力前行。

——任正非

中国企业的管理者都应该学习和借鉴一下华为的管理，尤其是营销管理，因为管理者可以学得会华为的管理。

中国不乏优秀企业值得企业家们学习，可是在学习了他们的管理后，许多企业家们会叹息：他们的管理好是好，但是学不了。"黄钟毁弃，瓦釜雷鸣。"企业界和学术界渴望学得会、用得着的经典案例。

企业能够成功无非在6个定位导向中选对了适合自己的管理模式：成本导向、产品/技术导向、服务导向、管理导向、客户紧密导向和资源垄断导向。华为兼备了产品/技术导向和管理导向，这两个导向的特点是"向自己开炮"(任正非语)，修炼内部的基本功，向内部的管理要效益，内圣外王，厚积薄发。这样的定位是企业夯实基础管理的必由之路。营销是企业经营管理的龙头，做好了营销，就掌握了企业经营管理的主动权。学习华为的营销和管理思路，是发展中的企业管理者们提升营销管理技能的不错选择。

笔者的博士论文研究的是海尔和华为的国际化发展，所以对华为的研究一直是跟踪式的，而且，笔者从未脱离管理，在管理企业的同时，从一个实践者的角度来审视、推敲、探究华为的每一个管理细节，在教学的时候力求保证华为管理的原汁原味。

纵观华为的发展，它大概经历了三个阶段：土狼阶段(1988—1999年)、狮子阶段(2000—2011年)、大象阶段(2012年至今)。坦率地说，华为目前的营销模式(大象阶段)可模仿性比较弱，因为它的体量和高度让人有种"高山仰止"的感觉，所以发展中的企业管理者想要学习华为营销管理的精髓，最好模仿狮子阶段(从市场的跟随者、破坏者成长为领导者的阶段)的营销模式。《华为营销基本法》所精选的案例恰恰是华为从土狼阶段到狮子阶段的真实案例片段。案例来自华为内部，在这里向华为集团编辑这些案例的管理者们致谢。

营销管理是科学也是艺术，如果只是照本宣科，简单模仿案例是不科学的。为了保障学习效果，我对本书的部分案例进行了详细的点评，并对大部分案例提出了需要思考的三个问题。独特视角，举一反三，回归实践，如此，力求保证阅读者能够真正领会和学习到华为营销管理的精髓与内涵。

《华为营销基本法》共分为铸魂、筑技、逐梦三篇，通过123个经典案例萃取出华为营销的脉络和规律，对案例中隐藏的共性知识点予以提炼并升华。

《铸魂篇》内容涵盖了10个经典案例，建议读者读完后做出思考和行动计划。学习者应有"日拱一卒，功不唐捐；宵衣旰食，朝乾夕惕"的学习精神；也要有"一盏青灯伴古佛，半为修道半入魔"的学习意境，有点像苦行僧，但这恰恰是最好的学习意境。记住："性痴则其志凝，书痴者文必工，艺痴者技必良。"古来学者嗟叹：世之落拓而无成者，皆自谓不学痴者也！

建议企业的高管、中层以及所有的营销人员学习本书(倡导全员营销的企业，为让员工具备营销意识，建议全员学习)。本书学习方法是自驱和他驱学习方式的组合，要求阅读者学习后填写自己的学习感悟和心得，并提倡由上级领导批阅，因此建议人手一本。

为了让学习者达到"学以致用"的目的，本书在铸魂、筑技、逐梦三篇结尾，都设计了一段小结，再次提醒学习者在学习这一篇之后应该有哪些需要实践的工作内容，督促学习者明辨笃行。

《铸魂篇》共由两章组成：《销售人员使命》《销售部文化》。在学习时，除了学习理论知识，读者应仔细研究案例和作者点评的内容，它会帮助你更加深刻地理解华为的营销管理精髓，并引发你和你的团队对你所在公司的营销文化和使命有新的思考。

"千秋邈矣独留我，百战归来再读书。"祝大家学有所得，学以致用，学习进步！

第一章
销售人员使命

- 信仰使我们意志坚定,使命是我们的动力,背负使命,就是背负荣誉与希望。
- 使命是我们心中的星空,当仰望它的时候,我们更加敬畏对社会做出的承诺。
- 愿景让我们从低谷走向高峰,使命能让销售铁军从胜利走向胜利。

一、振兴民族通信工业

如果没有振兴民族通信工业的宏伟抱负,华为的创业者就不可能在激烈的市场环境中勇往直前,走上振兴通信工业的坎坷之路;

如果没有宏伟抱负,华为的中坚员工就不会不断地自我否定、发奋图强去攻城掠地;

第一章　销售人员使命

如果没有远大梦想，华为就不可能聚焦ICT[①]基础设施和智能终端，实现数字化转型；

如果没有坚定目标，华为就不可能有今天，更谈不上明天。

尽管华为现在已经是世界级的通信集团公司，但如果创业初期华为没有树立远大的理想抱负，没有振兴民族通信工业的使命，我们很难想象华为能有今天的成绩。

2018年，华为投资控股有限公司(以下简称华为)实现全球销售收入7212.02亿元，同比增长19.5%；净利润593亿元，同比增长25.1%。

截至2018年底，华为累计获得授权专利87 805项，其中有11 152项核心专利是美国授权的。

2019年《财富》世界500强排行榜显示，华为排名为第61名。

华为的成功得益于它的使命感——道不远人，所以，使命也不远人。

使命有道，华为有为。

只有在振兴民族通信工业的旗帜下，华为才能永远不偏离前进方向。

让我们重新品味华为集团总裁任正非的讲话：

"只有自己才能救自己。从来就没有什么救世主，也不靠神仙皇帝，中国要发展，必须靠自强。

急于求成是不行的，还得从科教兴国做起，没有下一个十年的卧薪尝胆，不从基础做起，不从根本抓起，美梦还是美梦。科教兴国，是我们新世

---

① ICT(Information and Communication Technology)，信息和通信技术。

纪的曙光。

中国人终于认识到，外国人到中国是来赚钱的，他们不肯把底交给中国人，中国人得到的只是观念的触动和转化。他们转让技术的手段，都是希望过几年你还要再引进，然后，引进、引进、再引进，最终不能自立。以市场换技术，市场丢光了，哪一样技术真正掌握了？从痛苦中认识到，没有自己的科技支撑体系，工业独立就是一句空话；没有独立的民族工业，就没有民族的独立……

我们要跟美国人学管理，跟日本人学制度，跟德国人学质量与创新……开始落后不要紧，要抓紧学习，振兴民族通信工业，从扎扎实实做好每一件事做起……"

《华为基本法》把华为的愿景和使命表达得很清晰："华为以产业报国和科教兴国为己任，以公司的发展为所在社区做出贡献；为伟大祖国的繁荣昌盛，为中华民族的振兴，为自己和家人的幸福而不懈努力……"

在振兴中华民族通信工业的旗帜下，在神圣使命的感召下，"执一不失，能君万物"，一切绊脚石可以变为垫脚石。

咬定青山不放松，任尔东西南北风。青山是使命，青山是方向，青山是心中的道德律。

不易旗帜，牢记使命；不忘初心，方得始终。

案例1-1
华为使命修正：民族的更是世界的

尽管《华为基本法》把产业报国和科教兴国作为企业使命，以振兴民族通信工业为己任，但随着时代的发展，华为的使命也在发生着变化。

在2016年的一次高管和员工对话会上，任正非直接批评了一位员工提出的"华为作为中国公司领袖"的观点，他说："你说未来有一个中国公司领导世界，我相信那一定不会是华为，因为华为是全球化公司，不是一个中国公司。为什么有这么狭隘的荣誉感呢？"

现在，华为正在塑造超越民族性的"全球化思维"，认为民族的也是世界的。面对美国等一些国家拒绝在5G网络上与华为合作，任正非非常

第一章 销售人员使命

淡定：全球5G专利，华为占据最多，而且是最先进的，价格又最便宜，不用是他们的损失。技术是没有国界的，造福各国消费者的使命也没有国界。

"华为目前拥有上千名基础研究专家以及工程师，想要和西方公司平等，只有踏踏实实地干。"任正非一直秉持"打铁还需自身硬"的态度，认为只要我们技术过硬，就不怕别人不给我们打开市场的机会，正因为如此，华为在5G领域才能取得如此大的成就。

华为的使命鼓舞了民族的自强和自立精神，它的成功让世界领略了中国方案、中国智慧和中国自信。

二、促进企业持续稳健发展

明星企业有很多，但长寿企业却不多，华为要建成百年"老字号"，可持续地提升自己的核心竞争力才是唯一出路。这就要求企业源源不断地培育和发掘新的市场，市场销售人员和客户经理们要有忧患意识，不能涸泽而渔，要不断地培育市场，稳健地开发市场，创新地满足市场，持续地维护市场。

- 以客户的需求来牵引市场；
- 以先进的技术和产品开拓市场；
- 以稳固的客户关系来巩固市场；
- 以真诚的服务来提升客户满意度；
- 以前瞻的眼光规划和开发市场。

长期以来，华为以客户需求为导向来驱动公司发展，2016年以后华为提出以技术创新和客户需求双轮驱动公司发展。

华为要成为可持续发展的企业，就要有"赢在明天"的思维：在市场和研发领域，精耕细作，齐头并进，厚积薄发，秉承"以客户为中心，以奋斗者为本，长期艰苦奋斗"的核心价值观，以"深淘滩，低作堰"的精神谋企业发展。

案例1-2

任正非：领先三步是先烈，领先半步才是英雄

任正非表示："没有长盛不衰的企业，但是只要做到不断创新、变革，那么他将会永远繁荣下去，在技术上的研究华为会一直坚持下去，在这个技术吃人不吐骨头的时代，没有技术是会要我们命的。"

30多年来，华为没有做过一寸房地产，没有做过任何的多元化。长期坚守在信息技术研发、产品开发和市场的开拓上，才造就了华为在全球通信行业的领导者地位。

18万华为人中，有接近一半人从事研发，另一半从事市场的开拓、销售和客户的服务等工作。过去30年，华为的研发经费达到3089亿人民币（2018年在800亿元以上），华为从创立之日起就长期坚持将销售额的10%以上投入研发，曾经长期主管研发的常务董事丁耘说："低于10%我是要被砍头的。"

华为的技术创新是为市场服务的。任正非认为：华为就是要去看清客户的需求，客户需要什么我就做什么。卖得出去的东西，或略略领先市场一点点的产品，才是客户真正的技术需求。超前太多的技术，当然也是人类的瑰宝，但必须以牺牲自己来完成。

在产品技术创新上，华为要保持技术领先，但不能领先竞争对手过快，"领先三步是先烈，领先半步才是英雄"。华为认为领先半步的技术和产品恰恰是最契合市场需求的。

三、长期艰苦奋斗，点滴开拓市场

客户经理(华为负责销售和服务客户的人员)的直接目标便是开拓市场，挖掘市场潜力、把握市场机会、促进项目达成，最终产生销售额和利润。

客户经理在开拓市场时不能急功近利，应该放眼未来。今天的市场由昨天决定，而明天的市场靠今天的耕耘。不速成，也不懈怠；不自负，更不自卑。

客户经理要善于开拓市场，应该具备自驱力、能效力和凝聚力的三力合一。自驱力是"不待扬鞭自奋蹄"的精神，不需要别人的提醒和督促，应该自发自觉；能效力是能力和效率的融合，有能力，有效率，有成效；凝聚力是指要善于融入团队，形成开拓市场的合力，独立则如雄鹰，搏击长空，合作就如同大雁，集群翱翔。

- 对市场无益的工作是徒劳的，必须盯住市场目标不放松；
- 开拓市场要有前瞻性，辨时机，增效率，促成效；
- 速成的市场不长久，短视的市场没未来；
- 开拓市场必须"以客户为中心，以奋斗者为本，长期艰苦奋斗，坚持自我批判"。

案例1-3
华为开拓市场的"盐碱地"战略

任正非在财经变革项目规划汇报会上曾提到"盐碱地"的概念，后来这个词被多次提及，多指以艰苦奋斗的精神去开拓市场。

盐碱地因为所含盐分太多，作物无法生长。盐碱地在月光下一片白茫茫，犹如雪花覆盖，那是析出盐的反光。华为在开拓国际市场时，由于受国际环境、人文环境和法律法规等诸多因素影响，长期的辛勤耕耘和辛苦付出却可能颗粒无收，这些地区和国家犹如市场的"盐碱地"。

华为国际化的成功在于坚持不懈地推进"鸡肋战略"，在西方国际化通信公司看不上的"盐碱地"上，一点一点地清洗耕耘，一步一步地艰难推进。薄利微润战略逼着公司在夹缝中生存，在迷雾中前行。

"清洗盐碱地"战略犹如炼狱一般锻炼了华为的市场开拓能力，这避免了华为市场人员因为"在温暖环境或者心理舒适区"待太久而成为"温水青蛙"，提升了华为管理干部的国际化视野。

案例1-4
华为开拓市场的"薇甘菊"精神

薇甘菊是南美的一种野草，它疯狂生长的速度超越了所有的植物，被植物学家称为"每分钟一英里"的恐怖野草。薇甘菊只需要很少的水分，极少的养分，却能迅速地生长，一夜之间可快速地覆盖周边所有的植物。

创业初期的华为不过就是一粒草籽，一粒草籽长成一株小苗，一株小苗上长出几个节点,这些节点再以"每分钟一英里"的速度迅速扩张。到了今天,华为的竞争对手,那些百年巨头们,那些电信巨无霸们,一个一个在衰落,一个一个在垮掉,而华为成为电信行业的全球领导者。

任正非号召华为员工向薇甘菊学习,学习薇甘菊的勇气、力量、信念和激情。帝国型大企业在快速变化的时代也会轰然倒下,永恒的商业模式是不现实的。创业初期的华为是一株薇甘菊,今天19万人的华为在西方企业的眼里已经是一个商业帝国了,但是这个帝国能够持续地存在吗?如果下一个倒下的不是华为,华为就必须具有强大的成长性和开拓性,依然具有薇甘菊那种疯狂蔓延的激情。

第二章
销售部文化

- 世界上一切资源都可能枯竭,只有一种资源可以生生不息,那就是文化。
- 文化是旗帜,文化是信仰,文化是我们前进的航向,文化是我们的精神家园……
- 文化是不需提醒的自觉,文化是以约束为前提的开放,文化是为客户着想的真诚。

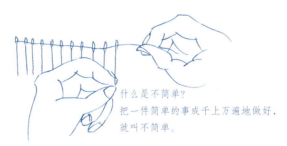

什么是不简单?
把一件简单的事成千上万遍地做好,
就叫不简单。

一、烧不死的鸟是凤凰

不在烈火中死亡,就在烈火中永生。销售部干部要在强烈的危机意识促使下,不断地反省与自我批评,通过对自我的挑战,实现一个又一个新的飞跃。

奋斗带来繁华,繁华滋长腐败,繁华也会滋长惰怠,任正非要求华为必须走出这个历史怪圈。打开这个死结有一把手术刀,就是自我批判和自我批评。

"凤凰涅槃，浴火重生"，凤凰是唯一烧不死的鸟，每次浴火却可以让其羽更丰，其音更清，其神更髓。

苦难可以沉淀铅华，自我否定可以不断地校正自己的文化坐标和理念，甚至重新再造，而目标决不走样。

看遍天下千秋事，苦难辉煌唱峥嵘。

案例2-1
凤凰涅槃是创业华为的精神图腾

传说中的天方国，有一对神鸟，雄为凤，雌为凰。满五百岁后，集香木自焚，复从死灰中更生，从此美丽异常，循环不已，实现永生。

华为非常乐于用"凤凰涅槃""烧不死的鸟"来形容自我否定、自我变革和自我批判的勇气和信心。凤凰涅槃的故事在相当长的一段时间里让创业中的华为时刻充满了"临危不惧、视死如归"的饱满斗志。

(一) 集体大辞职

华为集团的"集体大辞职"有两次：1996年，以当时华为董事长孙亚芳为首的华为市场部中高层"集体辞职"；2007年10月，大约在市场部集体辞职之后的第11个年头，华为又组织了7000人"集体辞职"。华为内部宣布：所有工龄超过8年的员工，必须在2008年元旦之前，主动办理辞职手续，辞职再竞岗，重新与公司签订1~3年的劳动合同。本节的"集体大辞职"主要指1996年的那一次，因为这一次的辞职事件拉开了华为集团干部"能上能下，动态评价，反对官僚主义"的序幕。华为内部这样评价"集体大辞职"："企业久了，一些老员工占着位子，干劲不足了，能力也跟不上，不摇一摇晃一晃，华为就成了一潭死水。这样冲击一下，人人都有危机感，公司才能有战斗力。"

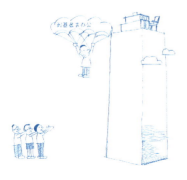

销售部(编者注：华为公司设立的是市场部，为让读者更容易理解，本书统一称为销售部)正职的主动让贤，不仅塑造了销售部干部能上能下的风气，同时也拉开了公司管理革命的序幕。一批辞职的干部走到基层岗位后，意志

没有消沉，反而更加注意吸收基层工作的营养，升华了自我，也给公司树立了学习的楷模。

华为的第一次集体大辞职行动，是华为公司自我批评、自我改善、自我涅槃的一次大行动，它是华为发展历史上的重要里程碑。华为的干部需要重新赋能，需要从一次创业迈向二次创业，从游击队向正规军转变。

销售部每天都要面对看不见硝烟的战场，没有"壮士断腕、背水一战"的革命者和奋斗者精神，销售部就会缺乏斗志和上进心，自由散漫主义就会滋生。

枕戈待旦，朝乾夕惕，战战兢兢，销售部才能时刻充满活力。

华为2007年的集体辞职事件曾为法律界人士所诟病，被认为是对当时新出台的《劳动合同法》的逃避举措。但事实证明，《劳动合同法》实施以来，在商界中存在一定争议，实践中劳动仲裁部门和法院也一直在保护劳动者权利和维护企业稳定发展之间不断摇摆。华为当时的做法虽有争议，却不乏先见之明。

（二）干部竞聘上岗

贤者上，庸者下。如何能让有识之士脱颖而出？唯有通过不断地选拔与培养。

华为创业初期(1996—1997年)，销售部分别进行了两次比较大规模的竞聘上岗，不论是在岗的办事处主管，还是普通的营销人员，甚至是其他岗位的平凡员工，只要能提出自己的设想和方略，就可以公开地接受群众的质询和裁判的评判，平等地走上管理岗位。

竞聘上岗所培育的思想已深深扎根于市场人员的心中。在办事处，一位优秀的客户经理会得到组织、同事的认可，一位能力平庸而不能克勤克俭的营销人员会被淘汰。

竞聘上岗是避免"劣币驱逐良币"的良方，是杜绝员工反向淘汰的妙计。华为在竞聘上岗过程中用人唯贤，选拔的标准公开、公正、公平。

竞聘上岗在可能有办公室丛林法则的草丛中开辟出一条阳光正道，让那些胸怀大志、渊渟岳峙、怀瑾握瑜的贤者走上重要的岗位，它奠定了华为实现远大梦想的人才基础。

案例2-2
千金买骨与"歪瓜裂枣"

销售团队的文化建设很重要，尤其是团队中人才的选拔机制更为重要。中国不缺人才，缺的是出人才的机制。《战国策》中记载的"千金买骨"[①]的故事值得思考：因为主人对待千里马的态度真诚，从而获得更多的千里马。

华为的人才选拔文化是一个赛马文化，在专业业务骨干的选拔上，给"小马"(年轻人和基层人员)一些机会。在华为，团队和项目之间的比拼，也被形象地比喻成赛马。以团队和项目组为单位赛马，争当先进。赛马机制的前提是，对所有的千里马不贴标签，不能以伯乐的眼光审视人才，而是以比赛的结果论英雄。

任正非把华为公司里一些"歪才""怪才"比喻成"歪瓜裂枣"，裂的枣最甜，歪的瓜最甜，华为从战略眼光上看好这些人，让他们参与赛马。华为在《管理优化》中提出："作为管理者，要在公司价值观和导向的指引下，基于政策和制度实事求是地去评价一个人，而不能僵化地去执行公司的规章制度。在价值分配方面要敢于为有缺点的奋斗者说话，要抓住贡献(编者注：赛马结果)这个主要矛盾，不求全责备。"

竞聘上岗制度，兼容并包的人才战略，可以让贤者不忧未来，而华为自然未来无忧。

---

① "千金买骨"的典故来自《战国策》，说的是一位侍臣为君王买千里马，却只买了死千里马的骨头回来。君王不解，大怒。侍臣说：如果其他人看到君王连千里马的骨头都重金买回来，肯定会认为君王是真心想高价买千里马，就自然会把千里马送上门来。果然，不到一年时间，就有几匹千里马被呈送上来。后用"千金买骨"形容渴望和重视人才。

第二章 销售部文化

案例2-3
华为集团营销淘汰机制"955法则"

市场不变的唯一法则是"永远在变"。销售人员直接接触客户,在市场发展的过程中,客户的需求也是随时变化的。

销售人员最大的挑战不是市场的变化,而是自身的素质能否跟上市场的变化。这就要求销售人员必须具备学习能力、适应能力,并且要有强烈的危机意识,做到"居安思危,居危思进"。

华为各地办事处为了让员工素质及时跟上日新月异的市场形势变化,加强销售人员危机感,提出每年5%强制淘汰率的指标,业绩排名处于最后5%的员工,就将处于待岗的状态,在一个月里公司将对他们进行专门考察并实施有针对性的培训,如果仍然没有起色,就必须下岗。

淘汰不是目的,而是为了营造持续进步,不断挑战自我的氛围。一个没有压力的团队,其上升和前进的动力会逐步递减。"无敌国外患者,国恒亡。"忧患意识和危机意识,是一个销售团队市场文化的必要组成部分。

- 销售部是智者、勤者和奋斗者施展才能的舞台,是庸者、惰者和懈怠者的禁地。
- 销售部手里面只有矛,没有盾,所以,只能前进,前进,前进。
- 相关拓展:销售团队建设应该注重"鲶鱼效应"的使用,让运输中的沙丁鱼保持活力的一个方法,是把天敌鲶鱼放进去。销售团队的建设需要危机意识:不淘汰,无突破。

作者点评

华为的成功是有诸多要素的,其中的核心要素之一就是对员工的分类管理:让良莠分开,杜绝鱼龙混杂和滥竽充数。概括来讲,华为初期的分类管理就是末位淘汰法,或者称为"5%法则",有的学者也称为"955法则":其管理的本质就是抓后端,促前端。这种做法可以避免"烂苹果效应"的发生,让组织保持活力和战斗力。

民营企业在市场中的活力主要体现在用人和分配机制的灵活,可以完全按照市场导向实现资源的配置，这一点，民营企业家们一定要充分利用好。我们观察到：很多民营企业的管理滞后主要体现在用人和激励体系上，"大锅饭"的现象依然存在，凡事以老板的眼光来判断是非，而不是让市场和用户说了算。这种弊端不改变，企业终会出现"万马齐喑究可哀"的局面。

案例2-3告诉我们：后进销售人员的破坏力要大于先进销售人员的影响力，庸者和惰者不除(或者不改变、不升级)，则智者和勤者不出。

🗆 你自己的思考和感悟：

思考	1. 你企业的员工实行分类管理了吗？是怎么分类的？
	2. 对于后5%的员工(或者干部)，企业有什么创新方法让他们提升？
	3. 除了"955法则"，建议还要学习"80/20"和"10/10"法则

感悟：

二、胜负无定数，敢拼成七分

"狭路相逢勇者胜"，这不仅是豪情，更是一种决心。"三军可夺帅也，匹夫不可夺志也。"犀利的战斗力来自持续不断的旺盛斗志。

让敌人胆战心惊的不是刺刀上的寒光，而是将士们眼里的必胜光芒。

没有运气，就拼勇气；得之坦然，争其必然。

案例2-4 ////////////////////////////////
天赐食于鸟，却不投食于巢

狮子和羚羊在大草原上奔跑。狮子追上羚羊的概率其实很低，但是哪怕一百次只有一次成功，狮子就可以过上几天饱餐的日子。而羚羊则不同，哪怕是一百次的成功，一次的失败，也是性命攸关。主动的进攻和被动的防御，最后的结果迥然。销售人员必须有敢拼的精神，"等""靠"不会有市场。这是因为"天赐食于鸟，却不投食于巢"。

三、胜则举杯相庆，败则拼死相救

"每一个胜仗都是团结合作的结果"，这是华为公司企业文化的重要组成部分，在销售部表现得尤为突出。

华为提倡"全营一杆枪""胜则举杯相庆，败则拼死相救"的集体奋斗精神。矩阵管理的组织结构、"1+1"的运作模式、"狼狈组织计划""少将连长"模式，无不体现团结合作的机制导向。

在销售部，孤军奋战的个人英雄主义注定会失败，在你需要支援的时候，大胆地、合理地求助资源；在别人危难之时，伸出你热情的手。

销售部是一个利益共同体，由此出发，彼此的合作最终会形成事业共同体和命运共同体。销售部组织成员的共同愿景、协同的愿望以及组织的合力始于利益的共享，发展于真诚合作，稳固于市场成功带来的成就激励。

"物质重奖之下必有勇夫，精神重赏之下必有忠臣。"华为销售部重视企业文化，但从不用虚头巴脑的理念来替代利益。利益机制的驱动，形成了"高效率、高压力、高工资"之间的良性循环。

华为企业创始人和控制人拥有和员工分享利益的胸怀和境界，从不以产权控制为依托来保持在组织中的领导和权威地位，而是与团队成员一起建立基于能力和人格魅力的权威。这种经营理念在销售部体现得淋漓尽致，华为销售部已经形成了利益、理念、价值、成长、创新等大融合的生态命运共同体。

案例2-5

"雁"的团队，"鹰"的个体

杨洛是一个个人能力较强的业务员，考虑到他的市场开拓能力比较强，销售部将他分配到某省做市场开拓工作。

杨洛的市场开拓工作开始进展很顺利，也得到了一些客户的肯定。但是他的"个人英雄主义"逐渐凸显了出来，主要体现在他的市场信息不与其他人共享，客户关系进展也没有按照华为公司的规定备案归档。由于他的"地盘主义思想"作祟，他经常与其他业务人员在市场开拓方面有冲突。

后来，区域的开拓过度依赖杨洛的个人关系，市场的开拓开始滞后，原本形势一片大好的市场局面也被竞争对手占据了上风。

上级领导多次找杨洛谈话，希望他能改变自己的做事风格，改变个人英雄主义，要依靠团队工作并共享市场信息资源，实现市场开拓的共享共赢，但杨洛在一个阶段内没有任何的改变。最后，公司从大局出发，决定把杨洛调回公司，不让他再做市场开拓工作，经再培训后酌情安排其他非市场工作。

- 销售工作必须共享共赢，不能单打独斗。
- 销售人员的最好状态：单个为虎，团体成狼。
- 相关拓展：要想走得快一些，请一个人上路；要想走得远一些，请集体上路。企业要实现永续经营，需要的是稳健的发展，这就要求企业必须以团队的组合方式发展。一个人胜不过一个团队，一个团队超不过一个系统，一个系统抵不过一个趋势。

作者点评

不仅是华为集团，几乎所有的成功或者上规模的企业都重视团队建设，做到"1+1>2"，华为的"狼狈组织计划"就充分说明了优势叠加、技能互补、勠力同心的重要性。在团队里"个人退后，组织向前"，要做"雁"，不能做"鹰"。

市场犹如战场，个人英雄主义往往是以悲剧收场的。例如刘邦和项羽的垓下之战，信奉个人英雄主义的项羽最终以失败告终，而重视团队建设的刘邦笑到了最后。

"一花独放不是春，万紫千红春满园。"团队里的个人应该开放包容，主动共享自己的资源，别人才愿意与你共享成果。

另外，团队文化表面看来是虚无缥缈的，但是文化的作用在于"润物细无声"，正如庄子所言："知无用，而始可与言用矣。"只有知道表面看来无用的道理，你才能更加准确地把握表面看来有用的本质，换句话说：捕鱼只需要一个网眼，但并不意味其他网眼没有作用。

案例2-5告诉我们：团队的包容、共享和互补文化能让一个团队决胜未来。先有团队再有市场，先有文化再有团队。在团队里荣辱与共、一起成长的人，才更能理解那句话的本意：不要拆台，要补台，因为台上站的是你自己。

你自己的思考和感悟：

思考	1. 你的团队是否性格互补、技能互补？
	2. 你团队里有"个人英雄主义"吗？
	3. 新时代，崇尚"个性"与团队建设矛盾吗？

感悟：

四、大胆地设想，小心地求证

"战略上藐视对手，战术上重视对手"，仅仅有远大的抱负，而没有实际行动，那就是一种狂妄。

战略上的造势固然重要，但还需要谋势、蓄势、借势、发势作为辅助。"谋势、蓄势、借势、造势、发势"的基础是建立在做实工作之上的。

"聚沙成塔，集腋成裘"，今日的辉煌来自以往点点滴滴的积累。作为一名优秀的客户经理，最主要的是能在岗位上踏踏实实工作，只不过不要把它简单地理解为搬石头，而是在建教堂。

大胆地设想是仰望苍穹的胸怀，小心地求证是脚踏实地的精神。

案例2-6 ////////////////////////////////////
做企业的三种境界

做企业有三种境界：做事，做市，做势。做好每一件事情，做好每一处市场，做好每一方美誉。也可以简单地理解为：做事是价值管理，做市是市值管理，做势是品牌和心智管理。三种境界，成功的企业应该综合使用，始于做事，长于做市，久于做势。

华为没有刻意地做势，而是扎扎实实做好每一件事情，华为甚至连上市的事情都无暇顾及，而最后却成就了国际市场风起云涌般的华为浪潮。认真做事的积累过程就是蓄势的过程，这也印证了那句话：为利而来，利不至；

为名而来，名不来；不为名利，名利双至。

- 造势与做事要有机结合；
- 心有猛虎的雷霆，细嗅蔷薇的缜密。
- 相关拓展：胡林翼曾送给晚年的曾国藩一副寿联："以雷霆手段，显菩萨心肠。"企业管理也是如此，抬头看天，低头耕耘。管理是门艺术，并非黑白分明，而是黑中有白，白内藏黑，形成灰色的和谐。

《铸魂篇》学习小结与行动计划

《铸魂篇》是本书系统学习的开始。学习了《华为营销基本法》(铸魂篇)之后，学习者(尤其是企业高层管理者)可以组织营销部门员工集体回顾学习内容，固化学习后应该掌握的知识，理解学习后应提升的能力，并制订相应的行动计划(参见表1)。

表1 《铸魂篇》学习小结与行动计划表

计划项目		学习小结与行动计划	责任人
能力提升	1	应该掌握使命与文化的联系与区别	学习者
	2	高级管理者应该具备设计营销部(含销售部)的使命和文化的能力，中级管理者应该具备承接使命和融入文化的能力	学习者
行动计划	1	设计销售人员的使命与愿景	▲
	2	搭建营销部(含销售部)的文化体系	▲
	3	整理营销部(含销售部)发展中重要的事件(如有什么事件发生，对整个营销和销售体系文化建设带来的改变是什么等)	▲
	4	设计营销部(含销售部)的经营理念和做事风格	▲
	5	设计营销部(含销售部)的团队作风和合作理念	▲
备注		所有责任人后都应有时间节点项，▲必须为指定责任人	

知识的温故知新和举一反三也是华为学习的核心要领之一。建议行动计划的1~5最终要有输出结果，输出的结果形成手册(可与《筑技篇》和《逐梦篇》内容整合在一起)，做到营销有标准，有平台，可视化，可量化。如此，企业的营销体系就更加完善和系统，营销的竞争力可以大大加强。

建议对营销体系及其标准每半年升级和更新一次(不建议大变，只是优化和完善)，这样，企业就初步建立了自己的"营销基本法"。

《铸魂篇》是本次系统学习的开始。1931年，胡适曾赠语北京大学哲学系，引用了禅宗高僧的话："达摩东来，只是要寻一个不受人惑的人。""不受人惑的人"可以用北京大学的校训来解释：思想自由，兼容并包。学习本书的五步法是：博学、审问、慎思、明辨和笃行，一个都不能少。我们既要有"开放包容"的思维，更要有"守脑如玉"的执着。理论结合实践，察人知己，举一反三，去伪存真，扬弃兼顾，才是本书倡导的学习精神。

第二篇
筑技篇

具备三种要素,企业就可以成功:

一是敏锐的嗅觉,二是不屈不挠、奋不顾身、永不疲倦的进攻精神,三是群体奋斗的意识。

——任正非

清华大学的校风是"行胜于言"，那块经历上百年风雨的日晷就矗立在清华大学的东南门。每每我授课经过这里，内心都升起对这块日晷背后四个字的无限敬畏。学习《华为营销基本法》，方法就如同此言：知行合一。

在学习了《铸魂篇》两章内容后，相信大家对营销体系中文化和使命的设计原则有了初步的理解。文化和使命让营销人员有了仰望苍穹的胸怀，它指引着营销人员行且坚毅，奋斗不止。有使命的营销人员必有责任担当，有文化的营销人员从不轻言放弃。

《筑技篇》通过99个案例萃取出华为营销基本法的脉络和规律，将案例中隐藏的共性知识点予以验证并升华。本篇内容的学习精神是：博观约取，由博返约，最后厚积薄发，以致顿悟。

《筑技篇》共由7章组成：《角色与工作》《考核与评价》《技能与绩效》《行为规范与职业道德》《必备知识》《做人》《素质》。在学习时，除了学习理论知识，还要仔细研究案例和作者点评的内容，它们会帮助你更加深刻地理解华为的营销管理精髓。

学习贵在有恒，怠在无韧。记住毛主席的那句忠告吧："贵有恒，何必三更起五更眠；最无益，只怕一日曝十日寒。"

第三章
角色与工作

- 我们重视培育一支高素质、具有团队精神的销售工程师与营销管理者队伍，重视发现与培养战略营销管理人才和国际营销人才。
- 我们要以长远目标来建设营销队伍，以共同的事业、责任、荣誉来激励和驱动。

一、角色

华为公司经过三十多年的艰苦努力，终于跻身世界通信行业的巨擘之列。随着产品的推陈出新、市场的不断拓展和公司的日益强盛，华为客户经理这一角色的演变有一番不同寻常的历史。

(一) 冲锋型

华为公司创立初期，客户经理是一个多面手，从关系建立到市场培育、从产品推广到售后服务都由其独立承担。由于产品的技术含量相对比较低，况且是在非主流市场上竞争，客户经理的技能博而不精，单独作战时具有很大的优势。

(二) 技能型

随着互联网+时代的到来，通信设备供应商在窄巷内开展了面对面的肉搏战。华为公司及时提升销售战略，实行"狼狈"协作模式，使售前、售中、售后既有独立又有配合，在各大战役中发挥了群体优势。

(三) 知识型

随着品牌知名度的不断提高，客观上要求向海外市场进军，对客户经理的要求是又红又专，肩负使命，用智慧之光来照亮华为的海外市场。

(四) 复合型

随着5G通信时代的来临，华为的使命已经变为"构建万物互联的智能世界"。华为认为：未来，万物相互感知、相互联接，AI (人工智能)如同空气、阳光，无处不在、无私普惠，物种抹去隔阂，族群消弭猜忌，地域突破疆界，甚至连星际宇宙都不再神秘。华为致力于把数字世界带入每个人、每个家庭、每个组织，构建万物互联的智能世界。

这就要求华为的销售人员不再局限于销售，而是能从方案、价值、战略层面和个人客户、企业客户、运营商客户进行沟通。销售不再是交易，而是交互、交融，最终弥合于数字时代的"联所未联，智能联接"，消除一切数字鸿沟，让无所不及的智能，触手可得。

二、工作目标

(一) 销售目标

华为销售部有清晰的销售目标，例如月度内所辖区域内的各类产品的销售目标(计划)额。区域内的实际完成销售总额与目标的比值就是销售目标完成率，可以作为绩效考核中的重要指标。

华为产品的特殊性决定了销售目标的设定以季度为单位,例如季度销售目标、半年度销售目标等。

不是所有的目标都要分解到月,根据产品和客户的具体情况,以季度为单位的目标设计更容易量化、考核,也便于统计和落地操作。华为销售目标体系如图3-1所示。

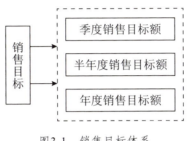

图3-1　销售目标体系

(二) 市场目标

华为销售部有清晰的市场目标,例如月度内所辖区域内各类产品的产品覆盖率、市场占有率、多元化产品的准入、网络层次、销售增长率(环比)等,如图3-2所示。

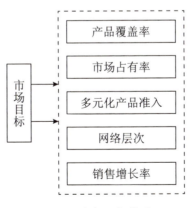

图3-2　市场目标体系

华为产品的特殊性决定了市场目标的设定以季度为单位,例如季度市场目标、半年度市场目标等。

市场目标是过程指标、相对指标,主要用于对市场的经营情况进行考察,以季度为单位的目标设计和考核周期更容易量化、考核,也便于统计和落地操作。

由于市场目标是过程指标,团队内部可以设计自我监控和自我考核的周期,加强过程控制,以确保完成较长考核周期的指标。但自我监控和考核的周期不宜太长,日计划和周计划应该根据区域的具体情况自我把控。

(三)利润目标

华为销售部设有利润目标。利润是维持企业和个人可持续发展的"血液",它让企业有实力和资源投入市场。

利润目标同样有月度、季度、半年等周期,一般根据销售目标的考核周期,设计利润考核周期。

利润目标是销售目标和成本控制等诸多要素二次统计的结果,其影响因素包括成本投入、订单的商务条件、货款、信用账期、尾款等。利润目标的实现体现了客户经理的综合能力,对订单的预测、市场信息和客户需求的洞察等需要有熟练的掌控能力。利润目标体系如图3-3所示。

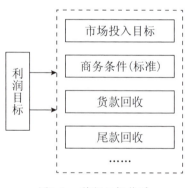

图3-3 利润目标体系

(四)资源目标

华为销售部设有资源目标。不同于销售目标和利润目标,资源目标不属于财务指标,而属于职能指标,其量化起来较难。

资源目标包括市场关系改进、市场规划、客户分析、客户分级和升级、订单跟踪与进展等,如图3-4所示。资源目标的设立是为了市场的可控,让市场细微的发展变化可以量化并能被感知到。

第三章　角色与工作

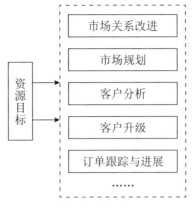

图3-4　资源目标体系

资源目标的考核周期可以参考销售目标、利润目标的考核周期，也可以设计独立考核周期。

案例3-1

和客户建立"不打领带的关系"

任正非既强调要和客户建立"不打领带的关系"，也强调要给客户一个选择华为的"正当理由"。其他公司还将客户关系停留在"降价、喝酒、回扣"的层次上，华为已在各地推行了"咨询+营销"的方案营销，帮助运营商分析网络现状，以真正的实力获取大客户的信赖，拓展新业务新市场。

华为曾帮助郑州本地网做的网络分析和规划被送到了某省局高层的桌面上，获得了高度认可，省局还追问："是谁做的？"华为高薪聘请IBM公司的专家，打着"飞的"给华为各地客户进行国际电信发展趋势和经营管理的培训。客户关系管理在华为内部被总结为"一五一工程"：一支队伍、五个手段(参观公司、参观样板点、现场会、技术交流、管理和经营研究)、一个资料库。

市场资源目标的实现是华为实现销售目标和利润目标的保障，设立资源目标的目的是改善市场关系、优化营销方式、升级管理模式和聚焦市场资源。

三、例行工作

销售部的工作可以分为：销售工作、市场工作、创新工作、指令性工作、例行工作。销售工作可以量化，是销售部的主要工作内容；市场工作是营销工作，是销售中的职能类工作；创新工作要求突破自我，甚至突破现有的体系，找出更佳的路径和方法，这对大部分销售人员来说是个挑战；指令性工作是指上级部门分配的临时性工作。

例行工作是指每天、每周都要做的，或者按照规定周期要持续开展的常态性的工作，包括例行会议、例行的报表工作等。华为销售部的例行工作如下。

(一) 业务工作

1. 关系建立

- 拜访客户；
- 公司及产品介绍的更新和熟悉；
- 通过做项目来促进市场关系，通过市场关系获得项目的成功；
- 组织技术交流会、研讨会和展示会等；
- 组织客户参观、考察公司及样板点；
- 公共关系和市场关系的规划与实施；
- 区域市场客户档案的建立与维护。

2. 信息收集和反馈

- 区域市场所有客户群的网络规划及需求信息的收集与整理；
- 区域市场上各类产品竞争对手信息的收集与整理；
- 区域市场的行业发展情况和预测；
- 工作周报和建设项目动态表的填报；
- 区域市场的前瞻性规划和报告；
- 上级部门要求的以销售为主题的会议组织和阶段性总结；
- 区域市场的项目复盘和项目资料的归档；
- 销售、利润和市场关系等报表的提交。

案例3-2
市场信息的四个维度：我、行、客、敌

信息的收集、梳理和分析，可以用"四情"来进行分类：我情、行情、客情和敌情。对于不同类别的信息，分析的侧重点不同：客情重需求，敌情看变化，行业测趋势，我情补短板。

第三章 角色与工作

华为对市场信息的收集、梳理和分析就是从我、行、客、敌四个维度来开展的。正因为华为充分做好了这四个维度的信息分析，最后才有惊无险地拿下了越南和老挝这两个国家的大额通信设备订单，这也是华为历史上最早的一批的国外订单。

3. 市场规划和预测

- 区域市场的整体规划思路分析；
- 区域市场的阶段性工作推进计划；
- 区域市场的未来市场动态预测；
- 区域客户经理对动态预测的对策；
- 与上一次市场规划和预测进行对比分析，检查有无决策的偏差；
- 分析区域市场规划和预测的偏差并采取弥补措施。

4. 市场的潜力分析及项目挖掘

- 区域市场的潜力分析，包括如何挖掘新需求；
- 区域市场的存量市场的维护和增量市场的切入点分析；
- 区域市场在增量市场的项目挖掘规划和阶段性行为设计；
- 区域市场项目挖掘的协同会议，要求总部支持资源的清单设计；
- 区域市场可否引导需求，而不是满足需求，完成可行性报告的设计。

5. 项目推动

- 项目的策划与实施节点；
- 项目申报与跟踪；
- 项目跟踪、监控中的信息反馈与优化；
- 区域市场框架协议的组织；
- 组织召开区域市场的产品分析会；
- 项目的定期复盘与总结，下一阶段的计划；
- 项目的最终成交；
- 项目成交之后的交接与交付。

6. 货款回收

- 理想的融资条件设计；
- 理想的商务条件设计；
- 理想的付款方式设计；

- 可控尾款的回收设计。

(二) 制订计划

紧紧围绕工作目标来设计计划，计划要合理，可以进行过程监督并根据需要进行适当调整，计划一旦确定，就要加强计划管理的严肃性。目标不能变，计划可以调，但应该更加高效和富有成效。华为公司对于制订计划的要求如下。

1. 销售人员制订计划的常见误区

- 对工作目标的机械分解；
- 工作任务不能支撑工作目标；
- 目标设定没有遵照SMART原则[①]；
- 工作任务中未设置有效监控点；
- 工作任务中没有体现改进和改善计划；
- 工作任务中没有体现不可抗拒因素出现的弹性时间预留；
- 工作计划中的紧急预案的设计。

2. 制订工作任务三步骤

- 根据宏观政策，结合区域的建设计划，对本地网络做出准确评价；
- 根据客户关系、竞争对手的状况、行业发展动态预测及华为的总体战略规划，制订华为在本地网的工作目标；
- 分析华为的优势、劣势、机会和威胁等内外部要素，结合客户的决策链和决策流程，确定工作重点及总体工作计划。

3. 区域市场总目标及各阶段性目标

- 总目标的设计合理性和科学性；
- 总目标的阶段性分解；
- 总目标的区域分解；

---

① SMART原则(Specific，Measurable，Attainable，Relevant，Time-bound)指具体、可度量、可实现、相关性、时限。

- 总目标的产品分解；
- 总目标的团队分解；
- 总目标分解后的试运行及调整；
- 目标分解中WBS①工具的使用；
- 目标实施过程中阶段性调整和优化节点设计。

4. 周计划、月计划和季度计划

- 周计划的设计，周任务的规划；
- 月计划的设计，月任务的规划和分解(到周)；
- 季度计划的设计，季度任务的规划和分解(到月)；
- 周、月、季度计划的协同；
- 周、月、季度计划的优化；
- 周、月、季度计划所需市场资源的申请和准备。

(三) 工作总结与汇报

华为公司对于工作总结与汇报的要求如下。

1.项目执行过程中注意事项

- 对照计划，严格执行；
- 如发生例外事情(不可预测情况)，应根据轻重缓急及时调整工作计划并迅速执行；
- 根据监控点跟踪工作的进展情况进行分析、记录和总结；
- 工作总结包括成果的总结、问题的分析、解决的方法及对策等；
- 以数字和事实说话，辅以有启发性和参考性的案例；
- 在工作有重大进展或遇到较大问题没有按计划开展时，应主动向项目经理、副主任等主管汇报；
- 当发现客户和竞争对手的重要动态时，应及时汇报；
- 当发现公司的产品和方案与客户需求不匹配时，应及时汇报；
- 必要时，为协同不同部门的资源，可申请召开计划实施过程报告会。

---

① WBS(Work Breakdown Structure)，工作分解结构，指把项目按阶段可交付成果分解成较小的、更易于管理的组成部分。

2. 销售人员汇报、总结的内容应该量化，形成BOM表(见表3-1)

表3-1 汇报总结工作BOM表

内容	时间	输入者
市场目标、销售目标责任书	每季度末	销售副主任
公关改进、货款回收目标责任书	每季度末	销售副主任
月度销售目标	每月末	销售副主任
各产品策略在区域市场的落实	每季度末	专项销售部、各产品经理
各产品的技术知识培训	不定期	专项销售部、各产品经理
公司、国内营销部最新政策及动向	不定期	主任、销售副主任、国内营销各业务部门
公司发货时间的落实跟踪	不定期	客户代表
工程、设备运行情况报告	周报	用户服务部
标书	不定期	产品经理及电信设计部门
区域市场公关关系策划报告	每季度首月5日前	中国电信系统部
区域市场策划报告(年度、季度)	每季度首月5日前	国内营销策划部
目标承诺书(年度、季度、月度)	月初	主任、副主任
区域市场信息周报	每周	销售副主任、项目部经理
区域市场建设项目动态表	每周	销售副主任、项目部经理、产品部
月度工作总结和季度述职报告	月初	销售副主任、项目部经理
出差总结报告	不定期	销售副主任、项目部经理
重要客户拜访报告	不定期	系统部、销售副主任、项目部经理
正确的合同	不定期	客户代表
用户满意度跟踪及客户背景情况	不定期	用户服务部
技术支持、方案及报价申请	不定期	销售副主任、项目部经理、产品经理

……

案例3-3
华为的市场策略：无准备，不市场

《周易·既济》："君子以思患而豫防之。"这里面的"豫"同"预"，也就是后来的成语：思患预防，意思是想到会发生祸患而事先采取预防措施。在制订计划的过程中，要充分考虑可能出现的不能按照预先设想执行的因素，这样防患于未然，你就胜券在握了。

华为总裁任正非先生一生把毛泽东思想作为自己的行动指南，华为的企业文化里到处可见毛泽东思想的灵活使用印记。《毛泽东选集·论持久战》曾经引用《礼记·中庸》中的观点："凡事预则立，不预则废。"强调没有事先的计划和准备，就不能获得战争的胜利。华为的计划体系设计中也非常重视这一观点。

在最近中美贸易摩擦中，美国拒绝在5G领域和华为合作，美国记者曾问任正菲华为的对策，任正非说：西方不亮东方亮，华为在170多个国家有强大的市场基础，华为的技术先进，不用华为技术是拒绝方的损失。华为三十多年坚持不懈的技术积累让华为最后不战而胜。

- 总结、汇报时千万不能忽视在业务上有紧密联系的上级、平级，即使他不是你的直接主管；
- 计划是否合理，关键看你对工作预测的准确性和前瞻性，你离客户越近，你的工作计划就能制订得愈科学。

案例3-4
职场非情场："小善大恶，大善非情"

靳飞是某省办事处的一名客户经理，负责现场设备的交付工作。就在上个月，靳飞所负责的一个大客户开始进行交换机的扩容，建设量能够达到5000线的总量。

靳飞几乎每个晚上都要和公司项目部的副主任通电话，以下筛选了他们通话的一些片段。

靳飞："刘主任，您方便说话吧。我给您汇报一下我所负责的项目的近期进展情况。这个项目其实进展挺顺利的，您不用担心，和上个月相比，没有什么大的变化。我会好好跟踪，争取按照进度把这个项目顺利交付。"

刘主任："你在交付的过程中有没有困难，需要我做什么？"

靳飞："暂时不需要您做什么。有些困难，我都一一解决了，如果再有困难，我就找您协助。刘主任，您现在还在打羽毛球吗？这个习惯可真好，我也想跟您一样，多加强锻炼。我为您办了一张羽毛球的年卡，每年可以不限次数去打羽毛球，您看……"

刘主任："你还有其他事情吗？"

靳飞："嗯嗯，没有了。打扰您了，聊了快20分钟了，我下次再向您汇报工作吧！"

- 销售部的人员不能以汇报工作的名义进行所谓的"联络感情"。
- 销售部的人员应该以"纯粹"的工作感情进行工作，坚持目标导向，而非关系导向。
- 相关拓展：所谓"人情世故"，销售人员如果在公司内部做"人情"，就会出"事故"。淡化办公室复杂的人情关系，就会强化市场上对客户的真诚服务。

作者点评

相信很多人在看完案例3-4后陷入了深思：这个案例究竟是正面案例还是反面案例？答案是反面案例。

华为在创业初期包括现在，其管理的血液里都有着"军事化"的成分，这是华为执行力和战斗力的保障之一。"小善大恶，大善非情"，真正的大善是让你的员工成长，而不是一时的纵容。

工作中应该做到："汇报工作说结果，请示工作说方案，总结工作说流程，部署工作说标准，关心下级问过程，交接工作讲道德，回忆工作说感受。"唯独一点，不能借汇报工作的时机联络感情。因为工作中一旦有了类似于"打羽毛球"的感情成分，工作的重点和标准往往容易模糊，职业道德容易受到挑战。

案例3-4告诉我们：汇报工作不能立足于联络感情，否则员工容易成为油滑的"循吏"。一旦关系成为办公室的导向，市场导向就会相对弱化。市场导向，公私分明，法情两分，是比较有效的沟通原则。

你自己的思考和感悟：

思考	1. 你公司的员工在给你汇报的时候有联络感情的成分吗？
	2. 对于借汇报工作的机会联络感情的做法，你怎么看？
	3. 如何做到既鼓励积极主动汇报工作，又避免以汇报为由头的联络感情的形式主义？

感悟：

(四)求助

求助他人或者组织的过程就是整合资源的过程。

华为创始人任正非说过:"我转而去创建华为时,不再是自己去做专家,而是做组织者。在时代前面,我越来越不懂技术、越来越不懂财务、半懂不懂管理,如果不能民主地善待团体,充分发挥各路英雄的作用,我将一事无成。从事组织建设成了我后来的追求,如何组织起千军万马,这对我来说是天大的难题……"

华为一直倡导团队精神,在相当长的一段时间里崇尚狼性文化,团队精神和狼性文化都反对个人英雄主义,而提倡求助他人,与他人一起完成共同的使命。

求助的内容包括但不限于以下一些方面。

- 高层关系;
- 决策链信息;
- 技术培训与推广;
- 商务授权;
- 培训和绩效辅导。

案例3-5

营销人员的六"商"之一:融商

某省曾是华为公司的市场薄弱区域,因为这个地区是竞争对手的强势区域。当地的销售经理江辉多次去现场拜访客户,了解到客户的决策流程很复杂。该客户的王局长是最终决策人,如果让客户大面积采购非电池电源之类的边缘产品,就必须让王局长首肯华为的产品。

王局长从来没有去过华为公司总部,对华为的现状和具体的产品知之甚少。

为了打通这个关键环节，促进业务的进一步开展，江辉利用一年半的时间，借助公司总部的资源，从副总裁，到重大项目部总经理，再到片总、主任和副主任等，一一将他们请到客户公司进行产品说明或者方案的推荐。最后，王局长在实地考察了华为公司后，终于决定要选择大宗华为产品。

然而，在王局长去华为公司之后，江辉才知道王局长和公司另外一个项目组的副主任关系不错，只不过以前江辉不知道，他调动了如此多的公司高层，其实也是对公司资源的一种浪费。

- 销售工作尽量避免不必要的资源浪费。
- 销售人员的一个重要的素质就是融商：也就是整合资源的能力。
- 相关拓展：销售的本质是沟通，沟通本身就是管理。沟通的过程会让你有意外的收获，如同那首诗句所言："行到水穷处，坐看云起时。"

作者点评

在市场营销的过程中，依靠一个人的力量是很难达成最终目标的，有时候在团队内部也难以整合到所有的资源，这个时候就需要从团队的外部整合资源了。

营销人员整合资源的能力被称为"融商"，是营销人员尤其是营销高管必须具备的智商、情商、韧商、学商、融商、形商之一。

资源不在于拥有，而在于整合和利用。但是需要提醒的是：在整合的过程中必须要弄明白整合资源的最佳方案，因为资源是有限的，时间也是珍贵的，采用最佳的方案，这样就可以避免不必要的资源浪费。

案例3-5告诉我们：你所缺的，这个世界已经拥有，不必创造，可以整合。两点之间直线最短，高效、科学地找到最佳路径就是你高融商的体现。

你自己的思考和感悟：

思考	1. 你的团队的融商高吗？为什么？
	2. 如何提升你团队的融商水平？
	3. 如何避免团队整合资源中的浪费问题(包括时间和人脉等)？

感悟：

(五) 建立文档

关于建立文档，华为在以下几个方面做出了具体要求。

- 平时多记、多写、多回顾；
- 建立便于查询和追溯的书面和电子文档；
- 书面和电子文档的整理和管理；
- 文档内容的共享和分享；
- 文档内容的保密和上交归档。

案例3-6
华为"别有洞天"的市场发现

大数据时代到来，互联网技术让数据的分析和保存变得更为简单。但是任何对大数据的使用，始于对数据的采集和积累。对于市场一线的销售人员来说，平时积累数据就显得尤为重要。

华为的管理理念其实非常朴素，"烂笔头胜过好头脑"，华为一直倡导一线销售人员要有记录、整理和使用记录的习惯。

华为在俄罗斯开拓市场时，就对所有市场资料和客户沟通记录进行过详细的分析。经过长期不懈的努力，成功打开了俄罗斯市场，在俄罗斯开通了全球最长的光传输网，长达一万八千公里。华为高端的DWDM光传输技术，在四千六百多公里长的距离中间，不需要电缆，华为做到了世界领先。这个项目所需要的技术是花了400万美元直接从美国买回来的，华为对技术进行了创新和改造，依靠数据进行再创造，然后取得了成功。这期间，对技术数据、调试数据等的记录和使用功不可没。

案例3-7
文档管理的"左手栏"方法

王鹏程是某区域的客户经理，他平时衣着讲究，热情大方，说话技巧也很好。为了能够提高时间的利用效率，王鹏程平时总是随身携带一个小记事

本，里面用不同的标签标注出事情的重要程度以及和客户沟通的进展情况。

王鹏程每周都将记事本整理成电子版，进行存档。由于客户比较多，信息非常复杂，他把这些信息用关键词的方式进行分类，例如"产品系列""技术系列"等，只要用电脑一检索，就知道客户在产品需求方面有哪些历史记录，哪些产品是新增的，哪些是老产品的追加等。

王鹏程对于重点工作很少有拖延或者滞后完不成的，他的每项工作都做得有条不紊，客户对他的印象很好，评价他细致、负责和守信。

王鹏程的销售业绩逐年上升，公司领导层已经把他列为下一年度客户总监的候选对象。

- 多用书面形式，加强文档管理。
- 多用电子版文件存档，方便检索。
- 销售工作是厚积薄发的过程，严谨、仔细和市场资料的积累是市场业绩提升的基础。
- 相关拓展：销售人员应该避免"不拘小节"，而应该"注重小节"，"小处不随便"。所谓"从善如登，从恶如崩"，数年优秀素养的积累，可能在一件事上就损失殆尽，把好行为固化为素养，那么你的成功就会成为一种习惯。

作者点评

文档管理是知识管理的重要组成部分，对文档的精准管理可以提高你的工作效率，并能提升你的销售综合能力。

书面形式的文档管理如果能够做到可视化，就可以做到"日事日毕，日清日高"。每天对记录的内容进行整理，每周对记录的内容进行分类归档，这种习惯是很多成功的营销人员屡试不爽的法宝。这种方法也被称为"左手栏"，记录内容的左侧可以写出自己的感悟，内容一定要包含：自省或分析自己的不足。

随着数字时代的到来，书面记录最好能形成电子文档，方便检索和查阅，这就要求平时及时整理，以便在需要的时候能迅速找到。必要的时候，学习一些文档管理的基础知识，可以让你的知识管理更加科学。

案例3-7告诉我们：文档管理犹如西汉理学家刘向的那句话所描述：始于不足见，终于不可及。相信日积月累的力量，最终会让你厚积薄发，一飞冲天。最后再送给大家书面记录的8字要诀：宵衣旰食，朝乾夕惕。(宵衣旰食：天不亮就穿衣起来，天黑了才吃饭，形容事务繁忙；朝乾夕惕：白天很勤奋，到晚上又能严格要求自己，很警惕，避免有什么过失。两个成语的意思是：书面记录要勤奋且谨慎。)

你自己的思考和感悟：

思考	1. 你有书面记录事情和思考的习惯吗？
	2. 如何让你的书面记录和电子文档管理更有效？
	3. 你能找出你团队内有记录习惯和知识管理技能的人与大家分享经验吗？

感悟：

第四章
考核与评价

> 考评是牵引力,考评是推动力,考评是制度化的无形和有形的激励。
> 管理中出现的一切问题都可以归结为考评和对考评结果的使用。
> 评价的三公原则是文化的重要组成部分,它是对劳动者尊重的体现。

一、考核内容

"员工不听你怎么倡导,而是看你怎么考核",西点军校的七大管理法则之一就是:"重视什么,就检查什么。"

考核的内容应该有一个框架,这个框架由不同的维度组成。华为的考核维度分为:业绩目标、行为目标、管理目标和个人发展目标。

而对于销售部来讲,可以简化为劳动态度、工作绩效和任职资格。劳动态度包含了行为目标和管理目标维度,工作业绩属于业绩目标维度,任职资格包含了管理目标和个人发展目标维度。

市场如战场,对销售人员的考核内容应该化繁为简,对"听见炮声"的人的考核内容不宜太烦琐。

- 劳动态度是秉持良好的工作精神和遵守公司规范;
- 任职资格是为完成工作成果所表现出来的行为;
- 业绩是工作的最终成果。

(一) 劳动态度

华为从以下几个方面考察员工的劳动态度。

- 责任心;
- 敬业精神;
- 奉献精神;
- 团队精神;
- 创新精神;
- 基本行为规范。

具体见本书第六章《行为规范及职业道德》。

(二) 工作绩效

华为从以下几个方面考察员工的工作绩效。

- 销售业绩;
- 利润指标;
- 市场规划;
- 客户关系;
- 服务满意度;
- 客户黏度。

具体见本书第三章《角色与工作》。

(三) 任职资格

任职资格=行为+素质+知识+经验，如图4-1所示。

图4-1　任职资格模型

任职资格是指完成某一工作所需的一系列成功行为，反映了工作人员职位胜任能力。知识、素质和经验支撑了成功的行为。

任职资格具体介绍详见本书第九章《素质》。华为对任职资格的部分理解和认识如下所述。

- 工作目标与任职资格是息息相关的，公司在考核工作业绩的同时，将对员工的任职资格进行评定；
- 工作业绩是显性的，而任职资格是隐性的，隐性决定显性，通过抓任职资格可以促业绩提升；
- 态度决定行为，对于态度的考核是对行为规范的校正，能塑造和固化销售的"魂魄"。

二、认证关系与考核关系

(一) 任职资格的认证关系

华为任职资格的认证参与者包括申请人、助考员和考评员。

申请人是任职资格认证的发起人，申请人提出任职资格申请后，助考员负责沟通协调和流程组织，考评员负责任职资格的认证与评定，如图4-2所示。

第四章 考核与评价

考评员一般是发起人的直接上级，负责认证和最后的资格评定；助考员协助确定认证的流程、内容和形式；申请人在参与资格认定的过程中也充当监督人，如对评定结果有异议，可以提起申诉。

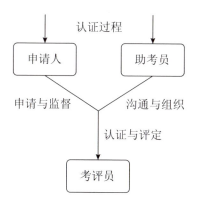

图4-2 任职资格的认证关系

（二）考核关系

绩效考核通常由被考核人的上级部门发起，目的是量化目标实现的过程，监督被考核人的胜任力。

考核者对被考核者的结果出来后，被考核者对最终的考核结果如有异议，可以向上上级(越一级)提起上诉；上诉成功后可以对第一轮的考核结果进行审核，此时销售部(市场部)要对审核过程进行监督。如果考核结果有偏差，则及时纠正偏差并找出偏差的原因，向被考核者解释。具体流程如图4-3所示。

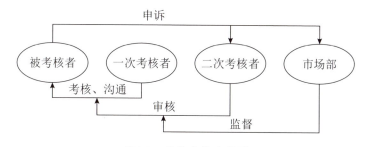

图4-3 绩效考核流程图

- 考核关系是相对而言的，"考核者"是"被考核者"的直接上级；
- 考核的目的是促进市场目标的达成，不是为了考核而考核；

- 考核结果的使用是考核的核心任务，考核结果不使用或者与薪酬弱相关，考核的作用就会弱化或者无效。

三、考核方式

工作业绩考核可以采用每季度考核、年终总评的方式。任职资格的认证由申请人申请，销售部在指定时间或约定的时间里认证。

工作业绩考核主要围绕季度工作目标与目标的完成情况，根据考核标准进行等级的评定。任职资格认证主要围绕行为标准，通过证据对申请人达标与否进行认证评定。

- 业绩考核针对工作目标，任职资格针对工作行为；
- 尽管没有考核劳动态度，但是劳动态度能在工作行为中体现；劳动态度和业绩达成有着非常强的正向关系。

四、沟通与协调

(一) 共同确定工作目标

与主管一起确定工作目标，目标应该能承接公司分配给部门的整体目标和重要任务。

(二) 共同确定工作计划

自己拟订好工作计划，在和主管达成一致后，确定考核标准。

拟订好的工作计划应该符合计划设计的基本原则，包括时间节点、过程控制、资源需求、配合者和参与者、汇报事宜等。

(三) 勤于请教上级

在工作过程中不断向上级请示，持续向目标逼近。

主动报告的目的是和上级领导共享信息，可以获得领导的支持，并及时得到领导的技术指导。

勤于请教，主动报告，可以让上级领导了解你的工作进度，上级主管部门在进行资源分配的时候可以作为参考，可以合理地增加你的工作在整个部门的优先权重。

(四) 自我评价

每月、季末或项目结束后，对照工作计划与完成情况，对自己做一个准确的自我评价，并在下个月度、季度计划中加以改进。"知己与自省"是一个销售经理的必备的基本素养，了解自己并不断地修正自己，才能成长，才能离成功更近一步。

案例4-1
华为的沟通协调"三件事"

> 沟通与协调的主动权在个人。在销售部，如果一个销售人员(客户经理)能做到以下三件事，就能够让沟通变得顺畅起来。
>
> 这三件事是：事事有响应、件件有着落、个个都优化。
>
> 简单来说，就是交代给你的事情(就是你的工作目标和相应的工作计划)，每件都要及时响应和回复，每件事情都要落实到位，每件事情都要比上一次办得要好。
>
> 如此，你把困难留给了自己，而把方便留给了别人，别人和你的合作就显得特别舒服，特别轻松。于是，别人都愿意和你合作，你也更愿意与别人沟通，形成高效有序的良性循环。
>
> 狄更斯说："世界上能为别人减轻负担的都不是庸庸碌碌之徒。"你的真诚和靠谱会感动别人，你的沟通能力和协调能力越来越强，你的机会就越来越多。

- 正确认识自己，做好自我评价，把主管评价与自我评价有机结合在一起；
- 沟通力是管理能力的体现，沟通力是执行力的前奏，是领导力的基础。

(五) 考核沟通

考核时，要具体陈述目标完成情况、工作执行过程和存在的问题、下季度工作方向和改进措施等。被动式或应答式的沟通是不理想的，应在客观汇报的同时，向主管提出工作设想并虚心听取主管的建议。

考核沟通是优化工作的重要方法，在沟通的过程中，需要陈述工作优化的方案时，要让上级部门做选择题，而不是开放式的题目。具体做法是：多设计几个方案供领导选择，而不是问领导该怎么办。这样的沟通可以彰显你的积极性，也让沟通非常有效。

一线销售人员不要祈求领导比你更专业："听见炮火声"的人是你，领导更愿意听到场景性的描述和决策，领导才可以根据与你的沟通内容确定如何支持你并重新给你配备合理的市场资源。

如果在评价结果上发生分歧，应尽量与考核者沟通，如问题仍无法解决，可向上一级主管部门提出申诉报告(含有情况说明)。

五、考核结果

考核结果的应用范围有：作为销售员工晋升、调岗或者解雇的依据；作为薪酬和奖励的依据；作为开发销售员工潜能和培训的依据；作为人事调整、薪资政策调整和员工关系优化的依据；作为公司营销战略规划设计的重要依据。表4-1详细描述了考核结果的应用范围。

表4-1 考核结果的应用范围

类别	劳动态度	任职资格	业绩考核	潜力
工资		★	★	
奖金			★	
股金		★		★
晋升	★	★	★	★
调岗	★	★	★	★
关系	★	★	★	★
政策	★	★	★	★

当前的能力和表现主要通过结果来体现，而将来的潜力和发展空间则更多地取决于其内在素质。

第四章 考核与评价

华为销售的考核机制充分考虑到了一点：现在的业绩是由过去的销售人员的能力和行为决定的，而未来的市场是由今天和明天的能力和行为决定的。

这就出现了一个弊端：如果只考核显性的业绩，那么对那些有潜力的员工可能是个伤害。

为此，华为采用平衡考核方法，任职资格配合潜力(素质)考核，再配合劳动态度(行为)和业绩考核(结果)。后者考核现在，而前者考核未来，如图4-4所示。

左手现在，右手未来，两手都要抓，两手都要硬。

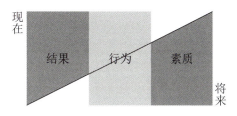

图4-4 平衡考核方法图

案例4-2
华为卫生间里的香水味多久才会散去？

华为人力资源管理方法中最让行业叹服的就是评价体系，叫"评价无时不在，评价无处不在"。华为对细节的把控几乎到了极致的地步，比如华为会测量：华为卫生间的香水味多久会散去？再比如华为会做精密统计研究：华为司机接人为什么从来不晚点？多次实践监测和统计比较后，都会设计出一个相对固定的标准。

评价来自于标准，没有标准的评价是徒劳和无效的。力求公正的评价倒逼内部评价标准和体系的完善。

第五章
技能与绩效

- 如果说知识如同长矛、盔甲，可以用来武装士兵，那么技能就是一套枪法，可以帮助装备精良的士兵战力倍增。
- 技能通过行为来表现，行为贯穿于员工的任务和活动，而任务和活动会产生包括四大目标(市场关系、信息平台、项目获取、客户满意)的最终绩效。

技能与绩效

一、人际理解与沟通

人际理解与沟通能力直接影响着所有营销活动。理解别人的内心需求，洞察客户的价值主张，沟通协调资源的合理配置，整合各方的信息以达成销售。

拥有良好的职业道德操守是做好人际沟通以建立长久而牢固的战略合作伙伴关系的根基。

(一) 坦诚交流

"丛林中的一棵树倒了却无人听到，它是否发出了声响？"在沟通的背景下，其答案是否定的。

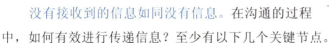

没有接收到的信息如同没有信息。在沟通的过程中，如何有效进行传递信息？至少有以下几个关键节点。

信息：沟通发生之前，一定存在一个要被传递的信息；

通道：由发送者选择的传递信息的媒介；

解码：接受者在接收信息后，将符号化的信息还原为思想，并理解其含义；

噪声：妨碍信息沟通的任何因素，它存在于沟通过程的各个环节，并有可能造成信息失真；

反馈：接受者把信息返回给发送者，并对信息是否被理解进行说明。

交流是生意成交的基础，交流是建立感情的基本途径，语言是交流的重要手段，要把握语言交流的方法与艺术。

交流的目的在于沟通理解，交朋友。应该和每一个客户成为朋友，不是指酒肉朋友，而是互相信任的朋友，有了朋友才有回头客。另一方面，每一个朋友都可能是潜在客户。

案例5-1

信息解码和分析的15字箴言

前国家领导人陈云认为，调查研究应该遵循15字方针：不唯上，不唯书，只唯实；比较，反复，交换。这种态度和方法也非常适用于沟通交流中的信息解码和分析。有效沟通，需要坦诚交流，更需要接收信息方的有效理解和判断。

案例5-2

华为分析客户需求的16字方针

华为在没有足够的资源去满足各种客户的各种需求时，就要对客户需求进行分析，分出轻重缓急，分析方法是16字方针："去粗取精、去伪存真、由此及彼、由表及里。"因此，华为对市场信息的分析是揉碎了，掰开来，重新组合，最后做出总结和判断，拿出解决方案。这些解决方案能引导投资，开发出低成本、高价值的产品，并在产品开发过程中，关注产品的质量、成本、可服务性、可用性，确保产品一推向市场就能满足客户需求。

- 真诚的朋友往往源自真诚的沟通和理解；
- 沟通的目的是理解，理解的目的是合作，合作的目的是有下一次交流；
- 交流才有交际，交际才能交友，交友才能交心，交心才有交易，交易才有交互。

案例5-3
营销管理的"五道合一"

客户经理梁博负责H地区传输设备的销售，而该地区Z公司已经在1998年初与地区局签订了全局的框架协议，且已经在4个县开通了，因此梁博想进入是非常困难的。梁博在与该地区局长谈市话两个环网的传输设备时有这样一段对话。

局长问："你认为我们有没有必要引入第二家设备以缓解单一机型的压力？"

梁博说："我们也不能给你们提供完美无缺的SDH。至于华为公司将来能发展到何种程度，我也预料不到，但是我对公司的发展充满信心。"

随后，梁博向局长展示了华为的具体方案，方案从局方的担心出发，详细说明了华为公司的设备优势。

梁博离开后的第二天，Z公司的人找到局长，大谈特谈其公司设备如何完美无缺并称根本不需要再引入第二家。但随后，该局依然与华为公司签订了SDH项目合同。

倘若梁博当时说公司的产品如何优秀以竭力说服局长，而不是把局长看作窘境中的朋友，结果会怎样？

- 维持人与人之间的情谊，最重要的不是技巧，而在于诚信。
- 诚信的重要性在于有利于人、有利于己，更有利于社会的存在发展。
- 相关拓展：诚信是由"诚"和"信"两个概念组成的。诚，指真诚、诚实；信，指信任、信用和守信。"诚"与"信"合起来作为一个概念范畴，是现代社会的产物。

作者点评

"天道酬勤、地道酬善、人道酬诚、商道酬信、业道酬精",得这五道精髓者,不仅可独善其身,也能兼济天下。作为一名优秀的营销人员,必须做到五道合一。

案例5-3中对梁博的描述,就非常好地解释了人道酬诚和商道酬信。有人说,市场上的稀缺资源是客户,其实最稀缺的资源是诚信、真诚、坦诚和无私。

有句俗语说"在商言商",其实换个角度,在商不言商,而是言真诚,或许能带给你不一样的境界。案例5-3就非常好地说明了这一观点,不把客户当客户,而是当成朋友,站在他的角度来考虑问题,为他解决难题和窘况,并不是一味地宣讲自己的产品和方案。要做到这一点,其实要具备的可不是技能,而是大道。

老子《道德经》中说:君子喻于义,小人喻于利。真正的营销高手一定是从义出发,而不是从利出发;从道出发,而不是从技出发。为客户着想,不惜暴露自己的弱点,比一味地推介自己更能感动客户。

案例5-3告诉我们:"君子不器。"优秀的营销人员不应拘泥于手段而不思考其背后的真正目的。

《易经·系辞》有一句:"形而上者谓之道,形而下者谓之器。"形而上是无形的道体,形而下是万物各自的相。如果能悟透营销中的那个道(真诚、坦荡、无私,不只一味地谋取利益最大化),你就真正获得了客户的"心"。

你自己的思考和感悟:

思考	1. 如何掌握"用户思维"?
	2. 真诚地暴露自己的弱点是营销中"坦诚"的体现,你怎么理解这句话?
	3. 建议:找一个类似梁博的案例,一个人分享,其他人谈感受,总结出人际理解与沟通的核心要点(至少三条)

感悟:

(二) 高层次倾听

- 层次最低的倾听——听而不闻，如同耳边风。
- 层次较低的倾听——敷衍答对，诸如："嗯……是的……对对对……"略有反应，其实心不在焉。
- 层次一般的倾听——选择性地听，只听合自己口味的。
- 层次稍高的倾听——专注地听，每句话或许都进入大脑，但是否听出了真意，需要注意。
- 层次很高的倾听——设身处地地听，一般情况下很少有人办得到，想要成为沟通高手就必须做到。
- 层次最高的倾听——听懂弦外之音，心内之法，意外之韵。

案例5-4

注意倾听：华为不需要"院士"，只需要"院土"

有一次，任正非在一次会议上说："华为没有院士，只有院土。要想成为院士，就不要来华为。"

其实倾听的时候要注意他的背后逻辑："士"和"土"的区别可以望文生义，"士"上大下小，"土"上小下大，表示后者更接近市场实际。任正非的弦外之音是："院土"，即任正非所说的"工程商人"。企业搞产品研发，不是要破解哥德巴赫猜想，而是要对产品的市场成功和成效负责。话糙理不糙，很有逻辑和哲理。因此，高层次倾听就是要听话中之话。

- 人际沟通仅有10%通过语句来表达，30%取决于语调与声音，其余60%则靠肢体语言；
- 高层次的倾听，不仅要耳到，还要眼到、心到，用眼睛去观察，用心灵去体会。

(三) 利人利己的人际观

一般人看事情多持二分法：非强即弱，非胜即败。其实世界很大，人人都有足够的活动空间，他人之得不必视为自己之失，大家都可以是赢家。

有勇气表达自己的感情与信念，又能顾及他人的感受与想法；有勇气追求利润，也顾及他人的利益。

徒有勇气却缺少关怀的人，纵有足够的力量坚持己见，却无视他人的存在，难免为私利而害人。但过分为他人着想而缺乏勇气坚持立场，以致牺牲了自己的目标与理想，也不足为训。具体如图5-1所示。

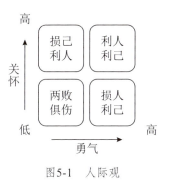

图5-1　人际观

案例5-5

华为坚决不做"黑寡妇"

任正非用"黑寡妇"的案例多次强调：华为绝对不做只利己不利人的事情。

"黑寡妇"是拉丁美洲的一种蜘蛛，这种蜘蛛在交配后，雌性会咬死并吃掉雄性蜘蛛，作为自己孵化幼蜘蛛的营养，因此民间为之取名为"黑寡妇"。

任正非说："以前华为跟别的公司合作，一两年后，华为就把这些公司吃了或甩了。华为跟别人合作，不能再做'黑寡妇'，要开放、合作、实现共赢，多把困难留给自己，多把利益让给别人。"尤其是对于和华为合作的供应商，要实施"做厚供应商"战略，与他们形成战略合作伙伴关系。

- 更好地满足客户的需求，实现"一个项目带出多个项目""小项目带出大项目"，才是双赢的沟通。

二、关系平台

华为将关系平台比作项目成长的土壤、戍守领地的城垣。

(一) 考察与交流

考察与交流是关系平台建设的有效手段，也是客户对公司初步认可的信号。通过成功的考察和交流，客户可以更深入地、直观地了解公司，并有利于触发购买行为。华为公司的考察与交流活动主要包括：

- 考察公司
- 考察样板点
- 公司的高层拜访
- 管理研讨班
- 技术研讨班
- ……

这种关系应该是客户与公司之间的而不仅仅是个人与个人之间的。

案例5-6

营销创新的"FAST和FIRST"思维

由华为与某市电信公司共同举办的学校电话工程研讨会在某市拉开帷幕。此次参会人员是来自全国22个省、市、自治区邮电部门的130名工程师，主要讨论了学校通信工程的建设经验与经营思路。参会人员对生产方与经营方怎样进行合作、未来通信技术的发展、如何更好地满足用户需求、如何最大限度地发掘和占领市场进行了激烈的讨论。

随后，大家兴趣盎然地参观了某市电信公司，这是电信设备厂家和经营者之间少有的一次盛会。

- 普通人的圈子，谈论的是闲事，赚的是工资，想的是明天；
- 生意人的圈子，谈论的是项目，赚的是利润，想的是下一年；
- 事业人的圈子，谈论的是机会，赚的是财富，想到的是未来和保障；
- 智慧人的圈子，谈论是给予，交流是的奉献，遵道而行，一切将会自然富足。

作者点评

华为集团初期的营销模式主要以B2B①为主，所以它的营销模式属于大客户

---

① B2B(Business-to-Business)，企业对企业。

营销。随着华为的快速发展，现在已经进入手机领域，B2C[①]的营销模式也随之建立起来。

B2B营销的重要内容之一是关系平台的建立，即与客户建立良好的沟通与交流平台，互通有无，展示效果。沟通平台的创新是营销创新的关键，案例5-6中展示的这个创新方式就是邀请客户考察样板点，让客户充分了解新产品的使用情况，达到促成订单的目的。

市场总是奖赏第一个吃螃蟹的人。这次的创新取得了很好的效果，这种方式可谓"项目成长的土壤，戍守领地的城垣"。"敢为天下先"，"争当领跑者"，"FAST和FIRST"思维是华为创业初期的市场理念，这种渗透着狼性文化的理念让华为笑到了最后。

案例5-6告诉我们：创新不是一句空话，它可以体现在：不走老路，不甘心成为追随者，创造性地进行借鉴，并在原有的形式和组织要素上重新排列组合等。"苍龙日暮还行雨，老树春深更著花"，"沉舟侧畔千帆过，病树前头万木春"，只要敢想，敢尝试，任何平台都有创新的空间。

你自己的思考和感悟：

思考	1. 你的营销团队是如何进行关系平台创新的？
	2. 请分享一个你团队在产品推介中的创新模式
	3. 列举市场创新的方法(例如德尔菲法、观察法、竞品模仿法等)
感悟：	

(二) 产品准入

产品准入是区域市场选型竞标的入场券，是客户已经认可公司和产品的表现。通过产品准入并不能肯定本公司的产品最终会被选用，还需要进一步努力。

产品准入是入口，需谨慎、审慎和严谨地对待后面的工作。

---

① B2C(Business-to-Customer)，企业对顾客。

(三) 重大项目支持

能够在重大项目上获得支持，是关系平台富有成效的体现。此时，与竞争对手相比较，就算华为处于同等条件甚至处于某种劣势，客户依然支持华为，愿意保持与华为公司的合作。

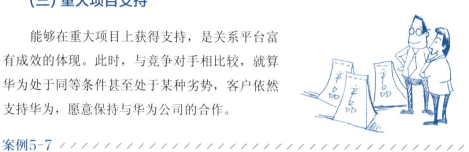

案例5-7

营销大格局：大项目，大市场，大平台，大未来

  有一年华为公司刚刚将T产品推向市场，楚天负责的某地区是A公司活跃度很高的市场。

  某次市局设备扩容项目中，客户想要继续使用A公司的产品。这次扩容的项目恰恰需要华为T系列的产品，并且需求量非常大，如果能够在这个项目上中标，将会对T产品在全国的推广产生示范作用。由于项目较大，以前没有经验可以借鉴，团队内的一些人也没有信心拿下首个T产品的大项目。

  楚天和办事处成员做了大量的前期铺垫工作，积极争取参加此次选型项目，但客户不肯让华为参加。楚天没有放弃，而是积极寻找突破的方法。经过调查，楚天了解到客户某高层对华为一直非常认可，很认同华为的企业理念，也非常支持民营企业的发展，并且对华为抱有很大的信心。楚天做出详细产品说明方案，通过多次努力，将华为的思路向该领导详细汇报，该领导开始对华为T产品有了新的认知。

  在一次项目推进讨论会上，该高层力排众议，强烈要求把华为的产品与其他产品一同进行评选，这次会议使客户重新考虑华为产品。

  成功参加选型后，楚天又积极开展了大量的引导工作，终于拿下了这个大项目。以此作为示范样板，为华为以后大面积推广T产品奠定了良好的基础。

- 资源不在于拥有而在于利用。
- 放大格局，淡然坚毅。
- 相关拓展：如果你有蚂蚁心态，再小的石头都是障碍；如果你有雄鹰心态，再高的山峰也敢尝试。有高度的人不是没有遇到困难，而是行走的高度不一样，做人的格局也不一样。心小，任何小事都是大困难；心大，任何大事都是小事一桩！

作者点评

B2B营销要相信"榜样的力量",这就是所谓的80/20市场。80/20市场的概念来自帕累托法则,即"20%数量的市场却占据了市场80%的权重",这20%的市场就是我们所指的重大项目。

一个成熟的营销人员(华为称为项目经理)善于抓住重大项目机会,把它做成当地的样板,这样在当地就有了标杆,项目自然成为会说话的产品,对区域市场有非常好的示范作用。

华为在案例5-7中采取的市场策略可以总结为"大项目,大市场,大平台,大未来",敢于挑战大项目的营销人员才有可能成为未来的项目经理。经历了获取大项目的过程,营销人员才能因势利导,进而有了获取其他项目的资质,才能让客户和对手刮目相看。

案例5-7告诉我们:敢于挑战自我,敢于做大项目是一个营销人员格局的体现。只在边角做小项目的营销人员内心是胆怯的,这种"捡垃圾"的思想必须抛弃。"抓大放小,重视战略",才能以高屋建瓴之势所向披靡。做一个"让自己骄傲,让客户满意,让对手敬畏"的营销人员,始于敢于拿下大项目。当然,大项目的获取非一日之功,"日积月累,功不唐捐",只要有谋略,有行动,必会一飞冲天。

你自己的思考和感悟:

思考	1. 你的营销团队是否具备拿下大项目的能力和资质?
	2. 请剖析一个你团队获取大项目的具体过程,总结经验
	3. 请拟订一个依靠团队获取某大项目的计划,并力争完成此计划。建议为此计划立项,成立项目团队,项目名字自拟(如凤凰涅槃计划)

感悟:

(四) 战略产品与战略市场

"战略市场的争夺和具有巨大潜力市场的开发,是市场营销的重点。"

—— 来自华为公司《基本法》

战略产品是指公司在特定区域乃至全国市场具有

战略意义的产品，它是关系平台已经渐入佳境的佐证。

战略市场的进入必将深刻影响到市场格局与竞争格局。

案例5-8

战略决定成败

目前国内市场发展迅猛的E产品全部是外国企业生产的，而国内生产E产品设备的企业皆处于项目试验阶段，华为的E战略产品项目也仅仅在某地区开了一个实验局而已，负责该地区的项目经理孙远在一次客户选型中，充分利用国家对民族工业的政策支持导向和信息产业部等部门的支持精神，引导客户从"支持民族工业的发展"角度考虑该项目的选型。孙远经常将自己从各个部门、渠道所获得的消息及时向客户汇报，这使客户充分感受到政府政策的支持。由于孙远对公司战略的正确分析以及对客户的正确引导，使得该项目在价格、技术优势并不显著的情况下，不仅成功在该地区E产品市场中分得一块蛋糕，还为华为公司E产品的市场拓展进行了战略性推动。

- 好的战略固然重要，更重要的是将战略按照正确的方向执行下去。
- 企业高效经营管理的关键是战略。
- 相关拓展：企业需要各种各样的人才，但最主要的是三种人才：能独立做好一摊事的人；能带领一班人做好事情的人；能审时度势，具备一眼看到底的能力，能制定战略的人。

作者点评

华为集团在营销中提出了"战略产品"和"战略市场"的概念，这两个概念非常好，说明营销人员必须站在战略的角度来分析和看待未来的市场拓展。

"站在山顶看山脚能看到一片砂砾，站在未来看现在能看到传奇故事"，高度不同，位置不同，你看到的内容迥然，采取的策略也会有所不同。案例5-8中孙远的做法就是从战略的高度来对待这个重大项目，引导客户认识到这是个"政治行为而不是商业行为"，最后突破重围，获得了订单。

而这个订单是战略订单，影响的是战略市场，意义非凡。古代的荀子曾经讲了一个故事：西方有一种树木，名叫射干，树茎只有四寸长，可它生长在高山上面，就能俯临万丈深渊。这并不是因为射干的树茎高，而是它所生长的地势使它可以俯看深渊。可见，战略市场的进入将使得你的营销突破难以逾越的难点。(详情请参看刘春华大型系列微课"中国式优秀营销总监108招"，关于战略产品和战略市场在此微课中有"三上"的总结：上势，上利和上量。三种产品组合，形成产品战略和市场策略。)

案例5-8告诉我们：战略产品定位来自战略市场定位，战略市场决定战略产品。营销中不能仅仅停留在策略方面和战术方面，而应该上升到战略层面，拿下战略市场，可以倒逼你的产品升级，从而反哺你的战略市场。在企业管理不断升级的今天，战略决定方向，战略决定取舍，战略决定资源配置；战略一旦确定，细节决定成败。因此，战略决定成败，战略决胜长远。

你自己的思考和感悟：

思考	1. 你公司的战略产品是什么？
	2. 你公司的战略市场是什么？
	3. 战略市场和战略产品应该如何配合，才能形成市场的竞争优势？
感悟：	

（五）利益共同体与战略伙伴

华为与客户建立巩固的利益共同体甚至成为长期合作的战略伙伴，是关系平台建设的升华。

1. 合资合作

- 山东华为
- 四川华为
- 天津华为
- 沈阳华为
- 河北华为
- ……

这些合资合作有限公司的成立就是公司与客户联手建立的利益共同体。当

然，随着华为的不断发展，这些公司与华为的合作关系也在不断加深，逐步由利益共同体升级到事业共同体和命运共同体。

案例5-9
华为从不跨界打劫

吴楠负责某省一个较大市级区域的销售和客户关系，由于当地的通信市场发展滞后，市场开拓一直没有较大的起色。

吴楠多次到目标客户那里，同他们深入交流，他发现：按照原来开拓市场的思路根本行不通，必须有创新的方法，做到出奇制胜。

吴楠在开拓市场的过程中接触到了省邮电管理局的一些领导，而该局的下属企业之一某工厂也在吴楠所负责的地区。这个工厂是以生产载波机为主的国营企业，由于管理不善，领导更换频繁，服务意识落后，经济效益每况愈下，已经濒临倒闭。吴楠向公司提出与某工厂合作的建议，并且结合前期自己的市场调研，在建议附页里加入了合作后的可行性项目计划书。

由于建议和报告书分析得非常到位，合作的路径和预期效果明晰，公司经过审慎的考虑后，决策层决定批准这份报告。经过公司高层和工厂分管领导的努力，合资企业成功组建。一方面省管局的企业有了规范的管理和良好的效益，解决了职工就业难题；另一方面，华为公司在该地区乃至全省的市场覆盖率得到了提升，主要产品的市场覆盖率都在55%以上。省管局高层在一次工作会议上说："华为公司送技术、送管理、送效益给我们，我们不能犹豫，合作共赢是最好的发展之路，我们要和华为一起努力，把合资企业作为重点关注和发展的企业，而不是把它作为普通的供应商来看待。"

华为公司的高管说："华为作为全球领先的信息与通信解决方案供应商，就是要以客户服务为中心，以奋斗者为本！我们要一起努力，共赢共享。"

- 华为拒绝跨界打劫，倡导合作共赢。
- 销售领域的创新还有"强链，补链和延链"的做法。
- 相关拓展：开拓销售市场时不仅可以卖，还可以买。对于客户的资源可以重新组合，如果不是"红舞鞋"(华为基本法的观点，是指华为不涉足通信设备的其他领域)，就可以通过购买、重组等方式加强与客户的合作。

作者点评

华为的高速成长是有目共睹的,很少人能注意到华为成功的背后,始终恪守一条原则:华为的利益边界界定。华为从不跨界打劫,华为只在相关的行业内开发新的市场,让合作伙伴共享成果。

同样是高速发展,互联网公司的发展是颠覆式的,互联网公司的成功是以被颠覆者的失败为代价的,所以互联网公司所到之处,总会让一些企业黯然神伤,甚至走向落幕。有人评价:互联网覆盖的行业寸草不生!

而华为的发展不同,华为总是能带动一大批合作企业共同成长,华为走的是合作之路,生态之路,是市场蛋糕的创造者,而不是掠夺者。就像案例5-9中,华为与当地的企业组建合资公司不仅成功开拓了本地区市场,而且救活了这家濒临倒闭的企业,实现了真正的合作共赢,生态共享。

在HC2017①大会上,华为轮值CEO郭平说,华为有技术、安全、服务和共享四大基因。谈到华为的共享基因,郭平说:"我们希望创建开放、有活力、多样性和共荣共生的环境。不管合作伙伴大小,只要有实力有创新,我们就一起携手合作,共同为客户解决业务挑战、创造价值。"

案例5-9告诉我们:互联网时代背景下,企业要想基业长青,合作共赢是必经之路。现在,华为集团已经由原来的"狼性文化"转型为"大象文化",思想的格局进一步放大。在整个价值链中,帮助你上下游的合作伙伴成功,就是成就自己的未来。韩国有句谚语:"留些柿子在枝头,供过冬的喜鹊吃,来年你的柿子更加丰收!"诚哉此言!

▣ 你自己的思考和感悟:

思考	1. 在公司整体战略中,是否考虑过通过合作(包括兼并或者被兼并)来拓展公司业务?
	2. 你如何看待战略合作伙伴这一角色?怎么界定"战略合作伙伴"?
	3. 你认为"合作共赢"的基础是什么?请对你的合作伙伴分类,思考如何再挖掘一下大家的合作潜力?

感悟:

---

① HC大会,即HUAWEI CONNECT大会简称、华为全联接大会,一年召开一次。

2. 忠诚的战略伙伴

面对电信市场的开放，开发与经营的结合是迎接市场挑战的需要。在电信市场高速发展的今天，选择战略性的可持续发展的合作伙伴是设备开发者与经营者共同面对的一个课题。

随着通信市场的不断升级，智能时代的到来，华为与个人消费者、企业用户和运营商用户的战略合作关系得到不断加强。

- 在浙江台州，基于客户的设想，华为开发了 AOCE 业务；
- 在山东，华为的软件同客户的硬件联合，共同开发了112业务。

案例5-10
华为的共享观：投之以木桃，报之以琼瑶

现在诸如校园卡、企业卡等通信产品已经是非常普通的产品了，但当年刚刚推出这种产品的时候，在市场上风靡一时。

校园卡首次出现在天津的某高校，它的普及具有良好的社会效益和经济效益，解决了长期困扰高校学生的通信问题；同时，作为电信运营商的邮电部门也扩大了电话放号量，为提高业务收入开辟了新的模式。

校园卡的应用反映了电信运营部门(包括天津市话局与设备供应商)与华为公司之间的密切合作，这种合作关系超出了简单的设备买卖关系，形成了一种相互合作、相互融合、相互支撑的良好的战略伙伴关系。

随着电信竞争的加剧和业务应用的日益多元化，这种新型的合作关系显得更为重要，它是双方可持续发展的基础，它的出现说明设备供应商可以参与市场需求端的模式设计。华为没有直接参与产品销售后的利润分成，却因为需求的扩大而倒逼设备供应端的升级，让自己间接受益。

从大学开通校园通信网到校园通信业务的转变，真是"麻雀变凤凰"。在这次校园卡的嬗变中，通信服务商、电话局、管理方与华为公司形成了一个生态圈，这种合作是战略层面的，是价值链再造的成功典范。

- 战略伙伴关系是营销的最高境界。
- 销售创新包含整个产业链上任何一个要素的创新，哪怕这个要素在客户

那里。

- 相关拓展：销售界有句谚语："客户是路，企业是树；别迷路，靠靠树。"从企业出发，以客户的需求为导向，就可以和客户一起想出更好的实现目标的路径。

作者点评

企业的相关利益体包括股东、用户、分销商、供应商、员工等。按照华为的战略发展思路，每一个利益攸关方都是华为的战略合作伙伴。尊重战略合作伙伴，就是尊重自己的未来。

华为重视与战略合作伙伴的合作，甚至把他们当成自己企业的一分子，给我们的启发就是：不要怠慢你的任何利益攸关者。对比国内的一些企业，他们总是把供应商或者平行运营商视作争利的对象，要么压货款，要么防备他们学习到核心技术而成为自己的对手，事实证明这种做法是不明智的，是短视的。华为的做法值得他们借鉴。

即便针对与自己业务重叠的公司，也应该做到对话不对抗，竞争又合作，这样才能赢得别人的信赖，成为受人尊重的企业。"海纳百川，有容乃大；壁立千仞，无欲则刚"，开放的思维，带来的是共享的成果。

案例5-10告诉我们：战略合作伙伴关系的建立，能够让企业生存在一个健康的生态体系里。只有在生态的环境下，企业的发展才是健康和可持续的。"高山之巅无美木，大树之下无美草"，盛气凌人的企业难比一个低调包容的企业，让出一份阳光给别人，别人就会报以习习凉爽。古人云："投之以木桃，报之以琼瑶"，说的就是这个道理。

你自己的思考和感悟：

思考	1. 你公司的战略合作伙伴是谁？为什么选择他们作为战略合作伙伴？
	2. 为了可持续发展，你公司有拟发展的战略合作伙伴吗？
	3. 有无不和谐的合作伙伴？有无改善的计划？请拟订一个改善计划

感悟：

三、信息平台

信息平台对关系平台而言，既是条件又是结果。

（一）善于采集

信息采集的渠道包括：

- 展览会和交流会；
- 新闻媒介(含自媒体)；
- 社交网络；
- 分享他人信息。

这里的"分享"是指各客户经理之间要能够实现信息的交流和使用。信息的分享是正和博弈而不是零和博弈，尤其是同事之间。

信息交流和共享可以大大增加信息量，而且可以互相验证已有信息的准确度。

案例5-11

掬水月在手，弄花香满衣

在省局召开的年终工作会议上，S地区局电信网络设计因为投资过大、工期过长、兼容性较低等问题受到了指责；而M地区局却受到了表扬，电信网络设计投资小、工期短和兼容性强。M地区局采用了华为的"三网合一"(电话、数据和图像)设计，开通后明显提高了网络层次和运行质量，大大增加了放号量(在全国区放号量排位第二)。在这次工作会议上，S地区的分管局领导压力很大，下一步的优化方案还没有任何头绪。

负责这两个地区的两位客户经理针对客户的网络设计方面的信息进行了充分交流，拟定并实施了邀请S局的分管局长去M局参观考察的计划。S局对这次参观考察的内容非常满意，加上负责M地区的华为客户经理提前设计出了网络设计参考方案，让S局的领导非常感动，并且充分认可了M局的经验。

后来华为成功地进入了S地区局的市场，打破了S地区局市场长期采用交换接入方案的僵局。

- 销售要善于利用成功案件的示范效应，不同区域的成功案例可以互为示

第五章 技能与绩效

范，尤其是工程销售。
- 工程销售中的样板工程区域互补很重要，工程客户往往愿意看到相近相似区域的成功案例。
- 相关拓展：同行、同仁和同事不是自己的冤家，而是自己的老师。尤其在销售中，不同区域的销售人员不是对手，而是互为帮手。

作者点评

在营销界有一句非常实用的名言：沟通和交流本身就是最好的营销。同时，"四交营销"也说明了这一点：交流，交友，交心和交易，交流是营销的开始。这种交流不仅指与客户的交流，还指客户经理(项目经理或者销售经理)之间的交流，这些交流可以碰撞出更多的创意和火花，对促进市场的拓展有非常大的帮助。

交流过程中识别机会和资源，整合并利用这些机会和碎片化资源的能力也被称为"融商"(对融商的详细描述和讲解请参看刘春华大型系列微课"中国式优秀营销总监108招")。要识别这些资源和机会就需要"两力一度"：洞察力，联想力和敏感度，没有这些基本的素养，即便有了充分交流和沟通，你也难以整合到这些资源。

案例5-11中，销售成功的关键原因是两个客户经理具备了"两力一度"，精诚合作，勠力同心，互通有无，共享资源。

案例5-11告诉我们：信息的分享可以达到"1+1>2"的效果，它不像有形的资源，例如互相交换一个苹果，每个人还是一个苹果，而互相交换信息，每个人都同时拥有了两条信息，甚至超过了两条信息。信息的交换和共享，让信息增值，同时也成就了每个乐于分享的人，可谓"掬水月在手，弄花香满衣"。

你自己的思考和感悟：

思考	1. 你们的团队有信息共享的平台吗？
	2. 贵公司有定期的信息和市场资源分享会吗？
	3. 尝试开一个市场信息分享会，大家以开放的心态共享自己的客户信息，看能够碰撞出多少新信息和新创意(找专门的人现场记录，建议采用私董会的方式)

感悟：

(二) 有效的信息

全面、及时、准确的信息,才可能对市场开拓和产品优化有效。

1. 信息的全面性

注重平时的收集和积累,培养信息收集意识与敏感度。

(1) 基础信息

经济、人口、人文风俗、文化传统、地理等信息是基础的市场信息,往往具有战略参考价值。

表5-1中的基础信息来自华为一位客户经理的年度规划报告(现在县局已经没有采购权,表5-1仅供参考——编者注)。

表5-1 年度规划报告表

地名	人口/万人	财政收入/万元	财政支出/万元	交换容量/万线	电话普及率/%
A	96.3	64 435	92 326	11	11.42
B	18.2	7 644	31 499	1.6	8.79
C	128.7	24 309	9 721	5.3	4.12
D	62.3	12 345	16 114	2	3.21
E	50.6	9 386	13 964	2	3.95
F	33.3	10 745	11 194	2	6.01
G	56.3	18 889	19 379	3.5	6.22
H	48.36	11 478	17 548	1.5	3.09
I	86.8	13 119	28 515	3	3.46
合计	581.1	172 350	240 260	31.9	5.49

(2) 客户信息

以电信企业为例,销售人员需了解的客户信息包括:

- 组织结构;

- 内部决策链；
- 项目的基本预算；
- 网络现状（网络结构、机型、容量、装机率、运维情况、网络建设和发展规划等）；
- 经营情况；
- 认可本公司的程度；
- 以往项目的客户满意度；
- ……

信息积累与收集

案例5-12

"PESTEL"模型在营销中的使用

客户经理通过对某地区通信网络运营现状进行技术分析，发现了设备陈旧、机型复杂、网络结构级别过多等问题。客户经理为了确认这些问题的真实性，邀请公司总部的技术支持人员现场确认，并出具了技术分析报告，报告后面还附带了解决这些问题的详细方案。

该方案对新设备的兼容、维护以及网络管理上如何避免现在遇到的困难提出可行性措施，对于可能造成重复投资的项目也做出了标注。

为了让客户接受并理解方案的核心内容，客户经理还组织相关技术人员进行技术指导，与客户进行广泛的技术交流和沟通，最终获得了客户的认可。

现在，该客户已经全面采用华为的产品和技术方案，还介绍华为加入智慧城市建设的项目中来。

- 销售战其实也是信息战。
- 谁掌握的有效信息越多，谁离客户的订单越近。
- 相关拓展：销售界有句俗语："靠山山会倒，靠水水会流，靠真实的信息永远不倒。"对客户需求信息的洞察是销售的核心要务。

作者点评

案例5-12主要分析的是如何让市场上的营销人员掌握全面、准确和有效的信息。我们可以用两个模型来达到掌握有效信息的目的。

这两个模型一个是"四情分析",一个是"PESTEL"模型。"四情"包括我情、敌情、行情和客情;"PESTEL"模型中的字母代表了需要了解的几个因素:政治因素(Political)、经济因素(Economic)、社会因素(Social)、技术因素(Technological)、环境因素(Environmental)和法律因素(Legal)。

两个模型配合使用,可以保障信息的完整和有效。"四情分析"属于微观和细节分析,"PESTEL"模型属于宏观和战略分析,前者着眼于战术,而后者在制定战略的时候常用。

案例5-12告诉我们:大数据时代到来,市场竞争日益依赖信息的准确性、完整性和及时性。我们除了要利用大数据来收集和分析信息之外,还要掌握一些终端采集和分析信息的基本方法,并在拓展市场的过程中利用好。见微知著,管中窥豹,善于捕捉微妙的信息而预知未来的营销经理才是营销精英。

你自己的思考和感悟:

思考	1. 你们的团队是如何收集和分析市场信息的?
	2. 团队成员掌握"四情分析"和"PESTEL"模型吗?
	3. 尝试开一个市场信息收集和分析方法的分享会,大家以开放的心态共享自己的经验。(找专门的人现场记录,建议采用私董会的方式)

感悟:

(3) 竞争对手信息

销售人员需要了解的竞争对手信息包括:

- 竞争策略;
- 技术策略;
- 公关策略;
- 组织机构特点;
- 客户满意度;
- 区域份额占比;
- 友商数量和实力对比;
- ……

客户对竞争对手的满意度如何,是营销人员应掌握的核心信息之一。

2. 信息的准确性

优秀营销人员平时应注重对信息进行甄别和对比,培养识别信息真伪的能力,方法是:"去粗取精、去伪存真、由此及彼、由表及里。"对信息判断能力的提升还可以借助相应的数据处理软件等,但前提是准确信息的积累,而非错误信息的堆砌。

案例5-13
减少市场信息的"噪音"

客户经理陈涛收到客户的信息,客户说K公司报价为400元,比华为报价650元低多了,客户希望华为报价降到和K公司差不多的水平。

通过侧面调查,陈涛了解的真实信息是:客户希望公司的报价为500元,心理承受价位是600元。

还有一次,陈涛从竞争对手那里得到对方报价600元的信息。而陈涛协同技术人员分析竞争对手的网络方案、设备配置方案和施工方案,得出的结论是,他们的实际价格应该是500元。

客户经理陈涛在辨别市场信息的时候,除了分析网络配置、设备组合和施工等方面的因素外,他还记录每次各个设备厂家的报价水平、每个客户能接受的最终成交价等。如此,就形成了横向和纵向的报价比较。陈涛每次的报价,既能规避竞争,又能贴近客户的心理接受价位。

- 准确识别信息本身就是一种竞争力。
- 错误的信息比没有信息更可怕。
- 相关拓展:真假难辨的市场信息还是有规律可循的,这就要求销售人员有数据的积累,拿到第一手资料,并做横向和纵向的比较。去掉"噪音"信息,留下的自然是"天籁"了。

作者点评

要掌握信息的准确性,必须到现场去,不可道听途说,要甄别、辨别、比较等,细细地研究这些信息,最终确保信息的精准性。特别要提醒的是,很难保证竞争对手(敌情)的信息是准确的,需要多方印证(例如对手的合作商),如条件允许，从对手的内部突破是最有效的方法。

案例5-13告诉我们：精准的信息才是有效的信息，错误的信息会导致错误的判断和策略，功亏一篑；当错误的信息积累多了，就会彼此影响，积重难返。"一叶障目，不见泰山"，"一人传虚，万人传讹"，差之毫厘，失之千里，从信息源头保证信息的准确性是信息分析和利用的关键。

你自己的思考和感悟：

思考	1. 你们的团队是如何保证信息准确性的？
	2. 总结一下保证信息准确性的方法(可以形成多少字箴言的形式)
	3. 尝试开一个如何保证市场信息准确性的分享会，大家以开放的心态共享自己的经验。(找专门的人现场记录，建议采用私董会的方式)

感悟：

3. 信息的及时性

不及时的信息，就算再准确，也是无效的。

案例5-14
昨天的阳光晒不干今天的衣服

高岩从南方区域刚刚调到北方某区域做客户经理，他接手的某地区局恰巧有一个程控交换机扩容的大项目。在做这个项目的过程中，高岩遇到的主要困难是客户对华为的产品不了解，对华为的信任程度不高。之前的客户经理在服务客户过程中，沟通记录不全。

高岩没有气馁，而是将客户项目建设主管杨工那里作为切入点，让杨工一一了解华为公司的配置设备，并把网络方案展示给他。杨工对华为的态度从初步了解发展到了充分支持。

当这个项目快到招标的时候，发生了一件意外的事情。临近地区的C系列机型因为机房工程师的误操作而发生了较大规模的常规故障。尽管不是设备的问题，但是市场上容易以讹传讹，如果高岩所在区域的客户产生误解，那对下一步的招标带来的不良影响可想而知。

高岩这个时候想到了杨工，杨工为人诚恳，对工作认真负责。高岩把临近地区发生的机房误操作事故如实告知，希望杨工能将信息准确传递给高层。

在杨工的积极配合下，客户高层领导完整真实地掌握了临近地区机房发生故障的情况。后来，当某竞争对手的业务人员说到此事时，谈到有歪曲事实的细节时，客户领导还主动地纠正了一些不真实的信息。

华为公司没有受到临近地区机房事故的影响，在整个团队的努力下，高岩最后拿下了他来到新区域后的第一个大订单。

- 让信息准确地传递也是一种市场竞争力。
- 不要给客户任何误解的机会。
- 相关拓展：典故"瓜田不纳履，李下不整冠"说的就是不要给别人错误的信息。后来，还有"一人不进庙，二人不看井，三人不抱木"的处世技巧，也是古人总结出来的避免让别人误判的技巧。在市场上，有些销售经理并不是累死的，而是冤死的。

作者点评

要掌握信息的及时性，收集信息的渠道就要多。我们常说："海不择细流，故能成其大；山不拒细壤，才能就其高。"在春秋战国时期，孟尝君曾使用"鸡鸣狗盗"之人，将有一技之长的人纳为食客，为己所用，后来这些人在不同的同形下都给予了孟尝君帮助。

各种信息来源，尤其是客户内部的信息来源尤其重要，它能确保我们及时掌握市场信息。当及时得到有效信息后，我们就可以当机立断，防患于未然，趋利避害，让市场向更利于自己的方向发展。案例5-14中所提及的杨工及时提供并传递准确信息就是非常好的案例。

案例5-14告诉我们：广结朋友，广设眼线，形成机制，对于及时提供信息的人，要予以感谢。"兵贵神速"，而信息也贵神速。《周易·系辞下》："君子见几而作，不俟终日。"要想及时得到有效信息，就要主动出击去寻找和挖掘信息，对信息做出判断后立即采取行动。

📝 你自己的思考和感悟：

思考
1. 你们的团队是如何保证信息及时性的？
2. 总结一下保证信息及时性的方法(可以形成多少字箴言的形式)
3. 尝试开一个如何保证市场信息及时性的分享会，大家以开放的心态共享自己的经验。(找专门的人现场记录，建议采用私董会的方式)

感悟：
_____
_____
_____
_____

4. 建立信息文档

客户经理必须及时撰写《客户拜访报告》和《客户动态跟踪报告》。

- 《客户拜访报告》记录拜访客户主管和高层的情况；
- 《客户动态跟踪报告》记录并反馈客户的重大活动事项。

一位华为客户经理的年度规划报告中，有这样一节：

> 要建立好文档，包括项目档案及电子文档，这两项均包含已签合同、待签项目、各地基本数据、网络现状图(详细到各方向中继数、电源产品厂家等)、乡村的个数、人口、经济、通电话状况等。这样做的好处有几点，一是每个产品的销售经理可以迅速了解该地的详情，二是电子文档方便互相交流，也为公司提供了第一手资料，节省了很多处理合同的时间，同时也为我们进一步发掘市场奠定了基础。
>
> 没有基础数据，对市场的任何策划都是空的。要成为客户的合格助手，对一个地区的各方面详情必须了如指掌，只有掌握了这些数据，才能对客户做有目的和方向性的引导。

案例5-15

华为集团的两个"报告"制度

某区域客户经理闫兆飞在进行例行的客户拜访时，发现客户的技术人员大部分不在家。这在之前是很少出现的现象，这引起了闫兆飞的注意。

闫兆飞找到几个熟悉的客户技术人员打听消息，他们一致说出差了。联想到D区域的一家设备供应商正在召开技术说明会,闫兆飞初步判断他们可能是受邀参加友商的技术说明会去了。

闫兆飞马上电话给D区域的华为办事处经理,经过一番交流,确认客户的技术人员确实参加了友商的技术说明会。

闫兆飞马上与D区域的客户经理沟通,顺便邀请客户技术人员参加D区域的样板工程展示。在征得客户技术人员的同意后,他们顺道参加了这次准备细致周到的样板工程现场展示会。

这次样板展示会的效果很好,给客户负责技术的几位高级工程师留下了深刻的印象,他们对华为的产品、技术和方案有了更为深刻的认识。

- 客户的信息流能够转化为订单流。
- 销售人员要有洞察信息的敏感度,敏感度越高,越能对信息的细微变化做出快速准确的反应。
- 相关拓展:在《水浒传》中就有类似的描述:"……理想现实一线隔,心无旁骛脚踏实。谁无暴风劲雨时,守得云开见月明……"后来有人演绎为"拨开云雾见日月"。洞察市场信息需要这种"拨开云雾见日月"的精神,能从现象和行为中发现客户需求的变化,进而拿出你的对策。

作者点评

华为在市场上的成功得益于他们所建立的"两报告"策略:《客户拜访报告》和《客户动态跟踪报告》。《客户拜访报告》记录拜访甲方主管和高层的情况;《客户动态跟踪报告》记录并反馈客户的重大事项。前者是访问客户现场的场景记录,便于追溯;后者需要自己做出判断并提供相应的建议,供上级部门做出决策。这一基础工作非常像海尔的"两书一表"[①],它们夯实了市场营销的基础工作(海尔针对所有岗位的员工)。

华为集团的两个"报告"制度值得企业管理者们借鉴,这一制度可以实现客户信息共享,可以让新来的客户经理马上进入工作状态。"铁打的营盘流水的兵",营销人员一旦出现岗位变化,他们的记录可以供后来者使用。

---

① 海尔的"两书一表"是指岗位职责书、操作指导书和日清表,是海尔集团基础管理中的基石。

案例5-15中所描述的情况在市场上非常普遍，它的启发意义在于：因为华为有及时反馈和报告客户信息的平台和流程，所以面对客户的变化和竞争对手的行动，企业可以及时做出正确的反应。

案例5-15告诉我们：市场有变化不可怕，可怕的是面对变化束手无策。要想把握这种变化并及时做出反应，就要求有基础数据和信息的支持。这些信息和数据需要平时的积累，博观约取，厚积薄发。建立一套及时收集、记录、分析并归档的制度势在必行。

你自己的思考和感悟：

思考	1. 你的团队有类似于"两报告"的制度吗？
	2. 请你的团队成员谈一谈如何建立客户基础信息的文档平台？
	3. 建议：从现在开始尝试建立客户信息档案，并按照权限有选择地向营销人员开放信息，共享资源

感悟：

四、项目挖掘与推动

通过对市场的预测，找到销售的契机，把握市场方向，制定规划并实施。

（一）市场预测

为了使营销方案具有前瞻性和全局性，必须首先对宏观和微观的信息进行分析以对市场进行尽可能准确的预测。

1. 把握宏观政策

例如，华为公司需要关注的宏观政策包括：

- 亚洲金融危机对我国经济和电信业的影响；
- 加入 WTO 对经济发展和电信市场的影响；
- 全球经济危机对华为公司的市场影响；
- 中美贸易摩擦对华为公司的市场影响；
- "加大基础设施投入、拉动内需、刺激消费和保证6.5%的增长"的影响；
- 中国城镇化运动对华为公司的市场影响；
- AI(人工智能)、大数据使用和区块链技术对华为公司市场格局的影响；
- 党和国家的重要会议精神，对电信业发展的导向和基调；
- ……

通过对这些信息进行分析归纳，客户经理应该能够预测到本年度全国电信业的建设趋势，进而预测本地区的建设情况。

比如电总"九五"规划要求各省管局"在传输网络建设上要用 SDH[①]设备(县以上的网络必须使用 SDH 设备，县以下的网络在经济允许的条件下也要向 SDH 过渡)"。这种情况下便可顺理成章地引导用户使用 SDH，减少了与 PDH[②]厂家的竞争。

又如：
- "邮政与电信分离"对市场结构和客户原有政策链的影响；
- 《电总〔494〕号文件》中"大容量、小局所、多模块"对建设的导向；
- "村通工程是省局的政策性目标"对专项产品需求的导向；
- "电话资费的调低"会使客户更关注产品的价格；
- ……

2. 分析区域形势

综合本地区的经济趋势、电信企业的经营现状和年度建设任务，华为公司销售人员会预计当年可以在客户的计划中争取到多少项目，寻求主导产品(如交换机组网、传输等)、相关产品(如ETS1900、ISDN终端等)和新产品(如ATM等)在区域内的组合销售机会。

不同的区域因为各自的形势不一样，采取的产品组合也不一样。一区一策，区区异策，充分满足了个性化需求，也提升了华为在行业内的市场竞争力。

---

① SDH(Synchronous Digital Hierarchy)，同步数字体系。
② PDH(Plesiochronous Digital Hierarchy)，准同步数字系列。

案例5-16

洞察市场"六步法"

李一鸣是F地区的客户经理,某年的通信设备展览会在F地区举办。作为东道主,李一鸣配合总部工作人员忙了近两个月的时间。

在组织展览会期间,接触的人多,李一鸣默默地把这些信息记录下来,寻找一些新的市场机会。某办事处的一位主任无意间告诉李一鸣:ISDN终端在C城市有大量的需求,而C城市的相关领导刚调到了B城市,高层领导的思路具有连贯性,让李一鸣关注一下这位主任。B城市属于F地区,李一鸣当然记下了这个重要的信息。

李一鸣马上进行了走访和调研,果然如那位办事处主任判断的一样,B城市的通信网络建设思路和C城市高度相似。李一鸣预测:未来一段时间,在B城市肯定也能够销售大量的ISDN终端。

李一鸣马上行动起来,他先找到了分管项目的市局经营副局长,副局长说你先找某经营处某处长,处长又推到负责分管的某副处长。

在拜访某副处长之前,李一鸣做了大量的准备,他从网络未来发展的趋势、B城市的通信定位再到市场开拓的创新方法等方面,一一展开,仔细准备资料。李一鸣还了解到,这位副处长还到华为总部参观过,对华为的产品印象不错。

因为准备充分,从客户的角度出发为客户考虑的思路让这位副处长非常满意。李一鸣还巧妙地利用了马上召开的省局技术交流会,现场邀请副处长代为邀请分管的副局长一行参加这次交流会。

在对方同意派一个技术团队参加这次省技术交流会后,李一鸣马上向总部请求支援,希望总部在这次技术交流会上重点讲解ISDN终端方面的技术和方案。总部当然采纳了李一鸣的建议。

这次技术汇报引起客户的极大兴趣,现场交流环节,客户就ISDN终端技术提出很多感兴趣的问题,华为总部的技术人员一一进行了详尽的解答。

半个月后,副局长给李一鸣打电话:"李经理,我们要对ISDN终端选型,你们的方案能保证预期效果吗……"

ISDN终端选型是公开招标的,其他的设备供应商还有四个。由于华为公司准备得最为充分，谨慎的客户购买了华为600台设备、M公司300台设备。

安装调试后不到一个月，因为功能质量问题、方案兼容等问题客户将M公司的设备全部退货。第三年，客户计划再购买华为1500台设备，华为理所当然地成为唯一中标的公司。

- 敏锐的洞察力能够创造无限商机。
- 决定中标的因素不在招标现场，而在招标现场之外。
- 相关拓展：《礼记·中庸》有言："凡事预则立，不预则废。"就是告诉我们：有准备的事情，才有可能成功；没有准备的事情往往不成功。西汉刘向在《说苑·谈丛》中也有同样的观点："谋先事则昌，事先谋则亡。"意思是说：谋划在做事之前就会成功；做事在谋划之前反而会失败。在获取大订单的过程中，如果没有对信息的准备和洞察，往往会事倍功半，甚至是竹篮打水一场空。

作者点评

洞察力是市场营销人员需要具备的核心能力之一，洞察力是指能够通过市场的观察和分析总结出非职业人员看不到的市场趋势的能力。市场项目尤其是B2B项目的成功多数是因为营销人员洞察到了消费者的潜在需求而获得的。

1964年，日本一家石油公司的员工对《中国画报》封面刊出的"铁人王进喜"的照片进行观察，得出了中国未来会采购勘探设备的结论，完成了一次经典的市场分析工作。最后，日本专门针对中国设计的勘探设备和采油设备最为适合中国大庆油田的需求，成功赢得了中国的订单。

很多营销人员都明白洞察力的重要性，但是要想做到精准洞察还需要历练，要在具体的实践中不断丰富和完善自己的技巧和方法。

完成一次精准的洞察是有方法可循的(注意：在洞察之前，对市场的预测和对区域市场的分析是基本功，不掌握这些，洞察无从谈起)，我们这里介绍洞察"七问"：我为什么要去看？我该怎么看？我看到了哪些？我没看到哪些？我没看到的是否可以从看到的推测出？我还该知道哪些东西？我知道了以后该怎么办？(对于该知道还不知道的，再进入一个循环，进行第二次洞察。)通过洞察"七问"，你会逐渐总结出洞察的核心：带着目标去观察某一事物，推导出现象和行为的弦外之音，为自己的目标服务，进而转化成行动去达成目标。

对于洞察结果的使用，一般包含六步：动机—观察—洞察—行动—验证—修正。修正后，继续进入第二轮的洞察，直到达到预期的效果为止。

案例5-16告诉我们：优秀的营销人员应该具有敏锐的洞察力，也就是营销中常提及的"神仙手眼"。(另外12字法则是：英雄肝胆，儿女性情，菩萨心肠。关于"营销总监16字法则"的详细讲解请参看刘春华大型系列微课"中国式优秀营销总监108招"。)洞察力是"两力一度"模型中的"一力"(详见案例7-10)，也是优秀营销人员16字法则的必备能力要素之一。另外，洞察结果是为最后的签单服务的，记住洞察结果使用的六步法(动机—观察—洞察—行动—验证—修正)。

🗉 你自己的思考和感悟：

思考	1. 你的公司中是否有专门针对营销人员洞察力进行培养的计划？
	2. 你的公司是否有因为洞察力而获得成功的案例？请开分享会展示这些案例
	3. 你认为营销人员除了"洞察力"还应具备哪些行业特殊素质？
感悟：	

(二) 市场规划

市场规划是市场开拓的基础，是市场开拓的作战图。以电信行业为例，市场规划的总体思路是：首先要进行基本的市场评估，市场评估要结合本公司目标市场的现状(我情)、友商的市场现状(敌情)、当地及周围地区的网络发展及运营现状(行情)、运营商的网络技术现状(客情)4个方面来进行，根据评估结果进行市场预测。

市场预测结果包括区域销售目标、准入目标、占有率目标和市场覆盖率目标等，它是市场规划和资源配置的基础。

市场预测结果所包含的细分目标确定之后，需要制定实现这些目标的具体路径，也就是市场规划的具体内容。这些规划内容包括：公关规划、组织人力规划和财务规划等。

开始预设的目标属于目标体系,而市场规划中的公关、人力资源管理等属于资源保障体系。

市场规划的目的是完成开始制定的准入目标、销售目标、市场份额目标和市场覆盖率目标等各项预期目标,并在规划实施的过程中不断优化最初的市场预测并做出调整。市场规划具体内容如图5-2所示。

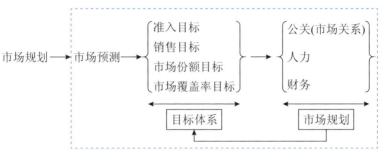

图5-2 市场规划

把公司市场规划融入客户年度规划之中,是成功建立关系的重要特征。

案例5-17

"无心插柳"式营销的本质

天津某高校校园通信网的创新引起了极大的社会反响。在国家教委的重视下,国内其他高校和邮电局(现在电信和邮政分开)纷纷来电询问校园网的具体运行情况。

两个月之内,来自S市、J市、M市等国内12所院校和7个市电话总局人员到天津或者到华为公司总部参观考察,交流学习,希望把这种创新的校园通信网移植到他们所在城市的高校。

校园网的诞生竟能产生如此强烈的社会反响,是开发者和经营者所始料未及的。在此之前,华为公司研发的公司卡号管理系统,可以满足小团队的使用,也受到了市场的青睐,但市场的销量并不大。这种公司卡号管理系统的销售只聚焦了细分市场,所有的运营者都认为它的市场容量不会太大。开发者同样也就止步于此,认为市场的需求是有天花板限制的,如此的销量也难能可贵了。

作为经营者,天津市电话局要解决天津高校的通信问题;华为公司作为开发者，创新并满足了这种需求。于是，校园通信网超越了原来的预期，并非只是聚焦小团队使用，而是兼容了更多的创新内容和功能。这二者结合，最终碰撞出巨大的能量，开辟出一个全新的市场空间。全国高校如此之多，需求潜力巨大，未来可期，令人心动。

举一反三，由此及彼，不难预测：校园通信业务还有更多的用途，绝不仅仅限于学校。

校园通是一个效应和现象，它本质上是解决人口密集区公众电话需求的一个有效创新手段，在出租公寓、医院、宾馆、火车站、飞机场、展览会现场等区域，甚至街头都可以使用。

- 不是所有的产品都能盈利，有的产品可以用于启发和尝试，能为销售拓展带来新的机会。
- 如果战略方向对了，产品销售的引爆只是时间问题，但你必须是那个有准备的人。
- 相关拓展：《后汉书》中有经典名句："失之东隅，收之桑榆"，其本意是：在某处先有所失，在另一处终有所得。但前提条件是：你必须时刻在创新的路上。就如同网络上盛传的一句话那样：真正的强者，不是流泪的人，而是含泪奔跑的人。

作者点评

在案例5-17中，华为集团研发方与天津某高校的一次简单合作，没想到却开拓出了更大的市场。在国外也有一则经典的"无心插柳式"营销案例，那就是"米其林指南"。"米其林指南"现在是世界公认的美食评鉴标准。有趣的是，"米其林指南"原不是美食指南，它是为卖轮胎而制作的。

1900年，米其林兄弟在法国开了一家轮胎公司，他们想销售更多的轮胎。想卖得更多，司机就要开得更远，轮胎就会更快地替换。所以，他们出了一本《米其林指南》，介绍法国吃喝玩乐的好去处，有地图、旅馆、加油站和汽修厂的标识。法国人爱美食，当然也喜欢美食指南。以下是原本的星级标准：一星代表值得停下来，两星代表值得掉头回来，三星代表值得你专程前往。这本指南取得巨大成功。兄弟二人以这本书作为营销工具，免费派发，本是好方法，可是米其林兄弟偶然发现他们精心制作的《米其林指南》被车厂工人用来垫桌脚，他们很生气。人们不尊重，不珍惜，兄弟俩决定不再免费派送，而是收费。因为收费，印量减小了；因为收费，这本书变得有价值了，受尊重了，渐渐地变成了权威。获得米其林推荐的餐厅会把星徽放在门前，引以为豪，获得推荐的厨师会身价倍增，各地的人对米其林荣誉餐厅趋之若鹜。

案例5-17告诉我们：看似"无心插柳"的营销其实是"有心"的，这个心就是超前的市场规划和策划，提前参与到客户的年度规划中去。华为就是因为参与了前端的网络和技术设计，使得经营者和设计者两者完美结合，产生了意想不到的结果，米其林的成功也源于此。由此可见，越早参与客户的需求方案设计，你就离成功越近——"心中若有桃花源，何处不是水云间"，我们可以理解为："心中若有超前案，凡是信息皆成单。"

你自己的思考和感悟：

思考	1. 你的企业是如何进行市场规划和策划的？(参阅华为的案例提示)
	2. 如何提前参与客户的需求方案设计？(尤其是B2B营销)
	3. 请讨论：让人意想不到的市场效果，往往是怎么得来的？(提示：创新需求、创新模式、创新设计等，应该在行业内有示范效应……)

感悟：
___
___
___

(三) 组织与实施

市场变化的随机性、市场布局的分散性和公司产品的多样性，要求营销队伍必须得到强大的综合支援，要求营销人员必须迅速调动和组织抢夺市场先机，形成局部优势。因此市场部门(销售部)必须采取灵活的运作方法来事先策划与现场求助，实现资源的动态最优配置与共享。

组织与实施的过程就是项目设计和实施的

过程，它要求营销人员分工明确、职责清晰，集中优势资源并申请到合理的商务政策资源。

1. 分工明确

在项目的组织实施中，要求客户经理独立主持或参与项目工作，分工明确，职责清晰。

下面这个案例是多头对接，显然是不正确的——

"王局长，我是赵宇，请多关照……"

"王局长，我是钱云，请批评……"

"王局长，我是孙伟，请指教……"

……

王局长一头雾水，你们公司究竟谁负责这件事？

分工明确，各司其职，一张脸面对客户。

2. 集中优势兵力

在调动资源——尤其是高层资源时，应综合考虑其对技术、市场的了解情况及与客户交流的历史等，而不应仅考虑其职位高低。应该能够深入浅出、生动形象地把技术介绍给客户，同时又能进行很好的沟通，引导需求，解开对方的疑惑。

3. 申请商务政策

应深刻理解公司的商务政策，在既有利于推动项目又能保证公司利益的前提下，可以向公司申请合理的商务政策。

（四）项目管理

对项目的发展进行有效管理和监控，要及时准确地反馈可能产生的问题，以便对工作方向和资源利用进行有效调整，保证项目顺利进行。

要积极参加、组织项目分析会，因为项目分析会是资源整合会，是资源协调会：

- 倾听同事的成功或失败的案例；
- 积极参与，发表建设性意见；

- 项目结束后，及时总结自己的工作进程和结果，及时与同事和相关部门分享。

需要总结的项目是：

(1) 失败的项目；

(2) 成功的项目；

(3) 对自己触动比较大的项目。

案例5-18
项目思维的"六不放过"精神

李远飞是某区域的客户经理，他刚刚从南方区域调到北方某区域的铁路分局负责一个交换机项目的竞标。

李远飞所负责的这个竞标项目，是华为公司当时订单额最大、级别权重最高的专网项目。这个专网项目的网络复杂程度让人咋舌，有些技术设计也让总部富有经验的高级工程师挠头。

前期，项目进展一直很顺利。李远飞将一个多月来的全部过程都仔细记录了下来，建立了完整的项目进展档案。后来公司另派了一名专网的项目经理来接手此项目，李远飞做好了项目移交，就转到另一个项目中去了。

李远飞刚离开的第三天，就得知公司在专网项目陷入了危机，原因是铁道部急电要求该铁路局采用B公司的产品。此刻的总公司、办事处和专网等部门都很着急，亟需李远飞拿出有效对策。李远飞在仔细翻查了项目档案并回顾了项目发展过程后,向公司领导汇报:"该项目应该不会发生大的变化,出现的一些问题也不会影响项目的整体方向。"李远飞立即与总部的领导一起,起草了一份备忘说明书,从工期等角度出发,陈述此时更换设备商可能带来的弊端。

然后他立即赶到分局,对项目中的关键人物进行了一一拜访,分别交流,并诚恳地征求了他们的建议和想法。经过几天努力,对方终于决定继续采用华为设备。

铁路分局是这样答复铁道部的:"目前京九铁路正在赶工期,如果重新与B公司进行技术交流,重新设计方案,可能会严重影响铁路建设……"

- 项目档案要伴随项目管理的全过程。
- 磨刀不误砍柴工,执行成本的提高可以降低修改成本。
- 相关拓展:在获取工程项目订单时可以采用"嵌入式"战略,也就是像一个U盘一样嵌入客户的工程建设中去,成为他们的一部分,这样客户替换你的成本就非常高,你被替换的可能性也就非常低。但前提是:你必须做好系统信息的维护,实现信息的可追溯。因此,详尽的工程信息记录非常重要,它是你核心竞争力的重要组成部分。

作者点评

B2B营销人员必须具备项目思维,不仅华为集团要求营销人员要具备这个思维,马化腾甚至把它作为腾讯公司管理干部的"六式修炼"内容之一。(心态层:敢于担当;社交层:树立标签、构建人脉;技能层:清晰表达、保持思考、项目思维。详细内容请参看刘春华大型系列微课"中国式优秀营销总监108招"。)

项目思维要求项目经理在遇到问题的时候要做到"六不放过":原因找不准"不放过";责任人查不清"不放过";责任不兑现"不放过";流程上不改进"不放过";没有达到教育人的目的"不放过";有效措施不纳入档案"不放过"。最后一个"不放过"就是要求项目档案建设要伴随项目管理的全过程,问题解决措施的归档当然也要包含在内。

档案信息的全流程归档,可以让参与其中的所有人员共享项目信息,在处理紧急问题的时候追溯管理细节,做到对症下药,确保问题能够在第一时间迅速得到解决。无论项目成功与失败,项目的信息归档都能让项目经理们从中汲取到经验或者教训，为下一次的项目优化做好准备。

案例5-18中客户经理李远飞就是具备项目思维的优秀客户经理，因为建立了项目档案信息，所以能够第一时间解决客户担心的问题，让客户坚定地选择了华为设备。

案例5-18告诉我们：在营销过程中，项目信息的记录和归档、客户信息的记录和归档、拜访客户的现场记录和归档等非常重要，可以提升工作效率，在处理紧急问题的时候能够让你从容应对。"解落三秋叶，能开二月花。过江千尺浪，入竹万竿斜。"项目信息的归档、整理和使用，犹如三月春风，可以让你在市场上"好风凭借力，送我上青云"。

▣ 你自己的思考和感悟：

思考	1. 你的公司是否对所有的客户信息和订单信息都归档了？
	2. 你的公司对归档的客户信息是怎么管理的？有专人负责此事吗？
	3. 请分享一个你们利用客户信息的案例，并总结出使用这些归档信息的方法。(建议至少营销总监参会并主持，由此开始在体系上重视客户和项目信息的归档和管理)

感悟：

(五) 商务谈判

在谈判中要占据主动地位。

1. 分析竞争对手

分析竞争对手的产品策略、技术策略、商务策略和公关策略。

案例5-19

商务谈判的"APRAM"模型

客户经理孙力负责的B地区局计划将交换机扩容10 000线。在价格谈判中，华为最低价位为600元/线。而竞争对手S公司的最低价格为660元/线，另S将赠送2000线给客户，这就相当于以660元/线的价格拿到12 000线。此时客户已经对S的策略很感兴趣了，孙力认为情况不妙，立即找机会与客户进行协商。他为客户算了一笔账：

"如果贵局接受S，就可以省下另扩容2000线的资金，即(660元/线-600元/线)×2000线=120 000元。

"但从长远看，S公司此次赠送是一次性的，而价位却是长期不变的，也就是说，今后的购买价格：华为是600元/线，S是660元/线。贵局明年的扩容量约50 000线，后年将至少有200 000线，从长远利益来看，(660元/线-600元/线)×(50 000线+200 000线)=15 000 000元，长期看华为公司产品价格比S公司产品价格低1500万，而此次S只优惠了12万，所以从长期看，华为比S公司，能为您多节省1488万。"孙力的精心测算最终坚定了客户选择华为的决定。

- 洞悉友商的商务策略，帮客户算清账目。
- 相关拓展：鬼谷子关于谈判的观点是："欲说者，阴虑可否，明言得失，以御其志。……详思来捷，往应适当也。" 意思是说：想要说服他人，一定要先暗中分析是否可行，透彻辨明所得所失，以便影响对方的意向。在说服别人之前要详细周到地考虑，并且要注意内容合时宜，时间恰当。

作者点评

世界谈判大师赫伯·寇恩说："人生就是一大张谈判桌，不管喜不喜欢，你已经置身其中了。"中国自古就有"财富来回滚，全凭舌上功"的说法。现代营销专家也有共性的认知：谈判中赚到的利润都是纯利润。

商务谈判中一定要注意两个视角：客户需求视角和友商策略视角，当然掌握友商策略也是为更好地满足客户需求做准备的。研究友商的产品、技术、商务和公关策略对我们更好地为客户提供方案有巨大的帮助，因此我们常说：要拜客户和友商为师。

孙子兵法言：知己知彼，百战不殆。这个"彼"在商务谈判中指的是"友商和客户"。对于客户的分析可以使用"APRAM"模型。具体的解释就是：Appraisal评估，Plan计划，Relationship信任关系，Agreement能接受的协议，Maintenance履行与关系的维持(关于"APRAM"模型的详细内容和实施策略请

第五章　技能与绩效

参看刘春华大型系列微课"中国式优秀营销总监108招")。

有谈判专家总结了谈判过程要遵循的七项原则：平等互利的原则，求同存异的原则，妥协互补的原则，公正客观的原则，诚信原则，相容原则，利益优化的原则。这些原则需要在谈判的实践中逐渐学习。

在掌握了七项原则基础上，谈判进程可以分为四个阶段：

(1) 开局阶段的策略：协商式开局策略，坦诚式开局策略，慎重式开局策略，进攻式开局策略；

(2) 报价阶段的策略：价格起点策略，除法报价策略，加法报价策略，差别报价策略，对比报价策略，数字引导策略；

(3) 磋商阶段的策略：优势条件下的谈判策略、劣势条件下的谈判策略以及均势条件下的谈判策略；

(4) 成交阶段的策略：场外交易策略，成交迹象判断策略，促进成交的行为策略，不遗余"利"策略等。

"廉颇白起善用兵，苏秦张仪善纵横"，谈判如战场，应该攻心为上，攻城为下。廉颇白起百万之兵不如苏秦张仪的三寸不烂之舌，由此可见谈判的重要性。

案例5-19告诉我们：商务谈判其实是在上演一部现实版的《三国演义》，这三国就是我方、甲方(客户)和其他的友商。无论环境、友商和客户的情况如何变化，要时刻记住郑板桥的《竹石》诗句中的寓意："咬定青山不放松，立根原在破岩中。千磨万击还坚劲，任尔东西南北风。"了解自己，分析客户和友商，目的只为咬定青山——提供让客户更满意的方案。

🗈 你自己的思考和感悟：

思考	1. 友商策略分析主要有4个方面，请问是哪4个方面？
	2. 请你的团队成员谈一谈对"APRAM"模型的理解
	3. 尝试开一个因为了解友商的策略而最终取胜的案例分享会，让参与者都谈谈自己的感受。(找专门的人现场记录，充分讨论后共享)
感悟：	

2. 把握客户

在商务谈判过程中，华为要求客户经理能够对客户目前的设备情况和未来的建设量做深入细致的分析，以把控商务谈判的方向。

案例5-20

华为倡导的谈判原则：英雄肝胆

客户经理王刚负责的K区为华为新开发的市场，当时客户正在对本地网络机架设项目进行招标。客户对于华为提供的方案不置可否，最后要求赠送相关产品。华为项目组进行了深入的讨论，在讨论中多数人认为满足客户此要求肯定能够达到屏蔽友商目的，但是王刚分析了客户目前的实际情况后，决定拒绝客户要求。首先，华为报价已经很低了，赠送产品并不是客户最佳方案中所需的产品。另外，由于华为对本地网络已经先行打入部分产品，如果客户采纳Z的产品，将会增加很多不必要的成本，而且执行起来十分烦琐。

最后客户还是采纳了华为的方案。

- 在谈判中，并不是一味地向客户让步就能得到客户的认可，分析清楚双方的利益平衡点才是解决问题的根本办法。
- 知己知彼，百战不殆。
- 相关拓展：晋·张协《杂诗》："何必操干戈，堂上有奇兵，折冲樽俎[zhé chōng zūn zǔ]间，制胜在两楹。"意思是指不用武力而在酒宴谈判中克敌取胜，这也是最高境界的伐谋之策。

谈判是双方不断地让步最终达到价值交换的一个过程。让步既需要把握时机又需要掌握一些基本的技巧，也许一个小小的让步会涉及整个战略布局，草率的让步和寸土不让都是不可取的。因此商务谈判中的原则是：没有利益交换，绝不让步。

案例5-20中，客户经理王刚通过详细分析客户提出的要求，得出不需要让步的结论，最后在谈判过程中胜出，不得不说是一次很精彩的成功谈判案例。在其他企业中，很多谈判者不断重复着毫无原则的让步，不清楚让步的真实目的，最终的结果往往是将自己逼入绝境，而对手却在静观其变，步步为营。这些谈判者除了缺乏对谈判的了解外，也有自身素养的原因，他们患得患失，没有"英雄肝胆"，在谈判中没有宏观思维，不能把控谈判的节奏，自然就失去了谈判的主动权。

案例5-20告诉我们：在谈判桌上，每一个轻率的、毫无意义的让步都有可能使公司利润降低或者亏损，千万不要以为你的单方面让步会感动对方。事实上，当你做出没有原则的让步后，对方会暗示你做出更大的让步。当然，商务谈判并不是寸土不让，有原则的妥协也是一种技巧，但需要做到有理有节，一切掌控在你的心理预期之内。"投之以桃，报之以李"，真诚、互惠才是大家坐下来谈判的基础。

你自己的思考和感悟：

思考	1. 你的团队成员在谈判中是否有"无原则让步"的案例？
	2. 你怎样看待谈判中的让步？
	3. 建议：请分享几个商务谈判中的成功案例，总结出商务谈判必须提前准备好的工作内容。(可考虑采用私董会的方式)
感悟：	

五、提升客户满意度

> 追求客户满意度，要以客户的价值观为导向，按对象组建营销团队，针对不同行业提供全套解决方案。
>
> ——《炼狱》

"客户是华为存在的唯一理由，既然决定企业生死存亡的是客户，提供企业生存价值的是客户，企业就必须为客户服务，让客户满意。"(任正非2005年在广东政府汇报会上的讲话《华为的核心价值观》)

华为的一次客户满意度调查显示，95.8%的用户对华为表示满意，且对华为企业形象、产品质量、售前、售中和售后服务有较高的评价，希望华为作为民族通信企业的主力军有更大的发展。

(一) 售前服务

售前服务是推荐自我、了解用户需求、制定营销方案的重要环节。对于华为销售人员来说，其主要工作是向客户做新产品和新技术的推广，并协助客户制定合理、经济且符合网络长期发展方向的通信规划。

华为的营销管理思想中有客户忠告：

"以前华为在技术交流中的基调是'无所不能'，有言过其实的感觉。"

也有内部的自我反省：

"华为公司应注意有夸大倾向，不要讲'我们的产品比Z的产品强'，请相信用户的选择，注意客户有时在相同的情况下有同情'弱者'的情感。"

"售前服务要因地制宜，切忌慌不择路，急于求成，更不能把友商视作敌人，有意或无意中伤，其结果必然适得其反，更不能把自己的意志强加给用户。"

……

售前服务是销售的开始，要在和客户的沟通中不断优化服务流程和内容，让销售赢在开端。

(二) 售中服务

华为的售中服务工作主要包括：

第五章 技能与绩效

- 规范的商务流运作；
- 规范的技术资料；
- 规范的设备清单；
- 及时发货；
- 周到的工程服务。

这是一封来自某省电信局机械工程处的表扬信：

在桥东有线接入网工程的施工中，由于我局放号实际情况，要求该工程打破常规，以最快的速度提供放号条件，提供传输通道后只有两天的调配时间。在时间紧任务艰巨的情况下，高原先生积极与我局互通情况，紧急联系安排贵公司相关人员配合测试。张贵军认真负责，加班加点，想方设法解决难题，经常工作到很晚。周静涛与我工程管理人员和施工人员一起冒着刺骨的寒风疏通光缆，为工程的顺利开通赢得了宝贵时间。因此，对华为的大力协助和急用户所想表示感谢，对以上优秀的公司成员予以表扬。

心动才能行动，行动才会感动。

(三) 售后服务

华为的售后服务工作主要包括：

- 定期、不定期的客户拜访；
- 解决设备运行的事故；
- 配合使用人员巡检和维护。

售后服务的优劣在很大程度上影响着用户对产品的评价以及今后市场的开拓。

案例5-21
服务营销的120法则

钱誉是某区域的客户经理，他在去一线访问客户的时候，恰好遇到了M县的07交换机出现了临时故障，通话不能正常进行，客户向公司发出紧急的求援信息。

时值春节临近，公司的大部分客服人员(华为也称为用服人员)都已经购买了回家的机票，准备回家过年。

钱誉在市场一线第一时间知道了这个事情，同时也接到了总部要求他去现场协助解决故障的通知。钱誉马上和客服人员联系，并且与客服人员一同退掉半个月之前就订好的机票。

反应迅速，马上行动！钱誉联合客服人员，一个现场勘测，一个遥控指挥，设备故障很快排除，通话恢复正常。最后的检测结果显示：并不是设备本身的问题，而是操作中出现了失误，钱誉和客服人员一起规范了操作流程，并且现场指导操作人员练习，直到对方操作人员全部掌握了正确的操作规范。

客户对钱誉等人的表现非常满意：不是华为的问题，华为也当成自己的问题。华为的表现让客户感动，客户真正体验到了什么是真正的售后服务，什么是真正的用户至上！

- 售后服务，决不仅仅是客服(用服)人员的事。
- 客户满意=现场的服务质量-客户的服务期待。
- 相关拓展：永远与客户的服务期待赛跑。提前或者迅速的服务能带来感动，滞后或者迟到的服务只能带来抱怨。
- 那么，究竟客户经理提供的服务质量要高于客户期待的多少才算是好服务呢？服务营销120法则的建议是：总是提供比客户的预期服务多出20%的增值服务内容，让客户保持一种超出其期望值的满意状态，见图5-3。超出10%期待的服务很容易被模仿，而超出30%期待的服务成本会比较高，超出20%期待的服务既能创造惊喜，又能让企业服务成本可控并能让竞品企业难以短时间模仿和超越。

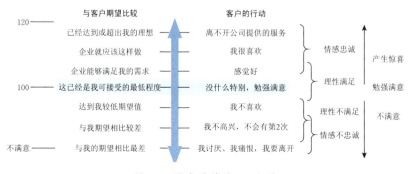

图5-3　服务营销的120法则

作者点评

21世纪是服务经济时代,有形产品在消费者需求中的比重正在逐步下降,而服务的体验价值正变得越来越重要。有形产品满足的大多是生理需求,而无形服务满足的是心理需求,后者是更为高级的需求,可以让客户对企业的产品产生依赖,实现重复购买。心理需求的满足,是粉丝经济的核心要素。

在案例5-21中,客户经理钱誉周到、及时、细致的售后服务让客户感动不已并称:"从与华为公司的合作中,我们真正体验到了什么是售后服务,什么是用户至上。"以华为为鉴,其他企业也应把以服务为导向的经营作为自己公司的战略选择,把服务竞争力的提升作为公司的核心战略之一。

那如何打造自身的服务营销呢?企业必须树立以客户为中心的核心价值观念,塑造和培育以客户为中心的服务文化,做到"客户为尊,迅速反应,高效执行,闭环优化"。

当然,"上工治未病",售后服务不等于维修,要提前检查,"防患于未然"。客服部不是消防队,不是投诉接待部,而是增加产品体验的优化部,是销售之后的客户关怀部。

售后服务应该实施120法则:客户的心理需求是100,你要提供120的服务内容,就会创造客户感动,就会让客户记住你,传播你,再次选择你。(关于"服务120法则"的详细内容和实施策略请参看刘春华大型系列微课"中国式优秀营销总监108招"。)

案例5-21告诉我们:在产品同质化日益严重的今天,全流程服务已经成为市场营销的重要组成部分,同时也成为众厂家和商家争夺消费者的重要战场。良好的服务是下一次销售的重要开端,是提升消费者满意度和忠诚度的重要方式,同时也是树立企业口碑和传播企业形象的重要途径。

但是有些客户经理并不是这样:

"对有些遗留的问题,需要客户经常去电联系,而不是公司人员向客户询问,有时问题因拖的时间过长而无法处理。"

"有个别人员对用户提出的问题有应付的迹象,而不是采取积极的处理方法,给华为公司造成了不好形象。"

"华为与客户建立的只是简单的经济关系,因而在服务的心态和力度上都有欠缺。"

这是某些客户经理在客户心目中的形象，主要源于对售后服务的淡漠。华为和国外公司相比，最大的优势之一就是拥有迅捷的客户服务系统。在日益激烈的竞争环境下，服务一直是华为克敌制胜的法宝。

案例5-22
华为向海底捞和顺丰速运学习什么？

2012年华为内部掀起学习海底捞和顺丰速运的热潮，任正非让所有高管去海底捞免费吃顿饭，体验一下海底捞的服务。

华为究竟学习海底捞和顺丰速运什么？

华为学习的是海底捞的无微不至的服务，顺丰速运快递小哥的"使命必达"的极速服务。还有，海底捞和顺丰速运的员工学历不高，但激情满满，对企业的忠诚度高，他们死心塌地跟着企业干的背后一定有一套合理、科学的管理和激励体系。华为学习的就是这个，让员工忠诚，让用户不仅满意，还非常感动，自愿地传播你的品牌和产品。

▣ 你自己的思考和感悟：

思考	1. 你的公司在服务体系中是否有明确的服务行为准则？
	2. 在营销过程中你是否忽略了服务营销的重要性？(建议学习服务营销120法则的内容)
	3. 你的公司在企业文化中是否把服务理念及案例作为内容之一进行传播和倡导？

感悟：

第六章

行为规范与职业道德

➤ "没有规矩，不成方圆。"军队战斗力来自铁的纪律，企业的活力来源于销售人员良好的精神面貌，崇高的职业道德。

➤ 销售铁军要做到"力出一孔，利出一孔"，要聚集各方的力量朝一个方向使力，而这种凝聚力来自行为规范和职业道德的约束。

一、引子

华为历经了三十多年的发展，销售人员的行为一步步向国际化大公司的行为标准看齐。

销售团队的行为规范告诉了我们该怎么做，但是有些不该做的需要职业道德层面的自我约束。销售的竞争力往往不只是该怎么做，还包括我们不该做什么。

下面的故事就发生在我们身边……

案例6-1
华为营销的"军事化管理"

2000年钱飞从某名牌大学硕士毕业，7月份加入公司，经过系统的入职培训，钱飞本人愿意到市场部前线工作。在经过一系列产品和客户接待等培训后，于2001年1月被分配到办事处专项销售部工作。钱飞在培训期间所表现出的精明、热情、敢于表达自己，给人留下深刻的印象。

到达C办事处后的第一天，钱飞便向项目部行政秘书王丽申请手机、便携笔记本等，行政秘书向他解释：手机、便携笔记本等固定资产是需要按公司流程向公司申购的，需要一定时间，请他等消息，她会尽快把事情办妥。钱飞不愿等，认为王丽整天和总部接触，总部有很多备用品，打个招呼，事后补走流程不就行了？他认为王丽没有真心帮他的忙。于是转而又找办公室主任解燕，解主任给了他同样的答复。尽管如此，钱飞相信真心会打动一切，一天数次向王丽、解燕催问手机、便携笔记本的申领情况。有一天再次得到"等一等"的答复时，竟然当着办公室主任及全办公室同事的面大声说："我要是知道制度是谁制定的，我一定把他砍死！"

由于C办事处在某大都市，外出拜访客户比较频繁。钱飞有驾照，他以能够给客户更快的服务响应为由向王丽申请配车。但按照办事处规定：只有客户经理才能申请配车。钱飞认为办事处太苛刻，要求王丽给他与客户经理同样的待遇：配车。王丽拒绝了他的要求，并反复向他解释办事处的原则。钱飞怀疑王丽有意难为他，便找公司片区经理袁峰，袁峰不在，钱飞于是给管理办秘书留下口信：我的分机是209，请给我回电。钱飞在袁经理办公室等待经理的电话(袁经理由于特殊原因，没有及时答复)，期间钱飞用行政助理的电脑听歌，秘书提醒他：经理、行政助理的东西不要动，让他去会议室等。钱飞不听劝阻，仍乱翻东西，旁若无人听音乐。

办事处主任得知这些消息后，主动找他谈心，但钱飞听不进主任的善意批评，谈话不欢而散。在办事处主任办公会议上，大家一致同意责令其回炉再培训。

- "墙角的花，你孤芳自赏时，天地便小了。"冰心语。新工程师表现令公司内部人员不快；如果面对客户，客户将作何反应？
- 相关拓展："满招损，谦受益。"骄傲自大、孤芳自赏的人，常因"鼻孔朝天"而四处碰壁，人生的领地越来越小。而谦虚的人却能时刻保持谨慎诚恳的态度，踏踏实实地走好每一步，于是职场之路越走越顺。

作者点评

案例6-1让我不禁想起孙武练兵的故事。有一次吴王赞赏孙武的兵法巧妙,问孙武能不能帮他训练一支军队。孙武自然愿意,吴王又问道:"我宫里的宫女也可以训练吗?能否为我训练一支女兵军队呢?"孙武答应了。于是,吴王阖闾就将后宫的一百八十人交给孙武,孙武把这一百八十人分为两组,让阖闾心爱的两名妃子分别做两队的队长。刚开始训练,宫女们觉得好玩,纷纷笑闹起来,孙武很生气,又耐心讲解了几遍,宫女们还是笑得前仰后合,阖闾也觉得好笑,想看孙武如何解决。谁料孙武要军法处置,并且因为两位得宠的妃子是队长,所以直接将两名妃子斩首。很快,纪律严明、有纪必行的氛围形成,这个由宫女组成的团队也训练有素起来。

市场如战场,营销人员必须以服从命令(市场和订单)为天职,"军令如山",任何人不可触犯。无规矩不成方圆,营销人员如果没有服从命令的精神,必定不能成大器。

案例6-1告诉我们:营销人员从入职开始,就相当于一只脚踏进了部队。军人的服从和执行精神也是营销人员应该具备的,华为之所以三十多年来能够快速稳健地发展,与他们推崇的军事化管理有重要关系。先有标准和章法,再有执行,是华为给广大企业家的启示之一。

你自己的思考和感悟:

思考	1. 你公司有类似钱飞的人吗?
	2. 如何避免营销团队中的"个人主义"?
	3. 往往业绩越好的人,其违反流程和规范的情况越多,你怎么看待这个现象?

感悟:

案例6-2
华为营销行为规范的"四化原则"

有一次,华为公司召开了一项重要的技术说明会,邀请了国内外的一些权威专家、核心客户参加。为了让客户更好地了解华为公司技术发展的趋势,每个客户都有专门的客户经理陪同。

客户集中住在一个国际酒店里,这里离华为公司并不远,步行只需要10分钟。为了方便客户,华为公司还安排了车辆专门接送客户到华为总部的会议现场。当然,客户也可以根据自己的情况选择步行去会议现场。

有一位西装革履的先生带着几位客人从电梯里匆忙走出来,或许是因为会议马上就要开了,他在大厅里大声地询问:"华为公司怎么走?……"他一连问了好几声,由于他头不朝向任何一个方向,没有人知道他究竟问谁。

酒店前台排队的人较多,服务人员没有注意到他的询问。这位先生显然有点不耐烦了,他再次把声调提高了80分贝:"华为公司究竟怎么走?你们都不知道吗……"

这时,来酒店协助接待的接待办工作人员给他指了路,大厅里这才安静下来。

后来,大家都知道了这位"声如洪钟"的西装革履先生,是某办事处的一位老销售人员,业绩虽然不错,但是"不拘小节"的他很容易让周围的人侧目。

- 销售人员的素养:植根于内心的修养,无须提醒的自觉,以约束为前提的自由,为别人着想的善良。
- 销售人员行为规范:你的言行决定了你的格局,你的格局决定市场结局。
- 相关拓展:一句话在没有说出之前你是它的主人,而说出之后,它是你的主人。"水将杖探知深浅,人听言词见腹心。"有些话,无言胜于说出;有些话,说出你就输了;有些话,话里有话;有些话,隔靴搔痒;有些话,入木三分。做市场,先从学会说话开始。

作者点评

清华大学的校风是"行胜于言",那块经历百年风雨的日晷就矗立在清华大学的东南门。每次我授课经过这里,内心都升起对这块日晷背后那4个字的无限敬畏。

在市场上,用户根本不听你怎么说,而是看你怎么做。你的一言一行,都代表了你公司的文化和品牌。每天战战兢兢,如履薄冰,谨言慎行,是每一个有志于在市场有一番作为的营销人员的必修课程。我曾提出营销高级管理者必须具备的6个"商":智商、情商、韧商、学商、融商和形商(行商)(详情请参看刘春华大型系列微课"中国式优秀营销总监108招")。其中,形商(行商)是唯一可以让人看得见的"商",如果这一"商"做不好,那么你就输在了起跑线上。

案例6-2中的这位老销售人员的做法在行业人士看来无疑是"菜鸟"级别,大呼小叫,毫不顾忌他人的感受,让人不禁侧目。对比一下西点军校对学员的要求,足以让这位销售人员汗颜。别以为这是小事,却是市场中的大事。营销无小事;勿以恶小而为之,勿以善小而不为;惟贤惟德,能服于人。

案例6-2告诉我们:营销体系可以分为四个层次:视觉识别,行为识别,制度识别和思维识别。可以用四句话来形容:外化于形,实化于行,固化于制,内化于心,这就是营销行为规范的"四化原则"。行为识别属于第二个层次,你的言行决定着你的未来,营销人员切莫等闲视之。

你自己的思考和感悟:

思考	1. 你公司有无定期检查团队成员的着装和言行的制度?
	2. 请列举公司不倡导的着装和言行的具体细节和规范。
	3. 建议:成立专门的检查大队,定期检查不合规范的着装和言行。

感悟:

案例6-3

西点军校女学员的"耳环标准"

西点军校在女学员佩戴的珠宝饰物标准管理中,对女学员佩戴耳环是这样规定的:一年级第二学期的女学员和高年级的女学员在穿上课服、白上衣灰裤子、灰制服、阅兵礼服、白色就餐服和军便服时只准佩带小的柱形耳环,耳环可以是无装饰的、球形的、金质、银质或珍珠的,但直径不得大于1/4英寸(6毫米),耳环应紧贴着耳朵,两只耳朵佩带的耳环应为一对,除集合就餐外,携带武器时不得佩戴耳环。此外,在穿战斗服、体操服或其他运动服时,不准佩戴耳环。

案例6-4

华为学习西点军校的"七大管理法则"

华为的军事化管理或许与华为创始人任正非的参军背景有关。华为的执行力和领导力有"军魂"铸成的那股子铮铮铁骨的意味,让业界为之敬畏。

华为的军魂其实就是西点军校军事管理的核心内容——七大管理法则:①锁定责任,让责任始终落在下属肩上;②合理授权,只做领导者该做的事情;③不只责任,更要沟通责任背后的意义;④重视什么,就检查什么;⑤有效激励;⑥培养下属;⑦加强淘汰机制。

二、劳动态度

(一) 责任心

我们向德国人学习什么?学习他们一丝不苟的责任心,正是这种工作精神使德国人生产的精良设备保持着惊人的稳定性。据说,DHL公司一服务员在送邮件的过程中,被大雪困在山中,如果等积雪融化,邮件将推迟到达顾客手中,该服务员毅然选择了直升机,虽然他当时的公司并没

有这样的变通规定，但DHL公司的良好声誉却因此得到了进一步推广。当然，这位服务员也得到了公司的嘉奖。

责任心是职业精神的驱动力，在职业心的感召之下，你的职业素养和职业行为时刻彰显出你的风格和魅力。

责任心是一种使命感，他能让我们在没有方向的指引下，依然能一如既往地工作；

责任心是自驱力，是先知先觉的行为，是以客户为中心的宗旨落地的保障。

1. 主动承担重任，为公司分忧

- 主动进行市场预测与规划，承担更多的市场任务；
- 在工作困难之中能挺身而出；
- 有团队精神，以客户为中心；
- 不"逆风执炬"，要顺势而为。

案例6-5
双肩担道义：工作本身就是奖赏

在每一年的年末，公司都要制定第二年的战略目标。设计战略目标的过程就是市场洞察、客户梳理、产品校准、流程审视的过程，目的是设计并完成一个有竞争力的目标。

某办事处积极承接了总公司给办事处设定的年度业务目标，办事处再开专题会议将业务指标细分到具体的客户经理那里。在给办事处客户经理王希来分配6000万计划指标的时候，王希来非常愉快地承接下来。

个人承接了年度业务指标之后，王希来积极跑市场，经过详细的市场调查研究，决定和区域的项目经理合作，并征求他们的意见。项目经理也非常积极地配合王希来，对未来可能有订单的项目、可能招标的时间进行了预测。他们经过近10轮的封闭讨论，不下15次访问部分客户，得出结论：未来一年的销售额可能突破7500万，这显然比计划6000万要高出不少。

客户经理王希来制作了详细的市场调查报告并附带了实现7500万计划的可行性报告，一并报给了办事处主任，探讨是否可以把自己的年度计划调高为7500万。办事处主任在仔细看了王希来的报告后，欣然同意。当然，对客户经理的激励标准也随之发生变化。

- 实事求是本身就是责任心的最好体现；
- 销售人员的一个核心素养就是敢于挑战自我，突破自我。
- 相关拓展：《孙子兵法》中说："求其上，得其中；求其中，得其下；求其下，必败。"意思是说：定高目标，也就是得中结果；定中目标，得下结果；如果讨价还价，一开始就定低的目标，那么就什么也完不成。所以，销售人员要敢于给自己定高目标，而且要有资源和方法保障。这种敢于挑战自我的素养就是销售人员难得的核心竞争力。

作者点评

责任心是担当，是格局，是重要的职业素养。看到案例6-5，不由想起《出师表》中的一句名言："鞠躬尽瘁，死而后已。"

刘备死后，诸葛亮担起了辅助刘禅治理蜀国的重任。他事必躬亲，尽心尽责，很快使蜀国恢复了国力，逐渐强盛起来。为了完成刘备生前努力统一中国的愿望，他曾先后六次率军队攻打魏国，争夺中原。诸葛亮凭自己的最后一丝力量去北伐，只是为了"白帝托孤"的那份信任，更是因为他有一份责任之(忠)心。

印度教圣典《薄伽梵歌》中有一句名言："人不应为了外部的赞誉而工作，因为工作本身就是奖赏。"我们不妨简化理解为：工作即奖赏。工作便是自己的事业，对工作、对公司负责，同时也是对自己负责。"工作即奖赏"，责任心与机遇总是相随相伴。

案例6-5告诉我们：有了责任心，才会认真地思考、勤奋地工作，全力以赴、脚踏实地，才会按时、按质、按量完成任务，圆满解决问题，才能主动处理好份内与份外的相关工作，从事业出发，以工作为重，有人监督与无人监督情况下都能主动承担而不推卸责任，达到"太上不知有之"。

你自己的思考和感悟：

思考	1. 你企业的员工是否有责任心？(如何界定责任心？)
	2. 应如何在工作中培养员工的责任心？(先界定再培养)
	3. 你能找出你企业内能体现员工责任心的案例与大家分享吗？
感悟：	

2. 踏实做好工作，不走过场

- 不好大喜功，认认真真做好每件小事；
- 如实向领导或相关部门汇报，不隐瞒问题；
- 板凳要坐十年冷，文章不写半句空。

案例6-6

"事事"不多，有四个

一名合格的客户经理在与客户交谈时应该具备优秀的敏感度，客户的反馈极有可能隐藏着项目成功的关键因素。尤其是在投标中，除了把握客户动向外，应该仔细分析竞争对手的策略，争取做到了如指掌，对于项目进展情况要如实告知领导，以便团队把握方向，及时调整。

客户经理苏阳负责某地区移动局的招标项目，在面对移动局某领导的冷淡反馈时不以为然，对竞争对手也没有加以分析，直到移动局与竞争对手签订协议后才恍然大悟。事后调查，苏阳三次向移动局投标的价格已经被对手获知，竞争对手的三次报价均比我方优惠。在这种不利的情况下，客户经理苏阳疏忽大意，没有上报给领导，以致团队内部一片歌舞升平，认为此项目十拿九稳，盲目乐观，从而丧失了中标机会。

- 招投标工作的情报分析应该做到知己知彼，对于行情、敌情、我情和客情都应该仔细分析，通盘考量。
- 应该如实上报项目进度，汇报工作时不应避重就轻。
- 相关拓展：优秀的职业经理人就要做到"事事有响应，件件有着落，件件有闭环，个个都优化"。

作者点评

营销人员要具备扎实的业务基本功，其中非常重要的一个基本功是：及时准确地主动报告。无论是对于成绩还是对于问题，营销人员如实汇报可以让上级部门及时决策，做出正确的调整措施。

案例6-6中的苏阳犯了两个错误：对客户的要求没有听明白"弦外之音"，工作不细致；出了问题认为是小事，没有及时报告。两个错误表面看来都是小事，但在市场上却是大忌。解决的方法是：千万别"我以为"，坚持PDCA[①]的闭环原则，做到"事事有回音，事事有着落，事事有闭环，事事有优化"。

案例6-6告诉我们：工作态度决定市场效果。以恭敬、严谨和细致的工作态度来对待市场上的每一个细节，如需帮助，可以及时向上级部门报告。即便不需要帮助，及时的主动汇报习惯也能让你获得更多的市场支持。"致广大而尽精微，极高明而道中庸"，良好的工作态度能让成功成为一种习惯而不是行为。

▣ 你自己的思考和感悟：

思考	1. 你公司的营销团队所倡导的工作态度是什么？
	2. 发生了问题后，是否有第一时间报告的流程？(含报告对象和内容等)
	3. 请再温习PDCA戴明环的基本要义，并在团队内持续推广这种方法

感悟：

3. 主动承担责任，积极解决问题

- 主动承担工作责任，出现问题时首先讲内部不讲外部，讲自己不讲别人，讲主观不讲客观，把解决问题作为首要任务；
- 敢于暴露自己工作中的问题，敢于讲真话，不捂盖子，不文过饰非；
- 重视工作中的不同意见，不要把工作中的意见分歧转化为人际关系的冲突。

案例6-7
华为重奖投标迟到的女客户经理

华为某区域的客户经理是位刚刚结婚不久的女士。为了能够拿下某省通信运营商的一个标段，她为此准备了近两个月的时间。

投标那天，这位女客户经理提前出发，但是途中大雨倾注而下，一

---

① PDCA，即Plan(计划)、DO(执行)、Check(检查)、Act(处理)。

个必经的小桥被大水冲垮了,别处无路可绕,她在警察的帮助之下艰难过河。

但她还是耽误了投标的时间,运营商拒绝再接受华为的标书。这位女客户经理为了说服运营商,在大雨里整整待了一个小时。无奈之下,运营商答应打报告给上级部门,争取给华为一次投标的机会。

但因为各种原因,华为并没有在这次项目中中标。华为创始人任正非知道这个事情后,大力赞赏这种敢于承担责任、不言放弃的劳动态度,给予这位客户经理一万元的奖励。

这个故事曾经在华为内部广为流传,它是华为倡导敢于承担责任、积极解决问题的有力佐证。在这种行为规范和劳动态度的指引下,类似的案例在华为比比皆是。

案例6-8
把"事故变为故事"的能力

"迎难而上,主动负责"是营销人员的优秀素养,尤其是在团队协作时,拥有这种素质的人才能成为值得信任的战友。

在K局工程改造项目中,由于某些技术问题迟迟不能解决,导致工程项目推进速度较慢。项目经理张宇得知此事,主动向该局报告说可以解决此问题,得到了该局的赞赏,经过多次磋商和协调,最终确立了让客户满意的解决方案。但是在项目开始前一天,负责执行此项目的技术工程师李江由于私事突然撤出,这让客户十分不满。项目经理得知此事,马上向客户道歉,并承诺一定会保质保量完成此次项目,最终问题得到圆满解决,也得到了客户的一致认可。在项目复盘时,张宇主动向公司报告本次出现的意外情况是由于自己没有安排得当,避免了李江受到公司处罚。最后张宇私下里与李江沟通,指出了他的问题。

- 首要的是解决问题,而不是推卸责任。
- 面对问题,态度先于努力。
- 相关拓展:林肯曾经说过:"每个人应该有这样的信心:人所能负的责任,我必能负;人所不能负的责任,我亦能负。"面对问题主动承担责任并努力解决是职场的闪光点。

作者点评

营销人员在遇到问题时,首先要做的便是解决问题,而不是推卸责任。敢于承担,积极弥补,往往就会"变事故为故事"。案例6-8不禁使我想起日本奥达克余百货公司变事故为故事的佳话。

美国著名记者基泰丝,有一年来到日本东京,她想给住在东京的婆家送一份见面礼物。她思来想去,还是决定买当时日本最有"面子"的礼物——"索尼"牌唱机。她来到日本的百货公司奥达克余挑选礼物,售货员彬彬有礼,特地为她挑了一台未启封包装的机子。

回到住所,基泰丝开机试用时,却发现该机没有装内件,因而根本无法使用。她不由得火冒三丈,准备第二天一早就去奥达克余百货公司交涉,并迅速写好了一篇新闻稿,题目是《笑脸背后的真面目》。

第二天一早,基泰丝在动身之前,忽然收到奥达克余百货公司打来的道歉电话。50分钟以后,一辆汽车赶到她的住处。从车上跳下奥达克余百货公司的副经理和提着大皮箱的职员。两人一进客厅便俯首鞠躬,表示特来请罪,除了送来一台新的合格的唱机外,又加送蛋糕一盒、毛巾一套和著名唱片一张。接着,副经理又打开记事簿,宣读了一份备忘录。上面记载着公司通宵达旦地纠正这一失误的全部经过。

原来,昨天下午4点30分清点商品时,售货员发现错将一个空心货样卖给了顾客。她立即报告公司警卫迅速寻找,但为时已晚。此事非同小可!经理接到报告后,马上召集有关人员商议。当时只有两条线索可循,即顾客的名字和她留下的一张美国快递公司的名片。据此,奥达克余公司连夜开始了一连串无异于大海捞针的行动:打了32次紧急电话,向东京各大宾馆查询,没有结果。再打电话问纽约美国快递公司总部,深夜接到回电,得知顾客在美国父母的电话号码。接着又打电话去美国,得知顾客在东京婆家的电话号码,最后终于弄清了这位顾客在东京期间的住址和电话,这期间的紧急电话,合计35次!

这一切使基泰丝深受感动,她立即重写了新闻稿,题目叫作《35次紧急电话》。

市场如战场,问题频发也是常态,关键是发现问题后应及时处理问题,不逃避责任。华为之所以成为现在通信行业的领航者,正是因为像"张宇"这样勇于承担、敢于担当的员工比比皆是。

案例6-8告诉我们：出现了问题不可怕，可怕的是面对问题推卸责任而不是主动承担责任。在市场上，主动承担责任是一种美德，它可以感动客户，也可以感动你的同事，它更可以让"事故变为故事"。

你自己的思考和感悟：

思考	1. 你企业的员工在遇到"紧急情况尤其是客户不满"时是如何采取措施的？
	2. 你企业的员工是否有推卸责任的情况？(不点名列举)
	3. 请分享企业内部员工主动承担责任的优秀案例，可全员讨论
感悟：	

(二) 敬业精神

"偏执狂"是敬业的最高境界，他告诉我们敬业不仅是一种态度，更是一种能力。

日本人的"视公司为家"诠释了敬业的普遍性含义：敬业不难，只要你有颗为自己、为企业、为社会服务的心。而华为把敬业推向人本的理性：敬业必须要乐业，你必须审视自己：你喜欢华为的事业吗？你热爱你的选择吗？你愿意为华为和你的命运共同体而长期艰苦奋斗吗？

任正非曾经说："每周只工作40小时，只能产生普通劳动者，不可能产生音乐家、舞蹈家、科学家、工程师、商人……如果别人喝咖啡，我们也有时间喝咖啡，我们将永远也追不上别人……"

无论从何种意义上说，技能的暂时缺乏并不可怕，只要你敬业便有了安身立命的基础。华为由星星之火成为燎原之势，敬业精神是助燃的风。

案例6-9
华为不倡导996工作制，而是2750

以2004年为例(据华为内部资料显示，2019年也差不多)，华为研发人员的年均工作时间大约为2750小时，而欧洲研发人员的年均工作时间是1300~1400

小时(周均35小时,但假日很多),两者的人均工作投入时间比为2∶1。

按照这个统计,当时华为有13 000名软、硬件开发人员(现在华为的研发人员在80 000名左右,占全体员工数量的近50%)。如果把雇佣13 000名欧洲研发人员的费用投在华为公司,华为则可以雇78 000人。

即便华为公司研发人员的效率只有欧洲研发人员的80%(其实目前看比欧洲研发人员的研发效率还要高),再考虑到华为员工的工作投入时间,可以算出,在同样的开销之下,2004年的华为相当于具备12.5万名(78 000×0.8×2)西方同类公司研发人员的研发能力,研发投入产出比接近大多数西方公司的10倍。

案例6-10
华为睡在地上的高学历"民工"

当年,为应对中国移动通信从第一代模拟系统向第二代数字系统(GSM)转换,华为在上海建立研究所从事GSM系统的研发。

在研发初期,研究所的办公室设立在一个厂房中,里面又黑又破,条件艰苦。大夏天大家都光着膀子在实验室调试,早晨再跑到卫生间去冲凉,累了就铺个床垫子往地上一躺。这些表面看来很像农民工的华为员工其实都是高学历工程师,他们在业界都是翘楚。不舍昼夜地学习,快速敏捷地研发测试,整个开发进程十分迅速,仅仅几个月后华为新一代GSM产品便在北京国际无线通信展上成功亮相。

虽然条件异常艰苦,但并没有影响研发人员的工作热情,正是这种"死磕"的敬业精神,让华为在5G通信市场上开始领跑。

1. 热爱销售工作,千方百计把工作做好

- 乐业比敬业重要,你只有疯狂地热爱你的企业和客户,你才能百分之百投入;
- 千方百计来自千思万想,来自内心的崇高使命:以客户为中心,坚持长

期艰苦奋斗；
- 销售工作是一项伟大的工作，它是创造客户价值的最前沿，也是实现自我价值的沃土。

案例6-11
营销人员的"六商"之一：韧商

刚刚从名校毕业的应届大学生张启明，没有从名校毕业的那种优越感和浮躁心态，而是扎扎实实地投入大队、中队、技术、行政、研发和营销等一系列实习培训中。在每个环节和岗位的培训中，他都表现得非常好。

三个月之后，鉴于张启明的优秀实习表现，他被派到南方的一个比较大的办事处进行销售方面的锻炼。

毕竟刚刚毕业，办事处主任开始让他跟着一些老业务员做销售的辅助工作，这些工作都是销售助理类的工作，工作繁杂，临时性工作较多。有的工作是突发性的，要求到位的时间比较紧急，每次张启明都加班到很晚，保质保量地把这些突发事情处理得很好。

在这段时间里，张启明主动向成熟的销售人员学习沟通、业务流程等方面的知识，由于他虚心请教，热情真诚，大家都愿意把一些知识传授给他。张启明的业务水平提升很大。

四个月之后，张启明想挑战一下自己，便主动请缨，想做一块独立的区域销售业务。办事处的主任在了解到张启明的优异表现之后，就提出当地的广电和电信系统还是空白市场，如果愿意，可以让他负责市场的开拓。

张启明当场高兴地答应下来。他马上深入开展市场调研，并从其他销售人员那里了解到一些碎片信息作为辅助和补充，随即他马上着手开始进行市场开拓的规划。那一段时间，张启明白天跑市场，晚上就回来总结，找出市场开拓的关键点之后，立即制订下一步的工作计划。和他同寝室的室友说，张启明常常工作到下半夜，他坚韧不拔的毅力和敬业精神让同事们很佩服。

功夫不负有心人。张启明发现：这两个系统的市场潜力巨大，而且进入市场并不难，完全可以借助开发联通的经验，需要公司领导配合，并且设计出有针对性的产品说明方案。

为此，张启明马上组织了一次由广电厅厅长等高层领导和办事处主任参加的技术汇报会，汇报会的所有组织和资料准备工作全由张启明一个人负责。

开会的前一天，张启明和其他工作人员一起进行了5次彩排，最后一次模拟彩排持续到半夜一点多钟。为了确保万无一失，给客户最佳的现场体验，张启明对便签进行了专门设计，上面加入了产品的简明信息；矿泉水的瓶子都标上了客户的名字，以便于客户离开座位参观产品展厅回来时也能识别；为了便于客户现场用手机拍照，张启明和酒店的服务人员一起对电子屏的亮度进行了升级和改善……

会议现场的细致服务感动了参会的客户，他们纷纷称赞这次会议是他们参加过的最有人文关怀的会议，产品说明简洁明了，会议安排紧凑，就连休会期间的果盘都有华为公司的温馨提示……华为公司不愧是一家国际化的大公司。

张启明还主动在其他方面进行创新。例如，在电信和广电系统的内刊上发表一些有关通信设备的未来发展趋势的文章，对华为公司进行软植入；根据客户的需求主动改善华为的产品方案；与客户的设备人员及时沟通……

张启明迅速打开了电信、广电市场，他后来负责的省会市场销售业绩同样一路飙升。现在，张启明已经是华为公司在南方最大办事处的重点培养对象了。

- 真正优秀的销售经理，总是能将小事情做得那么出色。
- 销售人员的成长始于：大处着眼，小处着手。
- 相关拓展："山不让尘乃成其高，海不辞盈方有其阔"，"合抱之木，生于毫末；九层之台，起于累土；千里之行，始于足下"。能够从小事做起，就是"韧商"的具体体现。"壁立千仞，海纳百川"，韧性胜刚强。

作者点评

日本"经营之神"松下幸之助曾说："优秀的企业营销人员，必定是疯狂热爱公司产品和客户的。"我则认为营销人员应具备六商：智商、情商、韧商、学商、融商和形商(行商)(欲知详细内容，可参看刘春华的大型微课"中国式优秀营销总监108招")。其中，销售员张启明所表现出来的优秀品质体现了其智商、韧商、学商和融商。

1.01的365次方=37.7834

1的365次方=1

0.99的365次方=0.0256

失之毫厘，谬以千里；不积小流，无以成江海；日拱一卒，功不唐捐。

案例6-11告诉我们：营销人员应该拥有良好的工作态度，从容面对各种挑战。每天督促自己，"三省吾身"，每天进步一小步，日积月累，你将会一飞冲天。坚持不懈做好每一件小事，才能成就辉煌灿烂的大事业。

你自己的思考和感悟：

思考	1. 你企业的员工是否有敬业精神？
	2. 如何帮助员工培养敬业精神？
	3. 建议找出企业内能体现敬业精神的案例与大家分享，并写入《企业文化手册》

感悟：

2. 力所能及地帮助别人

- 随时腾出手来帮助你身边的人，助人者必他助；
- 千方百计来自千思万想，来自内心的崇高使命：以客户为中心，坚持长期艰苦奋斗；
- 销售工作是一项伟大的工作，它是创造客户价值的最前沿，也是实现自我价值的沃土。

案例6-12
华为"铁军"的"传帮带"

客户经理王硕，在一线市场服务客户时间比较长，其沟通能力和业务能力在公司内有口皆碑。

王硕带客户去深圳考察市场，一同乘坐公司大巴，大巴上还有客户工程部实习生张明以及他带领的来公司参观的5名客人。

在大巴车上，王硕发现张明对公司的产品不是非常了解，对深圳的概况，诸如当地人口、经济发展等不了解，张明和客户交流时显得有些紧张。

中午吃饭时，王硕小声跟张明介绍接待的一些基本技巧，并送给张明一本深圳当地的地图和旅游指南。

晚上，因为王硕带的一批客人一路颠簸，疲惫至极，所以晚上的接待临时取消。王硕腾出时间主动帮助张明接待客人，与客户一起游览情侣路。那晚王硕帮张明签下了人生第一单。

很多年过去了，王硕成了张明的直接上司，而张明对王硕非常崇敬，成为王硕的得力干将之一。

- 助人是乐事，总有一天会得到超额的回报。
- 销售法则：助人者，天亦助之。
- 相关拓展：古有诗句："只有梅花吹不尽，依然新白抱新红"，又有"新竹高于旧竹枝，全凭老干为扶持"，梅香也好，新竹也罢，都需要传帮带精神。销售行业的"传帮带"不仅需要企业本身有制度保障，也应该是一名优秀的销售经理的自发自愿的行为。不能主动带徒弟的销售经理不是优秀的销售经理。

作者点评

任何企业想生存发展，首要面临的是人员素质问题，尤其是新人刚入职时该如何培养，老员工能否起到传帮带的"薪火相传"作用。

因此，"选、育、用、留、引、淘"体系(欲知"六步法"育人体系详细内容，可参看刘春华的大型微课"中国式优秀营销总监108招")的建立成为公司人才培养体系建设的关键。案例6-12中，实习员工张明在业务方面不够熟练，客户经理王硕的热心帮助让张明快速成长。华为集团从未停止过干部建设管理中"传帮带"平台的建设。华为公司评价一个高管的标准是其是否带出了有后备力量的干部团队，后来发展成为华为独特的人才培养体系的重要评估内容，也成为华为价值观评价体系的重要组成部分。

案例6-12告诉我们：企业要想打造一支"铁军"，必须建成"传帮带"的体系。"单丝不成线，独木不成林"，要想提升团队竞争力，就需要队伍中的每一个人都能随时腾出手来，帮助你身边的人。赠人玫瑰，手留余香，助人亦必成己。

相关链接：《庄子·养生主》："指穷于为薪，火传也，不知其尽也。"柴薪可以烧完，火种却能流传下去，无穷无尽。以薪喻形，以火比精神。后以"薪尽火传"喻学业和事业的师徒相传。

你自己的思考和感悟：

思考	1. 企业员工是否觉得"传帮带"只是一句口号？
	2. "传帮带"体系中，传的是什么？有标准吗？
	3. 在你的企业中真正阻碍"薪火相传"的核心问题是什么？

感悟：

（三）奉献精神

讲贡献不讲回报是奉献，讲回报但努力贡献也是奉献，在企业危难关头，敢于挺身而出，更是奉献。

企业底子薄时，需要奉献；企业家大业大了，同样要讲奉献。

奉献精神是一种超我的精神，不愿意奉献的人，也不会得到更多的回报。

在华为，员工不计报酬，自愿地加班加点工作、赶进度、访客户是家常便饭。正是这种奉献精神，使华为获得了超过其他企业的发展速度。

案例6-13
华为倡导奉献精神，但决不让雷锋穿破袜子

弗郎西斯说过一句话："索取使人疏远，奉献促进团结。"奉献的核心是坦荡大方，它有助于团队的团结，有助于团队的发展。

"长远的动力靠目标，短期的突击靠鼓舞，常态的工作靠激励"，而所有的驱动力都离不开奉献精神。在企业里不能处处靠激励，企业要倡导奉献精神。

为争取一个订单，华为某高层管理人员连夜坐车赶往沈阳。当知道该客户要在一个宾馆与某友商洽谈，刚到沈阳的他没顾上喝一口水，就立即赶到宾馆大厅守候。由于不知道客户什么时候谈完，他一直守在那里不敢离开，也没去吃饭。直到深夜一点半，客户才谈完。那位华为高层赶快上去搭话，但对方撂下一句"没空"就走了。

某年春节，某省的一个本地网交换机中断，网上运行着多种机型，不知道问题出在哪个厂家的设备上。华为的技术人员在一天内从深圳赶到该省，发现问题不在华为。而出问题的厂商因为技术人员放假迟迟没有回应，华为将自己的接入网改接到另一路由器，通话恢复了。用户大喜过望，亲热地招呼：谢谢华为，谢谢华为，走，去家里吃年夜饭！

华为的客户经理能够比一个新任处长的朋友更早得知该处长的新办公地址，在他上任第一天将《华为人报》改投到新单位。友商们"醋意连连"地对他们的销售人员训话："运营商的人现在每天一睁眼，最想看见的就是华为的人……"

华为的奉献精神感动了市场，奉献的结果是市场的丰收。

1. 奉献是相对而言的，是超出正常工作的投入

- 奉献精神是暂时的吃亏和吃苦，在华为决不是常态；
- 奉献精神是超出正常工作范围的投入，其回报也超出正常标准；
- 奉献精神必须是自发的，功利性的付出不是奉献精神。

案例6-14
华为的"四不"奉献精神

A公司某个招标项目迟迟没有启动，突然在腊月二十七启动，与此项目有关的人员都已回家过年，负责该项目的客户经理张晓正准备买飞机票回家团圆，听到这个消息后，马上决定春节不回去了，又投入紧张的工作中。腊月二十八，项目负责人突然打电话给张晓："张晓，你现在在哪里？"张晓回答："部长，我就在您楼下。"负责人说："那好，请你十分钟后到我住的酒店来。"A公司负责人想看看华为的营销人员到底重不重视这个项目，是不是也像另一家通信公司员工一样已经回家过年了。十分钟后，张晓到达，该负责人对华为十分满意。在张晓的努力工作下，招标项目不久即

第六章 行为规范与职业道德

落单。

虽然没有回家过年，但是张晓在公司度过了一个快乐的春节。

- 顾客往往是被销售者的奉献精神所打动的。
- 没有员工的奉献，就没有华为的今天。
- 相关拓展：只要肯付出，只要能保持一颗坚持不懈、勤于学习的心，融入企业，收获成功并非遥不可及。

作者点评

在日益激烈的市场竞争环境下，许多民营企业施施而行，抑或亦步亦趋。纵观包括华为在内的世界知名企业，能够持续发展壮大都离不开员工的奉献精神(含敬业精神)。

俗话说：三代培养一代贵族，企业何尝不是，三代打造一个知名品牌！而这三代都离不开艰苦、辛劳和不懈的努力。

案例6-14中，客户经理张晓就是具有奉献精神的一位典型代表。像张晓这样爱岗奉献的员工在华为集团有很多，这得益于华为集团成功的企业文化建设。

在培养有奉献精神的员工方面，海尔、联想、阿里巴巴等企业也做得十分优秀。联想文化的核心理念是："把员工的个人追求融入企业的长远发展之中。"海尔则提出了"个人生涯计划与海尔事业规划相统一"。阿里巴巴关于员工素养的"六脉神剑"中的基础"两脉"是敬业和激情。

"其身正，不令而行；其身不正，虽令不从"，领导者以身作则是培养员工奉献精神的关键。中央电视台采访马云，在采访中马云提到：自己每年要飞800多个小时，走访33个国家，每天要思考很多事情，对睡眠时间不敢奢求。相信这种敬业精神对阿里巴巴打造精英团队一定会起到示范作用。

案例6-13告诉我们："问渠那得清如许，为有源头活水来。"员工的奉献精神是企业发展的动力和源泉，是企业文化的核心，是一个企业持续发展的基石。

"不斤斤计较，不拈轻怕重，不瞻前顾后，不亦步亦趋"，要达到这个"四不"境界，管理者就要用公平、公正的眼光来审视员工，如任正非所言，"决不让雷锋吃亏"。同时，管理者应该以身作则、以身示范，身先士卒、身体力行，和员工上下同欲，群策群力。"君子以行言，小人以舌言"，让我们大家一起奉献吧！

你自己的思考和感悟：

思考	1. 你企业的员工具备"奉献精神"吗？（"奉献精神"是指什么？）
	2. 爱岗敬业是员工的基本素质，你的企业是怎么弘扬这一精神的？(有无书面的标准，是否列入了《企业文化手册》或者《员工基本行为规范》？)
	3. 你认为你所在的公司在打造"爱岗敬业，无私奉献"的企业文化时遇到的最大困难是什么？

感悟：

---

2. 主动将自己好的经验、方法与同事分享

- 销售人员开会时，讨论、分享经验；
- 以微信、电子邮件和打电话方式互通信息；
- 将自己的心得和复盘感悟(包括失败案例)无私分享；
- 有问必答，言无不尽(非机密内容)，乐于帮助和培训新同事。

3. 站在公司整体利益的角度做市场

- 局部利益服从整体利益，没有整体，局部无从谈起；
- 把工作当成自己的事业，而不只是一种谋生手段；
- 高标准要求自己，像老板那样去思考。

(四) 团队精神

"狼"的竞争力体现在群体作战，分工协作，不达目的不罢休。在现代社会分工和互联网技术普及的时代，固守自留地实质是"小农经济行为"。团队精神是一个企业和组织基业长青的重要保证。

团队精神，在华为体现为"忠诚、勇敢、团结、服从"。

案例6-15
华为的团队组合：重装旅与陆战队

任正非把华为的市场团队组合比作重装旅和陆战队的配合。这个比喻非常贴切地形容了华为一线销售团队配合的精密性和精准性。

重装旅是指专业化的队伍，给陆战队提供资源和炮火。在地区部设置重装旅，在代表处和系统部设置陆战队。陆战队规模小、装备轻，具有综合作战能力，爆发力强，是华为设置在市场一线的作战单元。

任正非借用"重装旅"的概念，来描述地区部与代表处的关系。若代表处不是一个轻型的组织，那么成本是非常高的，而且闲置的资源会损害公司整体战斗力。一个地区部管十几个国家，因此，它是各种专业力量共享、协调的中心。

在地区部重装旅的建设过程中，华为重视各种平台和共享中心的建设、经验的总结和人员的培训。同时，代表处组织配置中缺少的能力要在地区部补上，包括解决方案、用户服务、投标、技术等。各种业务集中一批尖子，随时准备一窝蜂地对重要项目实施支持。这些尖子可以进行物理式的集中，也可以进行逻辑上的集中。人员要定期流动，实行纵向循环、横向循环，以促进各方面作战能力的提升。

这种团队配合，让国外的一些知名通信大公司望而生畏，他们这样形容华为的团队精神和配合："他们的营销能力很难超越。人们刚开始会觉得华为人的素质比较高，但对手们换了一批素质同样很高的人，发现还是很难战胜华为。最后大家明白过来，与他们过招的，远不只前沿阵地上的几个冲锋队员，这些人的背后有一个强大的后援团队：他们有的负责技术方案设计，有的负责外围关系拓展，有的甚至已经打入了竞争对手内部……一旦前方需要，马上就会有人来增援。华为通过这种看似不很高明的团队作战方法，将竞争对手苦心经营的领地冲得七零八落，并采用蚕食策略，从一个区域市场、一个产品入手，逐渐将他们逐出中国市场……"

案例6-16
华为的团队配合：蜂群战术

蜂群战术是任正非总结出来的华为的团队配合战术。蜂群战术是指：平时只有少数人参与侦察(陆战队)，有战斗时，能迅速集结大股队伍进行团队作战(重装旅)，仗打完了能迅速撤退，投入下一场战斗，效率极高。

华为要避免打仗时没有人来，也要避免仗打完了没人走，这样成本就非常高。任正非曾在讲话中提到：我们借用了美军参谋长联席会议的组织模式，片区联席会议要用全球化的视野完成战略的规划，并对战略实施进行组织与协调，灵活地调配全球资源对重大项目进行支持。"蜂群"迅速集结与撤离的一窝蜂战术，将推动各地区部、代表处、产品线、后方平台的进步。地区部(代表处)要集中一批专业精英，给前线的指挥官提供及时、有效、低成本的信息支持。

1. 互相帮助，团结协作，不计个人得失
- 互相帮助需要的是共享愿景和使命(以客户为中心)；
- 团结协作需要的是荣辱与共和同心同德(以客户为中心)；
- 不计较个人得失需要的是奉献精神(以奋斗者为本，以价值为纲)。

案例6-17
团队建设的"三补"原则

华为在某地区A宾馆办一次产品推广会，王安是该地区的客户经理，负责邀请客户、会议安排等工作，李阳负责装机、调试等工作，刘方是产品推广人员，负责讲课、准备教具等工作，刘刚是货管员。作为团队中一分子，每个人在努力做好各自工作的同时，都积极帮助他人做事。比如在推广会正式开始的前一天夜里，王安在调试设备时突然发现一块板子坏了，需要立即更换，而此时他还走不开，看到这种情况，刘刚马上主动去找，从凌晨一点钟一直找到两点半才找到那块板子的备用件，刘刚赶紧将备用件送到现场，由于反应及时，没有耽误推广会的正常进行。经过大家的团结努力，此次推广会获得了巨大成功。

- 良好的信任、沟通是团队合作的基础。
- 大家各司其职才能做好工作。
- 相关拓展：一个人势单力薄，融入团队才能立于不败之地；一滴水很快蒸发，汇入大海就成澎湃波涛。如果你是一滴水，只要你愿意融入大海，整个大海就是你的了，因为你已和整个大海融合在一起，这就是融入的力量。

作者点评

团队竞争力的核心在于高绩效，而高绩效要求上下同欲，齐心协力。例如，当某团队成员遇到了工作难题，其他成员要及时伸出援助之手，共同克服这个困难；当某成员出现缺位的时候，其他成员要及时补位；当某成员取得成绩的时候，其他成员要为此欣慰高兴，而不是嫉妒。最后，团队有成果时，全体成员要共同分享。如果能做到以上这些，证明你的团队是一个团结互助、紧密协作的团队。

案例6-17中的刘刚就是一个不计较个人得失、能够及时补位的优秀团队成员，也是华为"狼性团队文化"的一种体现。

想要打造这样的团队，至少需要掌握"三补"原则：补台、补位、补技。补台：当成员在工作中出现失误时，其他队员要及时补救；补位：在项目进行过程中，有些工作职责因为项目的不可控因素并不能完全划分清楚，因此在某些职责出现空缺的时候要及时补位；补技：团队中的每一位成员，技能应该是互补的，取长补短，成网状结构，这样才能优势叠加，劣势补齐，合作共赢。

案例6-17告诉我们：古人云："万人操弓，共射一招，招无不中。"想要打造百战百胜的精英团队，需要注意三点：目标导向、共享成果、三补原则。

你自己的思考和感悟：

思考	1. 你的公司中是否有这种精诚团结的团队？(建议树立榜样，大家学习)
	2. 每一个团队推举一位具备"三补原则"精神的人，使其成为每个团队学习的榜样。
	3. 你认为打造精英合作团队的方法有哪些？请尝试列举方法并归档、践行。

感悟：

2. 良好的信任、沟通是团队合作的基础

- 建立关系，彼此信任；
- 至诚守信，积极沟通；
- 取长补短，开放进取。

案例6-18

沟通原理:七分氛围,三分技巧

H办事处拿下了一个三千万的项目,在很大程度上得益于客户经理郑明与项目经理左然良好的沟通与合作。

在项目初期,双方在工作的分工上产生了一定的分歧,如果不加以解决,势必将对项目产生不利影响。郑明主动请左然吃饭,饭桌上郑明坦诚地说:"也许你一个人可以拿下这个项目,但公司既然派我们共同合作,一定希望能产生更大的效益,如果这个项目失败,我们都有责任,现在我们只有更好地合作,才能更有把握取得项目的成功。咱俩不能有矛盾,如果我有做得不好的地方咱随时沟通。"他们除了做好自己职责范围内的事情之外,根据他们二人的各自优势,又进行了明确的工作分工,分别做两个关键客户的工作。

客户回公司参观的过程中,他们俩一个幕前,一个幕后,配合得天衣无缝。

功夫不负有心人,在两人的默契配合下,项目取得了预期的成功。

- 自我批评,以身作则,促进团队更好地工作。
- 团队成员之间要进行良好的沟通才能得出1+1>2的效果。
- 相关拓展:"众人拾柴火焰高""团结就是力量""人心齐,泰山移",无不说明团结的重要性。团结是红军两万五千里长征胜利的保证,是实现宏伟目标的基础。

作者点评

沟通是维系团队关系的重要因素,案例6-18中如果客户经理郑明没有主动沟通,后面的项目成功恐怕遥遥无期(至少不会短时间内达到预期目标)。

在管理界盛传一个关于沟通的故事:狮子和老虎之间爆发了一场激烈的战斗,到了最后,两败俱伤。狮子快要断气的时候对老虎说:"如果不是你非要抢我的地盘,我们也不会弄成现在这样。"老虎吃惊地说:"我从未想过要抢你的地盘,我一直以为你要侵略我的地盘!"

故事很短、很简单,但寓意很深刻:沟通不畅产生的误会,让团队成员之间的关系陷入了一个怪圈：始于相见恨晚，起于互相猜忌，终于分道扬镳。

如何提高团队的沟通协作能力呢？领导力专家马塞尔·施万特斯在《Inc.》杂志中曾经提出"沟通七句箴言"：①这是我的疏忽；②你的工作表现对我们来说很重要；③我觉得你处理这件事的态度很好；④我想听听你对这件事的意见；⑤我相信你的判断；⑥没你我真的做不到；⑦我怎么做能帮上忙。可见，沟通过程中，"七分氛围，三分技巧"，营造一种"我是一切问题的根源、你是一切转机的开始"的氛围很重要。

案例6-18告诉我们：良好的信任、真诚的沟通本身就是管理。松下幸之助关于管理有句名言："企业管理过去是沟通，现在是沟通，未来还是沟通。"管理离不开沟通，沟通已渗透于管理的各个方面。"如果企业没有沟通，企业就会趋于死亡。"(托马斯·D.兹韦费尔)

▣ 你自己的思考和感悟：

思考	1. 你公司中是否有跨部门沟通困难的情况？
	2. 企业中高层之间是否能进行有效沟通，有无定期的"调频沟通会"？
	3. 在员工沟通方面，公司采取了哪些措施？(是否搭建了员工之间沟通的平台？)

感悟：

（五）自我批判

华为的核心价值观有四句话："以客户为中心、以奋斗者为本、长期艰苦奋斗和坚持自我批判。"它们之间的逻辑和关联如下：以客户为中心是艰苦奋斗的方向；以奋斗者为本是为客户创造价值的活力源泉，是保持以客户为中心的内在动力；长期艰苦奋斗是修身的过程；坚持自我批判是坚持核心价值观的内在保证，是修心的过程。

"没有自我批判，我们就不会认真听清客户的需求，就不会密切关注并学习同行的优点，就会陷入以自我为中心，必将被快速多变、竞争激烈的市场环境所淘汰；

"没有自我批判，我们面对一次次的生存危机，就不能深刻自我反省，自我激励，用生命的微光点燃团队的士气，照亮前进的方向；

"没有自我批判，就会故步自封，不能虚心吸收外来的先进东西，就不能打破游击队、土八路的局限和习性，把自己提升到全球化大公司的管理境界；

"没有自我批判，我们就不能保持内敛务实的文化作风，就会因为取得的一些成绩而少年得志、忘乎所以，掉入前进道路上遍布的泥坑陷阱中；

"没有自我批判，就不能剔除组织、流程中的无效成分，建立起一个优质的管理体系，降低运作成本；

"没有自我批判，各级干部不讲真话，听不进批评意见，不学习不进步，就无法保证做出正确决策和切实执行。

"只有长期坚持自我批判的人，才有广阔的胸怀；

"只有长期坚持自我批判的公司，才有光明的未来。

"自我批判让我们走到了今天，我们还能向前走多远，取决于我们还能继续坚持自我批判多久……"

自我批判是不断优化正价值观的过程，防止次价值观(次文化，非正式文化)的滋生。

案例6-19
华为的自我批判：惶者生存

华为如何应对互联网时代前所未有的挑战和竞争？在任正非看来关键是坚持自我批判，"惶者生存""变者生存"。技术开发必须以客户的需求为导向，要以客户为中心，即便如此，时代的发展如此快，要赶上时代的步伐，必须"以奋斗者为本、坚持自我批判"。如果听到炮声的人误判了信息，那么再以客户为中心也会偏离主航道。

"物必自腐而后虫生"，万物的腐烂都是从内部开始的，"祸起萧墙之内"，自我批判的目的就是要解决"心中之贼"的问题。一个企业是不会被外界打倒的，反而会由于过度的宣传和标榜自己而被自己打倒，企业没有自我批判精神是不会长久的。

"如果一个公司真正强大，就要敢于批评自己，如果是摇摇欲坠的公司根本不敢揭丑。如果我们想在世界上站起来，就要敢于揭自己的丑。有危机感的公司才一定能生存下来，所以，下一个倒下的也不会是华为。"任正非如是说。

1. 自我批判，以身作则

- 自我批判需要胸襟坦荡，不要矫揉造作；
- 自我批评需要就事论事，既不要无中生有，又不能牵强附会；
- 自我批判需要以身作则，身先士卒，要有主人心态而不是看客心态。

案例6-20

自我批判，才能自我涅槃

业务部销售人员在春节前挖掘出一个112项目并上报系统部，由于该项目只有30万元订单金额，客户经理何修以为新业务系统部在跟这个项目，就没有跟进，结果将该项目丢给了另一家公司，且很久才知道。事后，何修向项目部主任、办事处主任主动承认错误，表示责任全在他，并把自己检讨书贴在办事处的公告栏上，同时向新业务部深刻检讨，责怪自己为什么不跑勤一点，到经营科问问，也不会连消息都不知道。正因为他诚挚的自我批评精神，使他赢得了项目经理的进一步支持，并且在年后又拿下了一个大订单。

- 犯错误是不可避免的，只要能及时觉察并纠正就好。谨小慎微的科学家既犯不了错误，也不会有所发现。
- 诚恳道歉可以让人互相理解，将关系拉进。
- 相关拓展：任何一个人敢于承认错误，就等于为自己增添了新的优点，肯承认错误则错已改了一半。由此看来，发现并纠正错误是一种进步和提高，是事业成功的推进器。

作者点评

自我批判精神是华为的内在文化基因，自我批判能够避免公司干部与员工产生傲慢、狂妄、自大和自恋的情绪，如此才有可能做到"以客户为中心、以奋斗者为本"。

自我批判是一种自我反省精神，阿里巴巴也把这种精神作为自己文化的核心内容(另外三个是：聪明，乐观，皮实，加上"自省"形成了阿里巴巴的平行四边形文化内核)。

要准确把握自我批判的尺度和方法，否则就很容易流于形式。华为的自我批评就像华为的变革一样，不提倡暴风骤雨式的"革命"，而倡导杜甫诗中描绘的那种"润物细无声"似的"改进与改良"。

多年来，自我批判已经成为华为集团在管理中常用的工具，华为每年都会召开各部门内部民主生活会(自我批判会议)，并形成了一个"三讲三不讲"原则：讲自己，不讲别人；讲主观，不讲客观；讲问题，不讲成绩。"浮躁的市场环境中，不能时刻自我否定，无异于自我抛弃。"(张瑞敏语)

案例6-20告诉我们：自我批判，以身作则，不自以为是，不故步自封，不刚愎自用，不闭门造车……可以概括为一个词：自以为非。企业发展中遇到的各种管理瓶颈可以归结为：老的工作方法已经无法满足企业新发展的需要，这时候就需要打破自己，重新塑造，这需要大勇气和大毅力。北宋著名政治家王安石说："天变不足畏，祖宗不足法，人言不足恤。"让我们自我批判，日臻完善，积极地拥抱时代巨变吧！

你自己的思考和感悟：

思考	1. 你公司是否有定期的"批判与自我批判"会议？(有的公司称为"誓殇"会)
	2. 你公司的企业文化中是否有"否定自我，突破自我"的内容？
	3. 领导者在企业管理中是否有"刚愎自用、自以为是"的现象？如何尽量避免？

感悟：

---

2. 自省自律，接受监督

- 自我批判，及时反省；
- 积极沟通，获得反馈；
- 三省吾身，不断进取。

一个团队的活力来自"自我批评，及时反省"。为什么提倡反省？因为华为的企业文化倡导敢于犯错，但是犯错是需要付出代价的。从市场上来看，能够把这种无法避免的犯错损失降低到最低是"以价值为纲"的基本要求。

自省自律是为了见微知著，防微杜渐，把过错消灭在萌芽状态。华为希望内部的员工，尤其是市场一线的员工做到一日一省，一周一省，半月或一月一省。

团队的领导人不管工作怎样忙，总应抽出点时间把自己做过的事认真地反省一番，看哪些做对了，哪些做错了，以便少犯错误或不犯严重错误。

"吾日三省吾身"，古往今来，很多有成就、有贡献的人，都注意随时反省自己的内心，以得补失，以是克非，从而不断取得进步。

案例6-21

华为的自省："黑锅"变金锅

2017年4月，华为P10"闪存事件"持续在网络中发酵，引发大量讨论。在2017年4月27日晚间，华为消费者业务CEO余承东面向华为消费者业务全体员工发送了一封《倡议书》邮件，余承东在《倡议书》中深刻反思了"闪存事件"。

《倡议书》是一封真诚、坦诚、富有责任感的自省书，里面有三个主要观点：一是深刻自我反思，坚持"以客户为中心"的标准，"坚持自我批判"；二是华为马上成立"特别行动小组"，专门聆听用户的声音；三是落实改进行动。华为的高管必须深入一线，与消费者零距离沟通，承担大企业应该承担的责任。

其实，这个事件的背后是华为背了行业的"黑锅"。树欲静而风不止，止谤莫如自修，华为在此事上没有过多辩解，而是"小事件，大反省"。这件事反而成为一件好事，让华为的手机性能更加具备竞争力，内部的流程也更加完善。

华为把这次事故变成"故事"，华为的自我反省也让"黑锅"变成市场上的金锅，华为手机得到了消费者前所未有的青睐。

案例6-22

华为研发人员8年"洗辱"的故事

在华为，研发人员8年"洗辱"的故事成为一段佳话，它是华为自我批判和自我反省精神的有力佐证。

2000年9月1日下午,研发体系组织了几千人参加了"中研部将呆死料作为奖金、奖品发给研发骨干"的大会。把研发中由于工作不认真、测试不严格、盲目创新等产生的呆死料单板器件,把那些为了去网上"救火"产生的机票,用镜框装裱起来,作为"奖品"发给研发系统的几百名骨干。这种有点"自辱"的做法让任正非也非常震撼,他现场发言:"从泥坑里爬起来的人就是圣人,我期待着你们成为圣人的那一天!"

整整八年后,2008年9月1日下午,同样的会场,任正非亲自给核心网产品线的研发人员颁奖。8年间,研发体系的骨干"卧薪尝胆",自我反思,自我修正,从HJD48的模拟PBX交换机研发开始,到JK1000,再到A型机、C型机、B型机、128、201校园卡、A8010,华为在不断地优化改进自己的产品。从泰国AIS到沙特HAJJ,华为的自我反省让华为刷新了核心网产品的销售记录。

从自我批判大会到表彰大会,华为研发体系在"自我批判、自我反思和自我反省"中血洗耻辱、自我涅槃,成为从泥坑里爬出来的巨人。

三、行为规范

(一) 仪表

一个人的修养往往是从他的仪表表现出来的。

1. 精神面貌
- 保持健康、积极的心态:自尊、自信、自爱、自重;
- 举止文雅大方、稳健庄重。

2. 工卡
工卡是公司的标志,在公司、办事处及华为公司其他办公地点,要佩戴工卡。男士工卡应端正地戴在左胸前,女士应用链条串起,挂在胸前。

3. 衣着
- 衣着要得体、大方、整洁;
- 男士上班应着西服、打领带,穿戴整齐;

- 女士上班期间应穿套装，着妆淡雅；
- 发型大方得体，不留怪异发型，不染怪异颜色的头发；
- 办公环境内，禁止男士着短裤、背心和拖鞋；
- 办公环境内，禁止女士着无袖衣裙、超短裙裤或拖鞋等奇装异服。

案例6-23
营销人员的"六商"之一：形商

K办事处销售人员上班穿文化衫、牛仔裤，甚至有上身穿西装、下身穿短裤、脚蹬一双皮鞋的现象。有一天，市场部一执行副总裁到该办事处检查工作，开会时，发现大家不规范的着装，立即责成他们回宿舍换衣服，并且颁布了相关规定，衣着不合格必须立即更换，否则将会受到相应处罚。

- 俗话说"人靠衣装"。穿着得体不仅可以给客户留下良好的第一印象，还可以让其对你的产品和公司产生好感。
- 着装是一个人的身份、气质、内在素质的无言的介绍信。
- 相关拓展：有个故事，讲一个销售员，确定好了夜里三点给国外的顾客打电话，因为有时差，所以他这边是夜里三点，对方却是上班的时间。他半夜起来，洗漱完毕，穿戴整齐，然后打了个电话，之后又脱了衣服继续睡。他的妻子很不理解，问他为什么？他说，即使在电话里对方也可以感觉到你的穿着，你的状态……所以他成功了，他就是乔·吉拉德，美国汽车销售大王，连续12年荣登世界汽车销售吉尼斯纪录。

作者点评

关于个人形象的话题，古已有之。圣人孔子就有"见人不可不饰。不饰无貌，无貌不敬，不敬无礼，无礼不立"的观点。形象反映了一个人的社会地位、身份、职业、爱好，甚至是个人性格、文化素养和审美品位的外在显现，直接影响到他人对你的判断。

我提出的企业高管的"六商"：智商、情商、韧商、学商、融商和形(行)商，最后一个商是唯一可以看得见的商，是让你不要输在起跑线上的商。(关于"六商"知识点的详细描述和讲解请参看刘春华大型系列微课"中国式优秀营销总监108招")我们反对职场上的"先敬罗衣后敬人"的行为，但是云云职场，有时候一面之缘，难以探究其内心的真诚与否，所以有人总结商场的合作"五步曲"是：始于颜值，敬于才华，合于性格，久于善良，终于人品。良好的合作始于颜值，可见颜值决定"市值"。而颜值未必就是指长相俊朗，而是指衣着得体，清雅利落。

商务着装代表着企业和个人形象，要体现企业文化和职业特点，职业人士的着装应该与其工作的环境、身份、职务和谐统一。

案例6-23告诉我们：良好的仪表是职业形象的具体体现。而仪容和仪态同样重要，"三仪"组成了你的形(行)商。我们无法决定我们的长相，但是我们可以决定我们的仪表、仪容和仪态，就如那句话所言：我们无法决定天气，但是我们可以绽放笑容。

你自己的思考和感悟：

思考	1. 你公司是否有标准的"三仪"规范？
	2. 你公司管理者是否以身作则、对自己的着装进行规范？
	3. 建议内部举办一次关于"提升全员形商(行商)"的培训。

感悟：
___
___
___

4. 言谈举止

- 交谈时要稳重、自然、落落大方；
- 语气和言辞要与场合一致，表达简单明了，易于理解；
- 研究工作时，坦诚地发表自己的见解，就事论事，不随意议论、攻击他人；
- 交谈时注意力集中是对他人尊重的表现，切勿东张西望；
- 不说污言秽语，不在公共场所大声喧哗；
- 在公共场所，语言温和平静，注意不影响他人；
- 不在禁烟区吸烟，不乱扔烟头。

案例6-24
一盏青灯伴古佛，不负如来不负卿

R办事处位于一家高档五星级酒店内，办事处某销售人员在某一段时间内经常在玻璃门口吸烟，乱扔烟头，甚至不把烟头熄灭。

因为酒店的游泳池是对酒店公寓的高级职员开放的，他们的小孩会经常走过，危险性很大。酒店多次投诉，办事处严正申明，并张贴严禁乱扔烟头的通知后，情况才好转。

- 没有规矩不成方圆。一个好的规章制度并不一定能管理好一个企业，但一个好的企业一定要有一个好的管理制度。
- 生活处处需要规矩，人们遵守规矩，生活才会有秩序，否则就会乱成一锅粥。
- 相关拓展：从规范向素质的转变，对于个人来说，意味着规则不再仅仅是一种外在强制，从而使个人在某种意义上获得了真正的自由。

作者点评

《史记》有言：桃李不言，下自成蹊。桃树李树虽然不会说话，但是它们那芬芳的花朵和甜美的果实，却吸引人们纷纷前去欣赏采摘，以至在树下被踩出一条条小路。由此可见：你的行为会说话。

在市场中，你的一言一行、一举一动都代表着公司的形象和品牌，客户首先会根据第一印象对你进行评判，如果客户对你的第一印象不好，要挽回就需要付出更多的精力和时间。

案例6-24中销售人员在公共场所吸烟、随意丢弃烟头表面看来是"小事"，但市场上从无小事。客户时刻以一种"缝中窥月"的独特视角来观察你，所以小事情可能丢掉大市场。

案例6-24告诉我们：美德大都隐含在良好的习惯之内。每一位员工的行为举止都是企业的名片，都代表着企业的品牌和形象。"从善如登，从恶如崩"，良好行为的养成需要坚持，而一次破例即可形成不好的习惯。"一盏青灯伴古佛，不负如来不负卿"，慎独修身，从小事做起，从坚持做起。

另外，可以用16个字总结良好的职业习惯：外化于形，实化于行，固化于制，内化于心(关于"四化""四I合一"知识点的详细描述和讲解请参看刘春华大型系列微课"中国式优秀营销总监108招")。如果能把这16个字践行到位,那你就可以做到"秀外慧中、内外兼修"了。

📔 你自己的思考和感悟：

| 思考 | 1. 你的企业对员工的"言行举止"是否有相关的制度？(行为规范)
2. 学习本书附录B《华为行为准则》后大家讨论,谈谈感受。(提示：先有规范,再有执行)
3. 你的企业是否有专门的督查队,定期检查员工的行为规范？(定期巡检制度) |
|---|---|//
| 感悟： | |

(二) 引见

(1) 把男士介绍给女士,把职位低者介绍给职位高者,把晚辈介绍给长辈,把未婚者介绍给已婚者。

(2) 按照先女士,后男士；先职位高者,后职位低者；先长辈后晚辈；先已婚者,后未婚者的顺序来一一介绍。

(三) 握手

(1) 基本原则：男士、晚辈、学生、下级、客人分别见到女士、长辈、老师、上级、主人时,应当先行问候,待后者伸出手之后,再上前握手。

(2) 具体方式：

- 双手握手时需用眼睛注视对方,面带微笑,自然大方,腰板挺直；
- 见到长者、身份较高者,上身略为前倾,头要微低一些；
- 与女士握手时,请握对方的手指,不要过分用力；
- 遇到身份较高者、最受人们尊重的人,才捧接握手。

(3) 握手禁忌：

- 戴着帽子和手套同他人握手；

第六章 行为规范与职业道德

- 衣冠不整、手指肮脏而与他人握手；
- 用力而长久地握住异性的手；
- 用左手去同他人握手；
- 交叉握手；
- 握手时东张西望。

(四) 名片

(1) 接收他人名片时，应当恭恭敬敬，双手捧接，并表示感谢。

(2) 接到别人当面递上的名片后，一定要仔细看一遍，对于不明白的地方可以请教，有时可以有意识地重复一下名片上的姓名和职务。

(3) 不可把对方名片漫不经心地随便扔在一边，暂时将对方的名片放在办公桌、写字台或茶几上，不要在上面乱放东西。

(4) 如果想得到别人的名片，最好不要直截了当地说："请你给我一张名片。"而应该用请求的口吻说："如果没有什么不便的话，能否请您留张名片给我？"

(五) 接待

- 保持优雅、整洁的工作环境；
- 事先准备好茶、饮料、热水和干净的茶杯；
- 让客人坐上座，主人坐在一旁陪同，倒茶时茶液宜在杯的六七成高；
- 如果客人第一次来访，应主动带客人参观办事处的办公场所，并细心讲解；
- 客人离开办事处时，要起身热情相送。

(六) 交谈

(1) 选择喜闻乐见的话题；

(2) 回避某些不宜交谈的话题：

- 个人的私生活；
- 他人工资、奖金、股金；

- 他人工作岗位需保密的信息;
- 令人不快的事物;
- 有关他人短长的话题;
- 自己不熟悉的话题。

(3) 讲究聆听的艺术:

- 认真、专注倾听对方的谈话;
- 对谈话做出积极反应;
- 倾听时注意注视对方,而非眼神游离;
- 不随意插话,必要时可以有礼貌地确认:"我是否可以这样理解……"
- 多用鼓励和认可的肢体语言,如有不同意见,等谈话者结束后发表看法。

(七) 电话

1. 打电话

- 给客户打电话时,应主动告知自己的姓名或需要与什么人通话。
- 在别人休息或用餐时,不要去电话,如果必须通话,应说:"请原谅,打扰了您的休息时间。"
- 打电话时,应查清对方的号码,如果拨错号,应表示歉意。

2. 接电话

- 电话铃响三声内,应立即接起,铃响三声后才接电话,应说"对不起";
- 接电话时应主动问好,说出自己的单位和姓名;
- 接电话时,如果自己不是受话人,应礼貌地说"请您稍等",并立即转告受话人,或记录下对方的姓名、单位和电话号码;
- 由客户先结束谈话、挂断电话。

(八) 馈赠

(1) 礼品的选择:

- 结婚礼品,以美观、实用而且具有永久纪念意义最为恰当;

- 生日礼品，应以表示祝贺或作为纪念最为合适，同时也要根据对方的年龄、性别和爱好选择(华为建议，按照礼物创新的原则，一般不送蛋糕)；
- 民间节日礼品，多以食品相送；
- 如果是送给病人，则多以滋补食品、饮料、水果和鲜花等为礼品；
- 乔迁之喜，可根据受礼者的房间布置和艺术修养，送镜框、屏面及艺术品等；
- 弄璋之喜或弄瓦之喜，可以送衣服、玩具等礼品，应结合受礼者性格、爱好和与他(她)的关系程度。

(2) 礼品的选择重在情谊；

(3) 馈赠礼品应有美观的包装；

(4) 不要一声不吭地把礼品放在门口或房间角落里一走了之。

(九) 坐车

应首先为客人打开轿车的右侧后门，并以手指示车篷上框，提醒客人注意。抵达目的地后，主人应首先下车，并绕过去为客人打开车门，以手挡住车篷上框，协助其下车。

(十) 住宿

- 应尊重服务人员的劳动，并表示感谢；
- 举止要文明有礼；
- 保持室内卫生；
- 不要穿睡衣、拖鞋、背心或裤衩到走廊等公共场所游逛；
- 听广播、看电视，声音要小，不要影响他人；
- 住宾馆，要认真阅读酒店的住宿指南及相关资料，不要随便麻烦服务人员。

（十一）饮酒

- 应严格控制自己的酒量，不宜饮酒过量；
- 敬酒要稳重、热情、大方，双手捧起酒杯，向对方微微点头行礼；
- 事先了解对方饮酒习俗，不要过分劝酒。

（十二）谈判

- 首先了解对方的谈判人员，根据身份对等、人员相当的原则安排；
- 谈判场所的布置要庄重整洁，会场的桌子宜选用圆桌或椭圆桌；
- 桌上要放谈判人员的台牌，谈判的座次应按照身份依次排列；
- 客人进入谈判厅时，我方的主谈人应与客户谈判成员一一握手，并请客人首先入座，或双方一起入座。

（十三）保密

信息是市场的核心资源，友商总是对对方的信息更为关注。保密是维护公司利益的需要，也是一个销售人员必备的职业操守。

- 华为要求销售人员出差不准携带有明显华为标识的物品(如华为手提袋等)，因为这极易引起友商和客户的注意；
- 不准在电梯、宾馆、汽车、火车、飞机等公共场合大谈工作；
- 不准在公司其他无关人员面前大谈公司机密；
- 不准随意摆放文档、项目资料，办公桌上不要堆放公司机密资料；
- 出差住宿时，要注意附近是否有友商、客户人员，不要在酒店的商务中心打印机密的材料；
- 在电话中不要随意交流市场(客户)关系、工作方法、商务等；
- 同事之间不互相打听公司机密，甚至与自己工作无关的事情；
- 不准给客户发送不经审核的资料、信息；
- 不在宾馆房间时，要注意妥善保存资料，便携机要加密码，以防机密被盗；

- 在未确定来电方身份时,不要在电话中透露公司相关信息;
- 在向客户介绍公司时,要把握好介绍内容,不准把公司的内部资料散发给客户。

案例6-25

华为:保密能力也是市场竞争力

当年华为进入四川市场时,最大的竞争对手是B公司,B公司占据了市场90%的份额。如果正面交锋,华为几乎没有机会。于是,任正非制订了一项"秘密计划",这项计划从制订到执行,保密工作做得非常好,公司没有几个人知道这个计划的核心。

为了不让计划外泄,执行者和决策者分开。这个计划的核心其实是免费布设接入网,由此华为吸引了绝大部分客户。

由于保密工作做得非常到位,直到华为把布设工作完成后B公司才发现自己的市场已经完全被架空了,根本没有办法还击。就这样,华为神不知鬼不觉地抢占了四川70%以上的市场份额。

(十四) 勤俭节约、廉洁奉公

通过以下视角可以看出一个人的道德品质,而不仅仅是钱的问题。

1. 节约开支

- 两人合住标准间;
- 根据实际需要选择宾馆,如果不接待客人,要住公司的签约酒店;
- 非紧急情况,短途出行时尽量不要乘坐出租车;

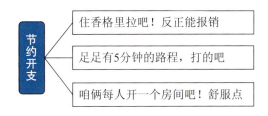

- 节约公司的水和电;
- 节约使用办公用品;
- 实事求是报销。

```
┌─────────────────────────┐
│ 小姐！请把洗衣费打入房费 │──┐
└─────────────────────────┘  │
┌─────────────────────────┐  │   ┌────┐
│ 小姐！请给我多开50元发票 │──┼──▶│节约│
└─────────────────────────┘  │   │开支│
┌─────────────────────────┐  │   └────┘
│ 没关系，哥们！咱俩这顿饭的│──┘
│ 发票我有办法报销         │
└─────────────────────────┘
```

2. 话费公私分明

公话私话严格分开，不把私话费用入公账。

3. 合理利用公司资源

- 销售人员：李文，给我安排一辆车吧，我要去拜访客户。
- 秘书：又不远，坐出租车过去吧！
- 销售人员：我要去好几个地方，坐出租车不方便。
- 秘书：好吧！早点回来。
- ……
- 司机：(等了四个小时)下站去哪里？
- 销售人员：回办事处啊！今天来主要是拜访×××科长。

像上述这样只考虑自己方便不惜浪费公司资源的行为应当杜绝。

4. 不盗取公司财产

盗取公司财产，轻则违反职业道德和公司规章制度，严重的可能构成犯罪，绝不可以等闲视之。

(十五) 节约工作时间

浪费时间就是浪费公司的资源。要有效利用时间，能在工作时间完成的决不要拖到工作时间之后，否则既浪费了公司资源，也让自己的工作生活不可控。

(十六) 规范化销售

规范化销售的重点往往不是技巧,而是准则。

1. 人际交往

- 诚实坦率,敢于自我批评;
- 遵守诺言;
- 尊重对方的信仰、观点和生活习惯。

2. 合同规范性

(1) 合同条款:

- 客户:×××元一线。
- 客户经理:没问题。
- 公司:谁授权的?
- 客户经理:……
- 客户:如果贵公司在×××时候还不开工,我们将罚款×××元。
- 客户经理:没问题。
- (没有问题往往是最大的问题,在说没有问题之前,请一定要慎重。)

(2) 商务条款:

合同中出现"我司提供V5接口"或"我司支持V5接口",其含义是完全不同的,因为"提供"与"支持"有本质的不同:"提供"是免费的。

(3) 技术承诺:

客户:你们不是说小电源可以纳入电源监控吗?现在怎么出尔反尔呢?

客户经理:嗯……这个……

不规范的销售行为不仅会给双方带来重大损失,而且会影响公司的形象;

从事销售行业,对外无小事,轻诺必寡信,让客户听明白而不是只有你自己明白。

客户的不明白和误解,是因为销售人员没有讲明白。

(十七) 强健体魄

没有了良好的身体,就相当于商人失去了本钱;

坚持锻炼身体,多到户外运动;

养成良好的生活习惯;

健康的身体是事业的根本。

第七章

必备知识

- 优秀的统帅，不熟知每一个士兵的爱好和身高，并不影响他成功地调兵遣将，但他必须对战争的目标、整个部队的编制、士兵的战斗力、战场的地形地貌和敌人的战略部署等心中有数。
- 优秀的统帅，必须掌握必备的知识，更为重要的是要掌握应用知识的能力。高级干部要少干点活儿，多喝点咖啡，喝咖啡时互相交流的知识也许就让别人成功了，这就叫一杯咖啡吸收宇宙能量。

一、公司概况

销售华为产品，就等于销售华为公司，所以华为员工必须了解华为，了解华为的价值观，懂得华为创业的历史和那些曾经感动行业的故事等。

客户经理作为市场营销的一线人员，应该了解：

- 公司的历史、现状和发展前景；
- 公司的发展战略和组织结构；
- 公司内部各部门的职责；

- 公司内部各组织和市场部的关联；
- 公司内部各部门之间的关联。

案例7-1

通于一而万事毕

在营销中，客户往往会让销售人员陷入价格误区：你们公司的产品比其他公司的产品价格高很多，你的价格再降一些。当陷入价格战时，最好的做法是与客户谈价值。客户经理李强在跟S局领导推荐交换机时，客户回复说："对于你们公司的产品质量和技术支持我们是十分认可的，但是你们的价格却比其他供应商的价格高，这让我们很为难。"客户经理李强回复说："我们公司经营理念是'不谋利润最大化'。之所以保留一定利润，也是要把这些利润投入产品研发和客户服务中去，只有这样我们才能持续地为客户提供优质的产品和服务，我们公司才能持续地发展。"在交流过程中李强向客户详细介绍了公司的理念和服务体系，让客户对公司有了全新的认识。

最终在李强耐心的说服下，S局领导最终答应采购华为产品。

- 不打价格战，只打价值战。
- 比别人优秀很难衡量，跟别人不同却显而易见。
- 相关拓展：大客户营销的五个阶段：①关系营销；②方案营销；③服务营销；④价值营销；⑤战略营销。

作者点评

作为一名优秀的营销人员，除了要学习公司的产品，还要了解公司的历史、价值观、现状、战略、愿景、组织架构、业务流程等知识。公司要搭建学习平台，让营销人员掌握了这些知识之后再上岗，华为大学就是这样的学习平台。

公司的价值观和愿景是公司业务发展的方向，掌握这些知识，可以在谈判的时候充分展示公司的实力，也能展现个人的市场能力，就可以掌握谈判的主动权。例如，华为服务客户的价值观是"成就客户，不谋利益的最大化"，在理解类似的一系列价值观的时候，要有立体的思维，可以从不同的视角来进行阐述。

不打价格战，只打价值战："便宜的东西，只有在你买的那一刻是开心的，用的时候没有一天是开心的；品质好的东西，给钱那一刻是心疼的，用的时候，

第七章 必备知识

每天都是快乐的。选择低价格是一种选择，而拥有高质量却是一种品位！"类似这样的观点可以成为你自己的话术。

庄子说："通于一而万事毕。"掌握了公司的必备知识，就如同航船找到了航线上的灯塔，只要方向对了，任何资源都可以为你所用。只要从用户的利益出发，以公司的发展理念为依据，你总能找到和用户价值融合的切入点。

▣ **你自己的思考和感悟：**

思考	1. 你公司是如何让营销人员掌握公司发展概况、价值观等相关知识的？ 2. 你是否认同：客户没有选你，是因为你没有深入理解公司的价值观？ 3. 建议：公司定期检查和考核员工对必备知识的掌握情况，并与绩效考核挂钩
感悟：	

二、企业文化

华为销售人员需要了解的企业文化包括：

- 华为文化的发展历程；
- 华为文化的内涵和精髓；
- 华为文化和市场部(销售部)文化的关联；
- 华为文化的载体。

在华为公司，企业文化的载体指的是《华为基本法》《华为文摘》《华为人报》《管理优化报》《华为技术报》和其他定期不定期下发的文件。华为文化载体的重要组成部分还包括总裁办不定期下发的电子邮件内容，尤其是任正非总裁的一些讲话。

随着互联网+时代的到来，企业文化载体不断丰富，例如微信公众平台、微信群等。在华为内部，内部网站"心声社区"也是企业文化传播的重要载体。

案例7-2

《华为人报》：传播华为价值观的高速列车

《华为人报》是传播华为核心价值观、人文精神的报纸，也是华为人交流工作和思想的平台。例如，《华为人报》曾经报道华为在荷兰、比利时、卢森堡(华为简称荷比卢)的第一位PFC(Project Finance Control)，他初入华为时的经历跃然纸上："来华为前虽有一定的工作经验，但仍显稚嫩的我被委任为公司A级比利时Mobistar无线搬迁项目的PFC，当时的压力可想而知。但压力也给我注入了无限的动力，白天学习非本专业的无线传输技术，与组员跑不同的站点，看他们如何搬迁、安装与调测，一起进行路测并了解什么是网规、网优；晚上与数据相伴入睡，梦中单站成本、交付成本率、人力计划、交付计划、验收计划、收入、利润等多纬度数据还在频频闪烁……"在《华为人报》上，这位PFC把自己的成长归结为四部曲：稚嫩上路、坚强应战、自信成长和合作共进。

华为人在《华为人报》上的交流，让华为人潜移默化地有了共同的经历，相似的阅历，于是他们同甘共苦，勠力同心，也就有了共享的价值观。

《华为人报》等文化传播载体犹如行驶中的高速列车，定期阅读它们，让华为人快速融入华为文化。

- 要想真正深刻把握企业文化的内涵，需要在工作中不断体会，对公司发展动态持续关注；
- 要想真正深刻把握企业文化的内涵，需要在工作中持续观察和体味同事和其他部门的成功案例，并学习他们的先进管理模式。

三、市场部管理制度

华为销售人员需要了解的市场部管理制度包括：

- 人力资源管理制度；
- 财务与资金管理制度；
- 流程管理制度；
- 营销管理制度；
- 营销管理制度与其他部门管理制度的接口。

案例7-3
华为不惜重金买管理、买制度

华为不惜重金买管理，买制度，买流程，倡导先"拥抱制度，拥抱规则，拥抱流程"，最后拥抱市场。我们耳熟能详的《华为基本法》的制定始于1995年，到1998年3月审议通过，经历了3年多时间。

为了规范华为的管理和内部的流程制度，华为花重金引入IBM、Hey Group、NVQ等国际管理机构，从IT战略规划，到HR管理体系，多项管理变革在华为破土、推进、深化和落地。此外，华为还勇于自我革命、自我进化，比如IRB（投资评审委员会）、EMT（执行管理团队）的成立，华为大学的建立，均是促进华为管理优化和制度规范的具体做法。

1998年8月10日，任正非召集了由上百位副总裁和总监级干部参加的管理会议，宣布华为与IBM合作的"IT策略与规划"项目正式启动，内容包括华为未来3~5年向世界级企业转型所需开展的IPD（集成产品开发）、ISC（集成供应链）、IT系统重整、财务四统一等8个管理变革项目。据悉，这个长达5年的咨询项目，前后耗资近40亿元人民币。

- 融入公司的最佳途径之一就是了解公司的管理制度；
- 拥抱制度，拥抱规则，拥抱流程，最后你才能拥抱市场。

四、市场部组织结构与工作流程

华为销售人员需要了解的市场部组织结构与工作流程包括：

- 部门设置及各自职责；
- 各部门负责人；
- 各部门接口人员；
- 各部门工作流程；
- 各部门工作的协调制度和流程。

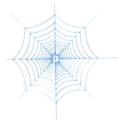

不按流程办事而"独辟蹊径"，将会影响工作效率，甚至受到处分。在华为，对于某些超越权限的合同，公司将予以作废处理，并施以处罚。对于客户经理而言，商务流程和销售流程是必备知识。

按制度办事，按流程经营，并不意味着僵化，而是为了提高公司整体效率。懂制度，熟流程，遵章办事，大象也会跳舞。

案例7-4
企业 "四治"境界之"法治"

某省有线电视台与华为公司签订了一批设备合同，但是交货时间极为紧张。执行过程令合同负责人和审计人都感到头痛，经历了很多波折，最终还是未能按时交货。

最开始，因合同付款细则不明晰，未通过审核。两天后因为合同没有添加产品资质证明附件又被退回。一周后因为公司备货不足，只能先发部分设备，令客户十分不满。十天后终于把剩余部分的设备交付到客户手中，但是与合同规定的交货期相比，已经超过了8天。

某省有线电视台的这一合同在签订之前，客户就曾多次提出合同要经过评审。但是公司负责签订合同的同事嫌麻烦，不走流程，最终导致没能按时正确发货，影响了市场关系和美誉。

- 公司的流程是为了避免工作失误而造成损失，不按流程办事可能留有隐患。
- 规范的流程能提高销售的成功率。
- 相关拓展：企业管理的趋势：制度化、流程化和信息化。制度化让管理有标准，流程化让管理有秩序，信息化让管理易操作。

作者点评

营销人员应该掌握管理的四个层次：人治、法治、心治和自治。这四个层次是企业在发展过程中不断升级的过程，但不是迭代关系，可以根据环境和具体的情景并用。

按流程办事，让流程来管理人是"法治"的基本内涵，这个管理层次在营销中多在订单的履约环节使用。因为订单的履约过程牵扯到公司的方方面面，与客户的接触频次较高，稍微有差池，就会出现"失之毫厘，谬以千里"的情况，引起客户不必要的投诉。

要做到按流程办事，形成"法治"的氛围，就必须对公司的业务流程、组织架构、部门职责、部门对接人等相当熟悉。在执行流程的过程中，尽量避免"体外循环"，决不"独辟蹊径"。如果认为流程延缓了交货速度，可以提出改进方案，以便于下一步优化，但不能成为不按流程办事的理由。

案例7-4告诉我们：流程管理的目的是让企业的效率得到提升，便于未来利用大数据、云计算进行数据检索，深挖市场上的资源。学习和掌握正确的流程并按流程执行，可以让营销人员如虎添翼而不是作茧自缚，切莫为了一时的速度和便利而失去后面的便捷高效。

你自己的思考和感悟：

思考	1. 在你的公司，是流程管人还是人管流程？
	2. 请列举不按流程办事的劣势(拖期、内部抱怨、财务风险……)
	3. 建议：请审查目前的营销流程，并召开专门的会议优化。找出问题本质，在流程上予以根治
感悟：	

五、业务基本知识

"巧妇难为无米之炊。"不懂技术和产品，你的说服力将大大降低。试想：你能否成功推销连你自己都不清楚的产品？不同行业的不同企业，应归纳出自己企业的营销人员应该掌握的基本知识体系。华为公司有如下的业务基本知识体系。

（一）电信基础

以华为销售人员为例，他们需要了解：

- 基本交换原理；
- 传输基本原理；
- DTV 业务基础；
- WCDMA基本知识；
- CDMA2000基本知识；

- WBS层的基线拉通；
- OTC/P2P一表拉通；
- 光传输基本知识；
- ……

这些知识对客户经理的方案设计、与客户交流以及商务谈判都起着非常重要的作用。华为的销售工作是技术和产品驱动的销售工作，对一个具体项目上的产品和方案的理解，决定了销售人员与客户在心理距离上的远近。

例如，交换机有集中控制和分散控制两种方式。如果集中控制性的交换机(诸如 EWSD和5ESS等)中央处理模块(MPU)损坏，则会造成整机瘫痪；分散控制型的交换机(如S1240和C&C08等)由于具有良好的热备份设计，即使话务量再大，也不会瘫机。

有了这方面的电信知识，自然会增强营销的说服力度，使客户做出明智的选择。

(二) 网络发展

一名优秀的销售经理要熟练掌握本行业的基本知识，而且能够运用这些知识，对本行业的未来发展有一定的预判。以华为销售人员为例，认识并掌握国际和国内的电信网络发展现状和潮流，才能为客户合理规划区域网络献计献策，参与客户的网络前端设计。

作为一名通信企业销售经理(客户经理)，可以梳理出这样一幅关于网络发展的脉络路线图，由此来引导客户展望整个行业的发展方向——

> 联络情感、即时沟通、交流资讯、云端经商……现代人的生活早已离不开移动通信。从古代的飞鸽传书、烽火传讯到如今无处不在的智能终端，世界已经进入"万物互联"的时代。
>
> 中国的通信技术历经三十余年的快速发展，从1G时代的全面落后、2G时代的蹒跚学步、3G时代的寻求突破到4G时代与世界比肩同行，在即将到来的5G时代，开始进一步谋求领导者地位。
>
> 不同阶段通信网络的应用场景和功能也不一样，见图7-1。

第七章 必备知识

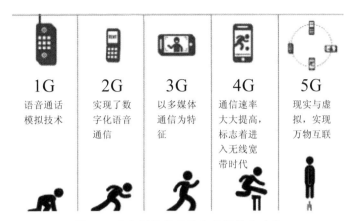

图7-1 通信网络发展的应用场景和功能

电信运营商在不同网络发展阶段的竞争主旋律也会发生变化。以5G时代为例，5G网络需要超高速率、丰富的频率资源和大量基站，为了节约建设和运营成本，运营商共享网络资源应该是一个趋势，多个运营商可以共享频率、共享基站、共享无线网络，直到共享整个网络系统。

运营商共享物理网络后，不同的运营商可以通过软件的方式来实现网络功能的差异化，提供不同的网络服务功能。

总之，通信技术的发展趋势是：由传统CT(Communication Technology，即通信技术)开始向ICT(Information and Communication Technology，即信息与通信技术)转型，见图7-2。

图7-2 传统CT转型为ICT

在通信技术发展的不同阶段，终端消费者和企业需求也发生了变化，网络功能也发生了变化。例如，终端消费者对智能手机的需求，企业对云平台和云计算的需求等。

华为公司为了应对通信技术的发展，内部调整组织架构，建立了三大业务部门：消费者业务、企业业务和运营商业务，以便于更好地服务不同需求的客户，见图7-3。

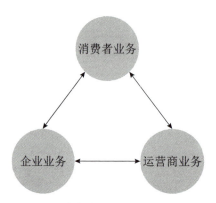

图7-3　华为内部的三个业务部门

掌握本行业最新的业务知识，了解和洞察行业发展的逻辑和脉络，时刻走在客户需求的前面，参与客户需求方案的前端设计，就会加快市场开拓的节奏。

优秀的销售经理致力于满足客户的需求，而卓越的销售经理致力于创造客户的需求。

案例7-5
知识运用的"N+1+N"模型

K地区为华为空白市场，项目经理柳嘉为了能更好地打入此地区，对其网络进行了详细的分析，发现其网络机型复杂，维护成本较高，十分不利于发展。她针对此问题向客户提出了《本地网络发展优化改造建议》，在方案中融入了华为的产品和技术。此方案得到了客户的重视，客户对华为的产品和技术进行了深入了解，华为获得了客户相当程度上的认可。

- 随着商业竞争的加剧，营销方式也在不断发展，从以前的关系营销逐渐转变成方案营销，向客户提供完整的解决方案将是未来企业竞争的一大利器；
- 软性营销更加深入人心；
- 相关拓展：别人在她面前说你好叫"口碑营销"；给她寄份礼物创造惊喜叫"感动营销"；送一首藏头诗给她叫"文化营销"；让她的父

母先接受你叫"战略营销";展示你未来的职业规划,描述你建立家庭的美好愿景叫"方案营销";通过细节关怀博得她的好感叫"服务营销"。

作者点评

营销人员要扎实掌握产品、业务基本知识,这将会对方案设计、客户沟通、商务谈判、方案契合、订单促成和项目交付起到非常重要的作用。案例7-5中客户经理柳嘉的行为就能很好地说明这个问题。柳嘉通过对所掌握知识的活学活用,将满足客户需求变为创造客户需求,这应该是所有营销人员必须具备的素养。

知识不应以点的形式存在,应将知识点串联为知识线,再将知识线扩展为知识面,形成知识运用的"N+1+N"模型。其中"N"是指对市场现象和行为的观察,由于市场的表象复杂,问题丛生,用"N"表示。基于你的知识体系和经验,总能找到解决问题的方案,如文中所说的《本地网络发展优化改造建议》就是解决市场问题的"1"。找到"1"后还要将其还原到真实的市场"N"中进行验证和修正。"N+1+N"知识运用模型也可以简单描述为"分总分"模型。对这个模型的熟练掌握,可以提升你快速有效解决市场问题的能力,达到苏轼诗句中描写的境界:"前生子美只君是,信手拈来俱天成。"

案例7-5告诉我们:只有充分熟悉产品和业务的基本知识,才能满足客户的需求,从产品营销转变为方案营销。及时梳理知识体系,形成知识运用的"N+1+N"模型,才能为客户提供更加优质、有保障的服务,为公司的产品销售做好铺垫。

你自己的思考和感悟:

思考	1. 你公司的产品特点(卖点、实惠点和技术支撑点)是什么?
	2. 你公司员工对产品是否充分了解?有无平台让员工能够学习产品的基本知识?(全员学习产品知识氛围的营造)
	3. 建议:定期组织产品知识大赛,形成人人学习产品知识的氛围
感悟:	

六、熟悉公司产品

如果你想进行不同渠道的销售，就不能不懂多元化的产品和方案，以及它们所对应的服务方案。

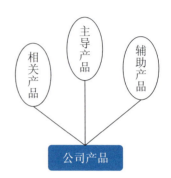

(一) 产品的基本特点

1. 了解公司产品

熟悉公司产品的种类、型号、系统组成、功能特点、技术水平、价位、对外宣传口径以及版本更新和优化方向。

例如，华为销售人员需要熟悉C&C08机的AM、CM各组成模块及其最大配置、模块局的应用等，客户经理还需要具备在产品介绍和销售中独立进行初步网络设计的能力。对于已经或即将面市的新产品和新业务(如ATM、GSM等)，要及时掌握这方面的知识，越多越广就越有利。

再如传输产品，华为推出SDH设备，可以大量提供STM-1、STM-4、STM-16设备，由于起步较晚而吸收了大量的先进经验和先进技术，并且完全按国际ITU-T的系列建议来设计开发，具有很好的兼容性和应用上的灵活性，在功能特点上有独到之处，表现在交叉能力、兼容升级、双系统结构、网管等几方面。华为销售人员就需要及时掌握这些知识。

对公司产品基本特点的掌握可以树立销售人员在市场上的信心。与国外任何一家相比，华为系列产品在功能上毫不逊色，潜力很大，价格上处于非常有竞争力的水平，具有无可比拟的性价比优势，是综合性价比最好的设备。

有了这些知识，就可以在技术谈判中占据主动。

- 做到"依靠而不依赖"技术人员；
- 你与产品的合一可以让客户看到你的专业化。

2. 了解竞争对手产品

"以己之长，攻彼之短。"销售人员要在技术思路、功能特点等方面与竞争对手相比，总结出自己公司产品的优势所在。

比如，华为的商业网面对的是S1240、EWSD等强劲对手，华为为什么能够同S1240、EWSD竞争呢？原因在于竞争对手技术上没有自主，受制于人；同时也在于EWSD、S1240的母公司不可能针对中国市场和中国标准投入他们最强的技术力量，他们也不可能像华为公司一样重点服务于中国市场。

技术的每一次升级都会给华为的竞争对手带来包袱，但有一些项目，如天津智能网、银川STP、广东、浙江商业网都说明华为完全有能力在电信新技术的应用方面跑在竞争对手的前面。华为在纯话音交换机的技术层面确实是后来者，但是商业网交换机已不再是简单的话音交换，华为在新业务提供方面已经后来居上，并且有超越的趋势。这样比较之后，就使华为产品的优势得以充分显现。

了解竞争对手的目的并不是为了打败对手，而是为了更好地服务客户，为客户推荐更适合他们的产品和方案。华为学习"薇甘菊"般拓展市场的精神，但并不赞同它们让周围的植物窒息的"单赢自私"做法(薇甘菊的案例见案例1-4：华为开拓市场的"薇甘菊"精神)，华为始终坚持和友商竞合发展。

案例7-6

华为惺惺相惜爱立信：对手即帮手

几年前，爱立信总裁说："假如爱立信这一盏灯塔熄灭了，华为将看不到未来。"任正非的回答是："我们一定要在彼岸竖立起华为的信号塔，但我们也不能让爱立信、诺基亚这样值得尊敬的伟大公司垮掉，我们乐于看到多个信号塔共存，大家一起面对不确定性的未来。"

2014年，欧盟曾经发起过对华为的反倾销调查，结果爱立信和诺基亚站出来反对，为华为背书：华为不是低价倾销……即便如此，任正非还是说，我举双手投降，我天生就是投降主义者，我们要把欧洲产品的价格再提高一些……

在市场上，华为正面与对手交锋，充分发挥了华为的团队精神，奋斗精神，但华为从来不企图把对手打败。对手也是友商，大家一起形成了生态圈，共同满足客户的需求。对手即帮手。

案例7-7

"四情分析"与"135"卖点提炼

刘佳是某地区的客户经理，他平时在服务客户的同时，也积极地学习技术知识。据企业内部的一些高级工程师说，刘佳在某些技术方面的见地不亚于专业的技术人员。

客户的内部人员反映刘佳能把一些晦涩的技术知识转变为客户能理解的语言来表达，尤其在样板工程的方案上，刘佳可以说如数家珍，这让客户的领导很满意。

一次，客户的技术人员要求网络方案实现"交换接入，统一网管"，并且要实现"话费显示"。

在场的刘佳马上说，"交换接入，并且实现统一网络管理"在半年前的A工程上已经实现，而"话费显示"功能在两个月之前的B工程上也已经实现。刘佳之前所了解到的情况是竞争对手目前还没有成熟的类似案例，而且他们的网管统一技术也是非常弱的。

"兼容柔性、统一管理和话费显示是这个方案的三个重要特点……"刘佳的总结再次让客户的领导很满意。

华为公司依靠这个已经有先例的成熟方案赢得了市场。

- 与客户沟通时，必须了解客户，并且以客户的思维来沟通。
- 了解行情、我情、敌情和客情，是赢得订单的前提。
- 相关拓展：我们都熟知《孙子兵法》的"知彼知己，百战不殆"。其实，这句话还有后两句："不知彼而知己，一胜一负；不知彼，不知己，每战必殆。"可见了解自己和竞争对手，是取胜的两个关键要素。后来，营销学中又要求销售经理们应该掌握行情和客情。

作者点评

营销人员如何赢在招标现场外？营销人员在进行招标之前，应充分做好"四情分析"：

充分了解竞争对手，分析竞争对手的优势和劣势，做到"知己知彼，百战不殆"，利用竞争对手的劣势，"以己之长，攻彼之短"。

要充分了解自己公司产品的技术思路、功能特点等，提炼产品的"135"卖点(1个产品形象定位，3个用户实惠，5个技术支撑点)，吸引客户关注，激发客户的购买、签约意愿。(想进一步了解提炼产品的"135"卖点相关知识，请参看刘春华大型系列微课"中国式优秀营销总监108招"。)

应充分了解行情，掌握行业发展趋势，把握客户的真实需求，为客户提供优质、实惠、便于实施的招标方案。

当然，多数企业家和学者认为"三情分析"应该升级到"四情分析"，增加了客情，目的是把客情从行情里剥离出来，增加其重要性。

案例7-7告诉我们：客户经理如果想在竞标、谈判中占据主动地位，应充分做好"四情分析"，掌握自己产品与竞品相比的优势所在，提炼产品的"135"卖点，使产品优势充分显现，吸引客户关注并完成最后的签单。

▣ 你自己的思考和感悟：

思考	1. 你公司有哪些竞争对手？
	2. 你公司对竞争对手的产品优劣势是否了解？
	3. 你公司是否做过"四情分析"？(另外，建议掌握"135"卖点知识)
感悟：	

(二) 市场发展前景

"我们不满足于总体销售额的增长，我们必须清楚公司的每一种主导产品的市场份额是多大，应该达到多大。特别是新产品、新兴市场的市场份额和销售份额更为重要。"

——(摘自《华为公司基本法》)

华为销售人员需要了解的市场发展方面的信息包括：

- 市场需求；
- 竞争格局；
- 网络现状；
- 国外相似区域发展现状；
- 发展趋势；
- 市场前景；
- 市场预测；
- 区域行情；
- 覆盖率；
- 市场准入；
- 销售额；
- 贷款回收情况；
- ……

案例7-8
营销管理切忌"晚节不保"

刚刚负责某地区销售和客户关系的客户经理张霖，对公司成熟方案、组网实例和客户内部的决策流程等并不熟悉。而此时客户的一个大型项目马上就要招标了，张霖了解到客户非常钟意的竞争对手是D公司。D公司的产品一直垄断着张霖所在的区域，而和华为公司技术风格类似的Z公司也没有成功进入这一市场。

张霖想在技术创新上进行突破，这比从客户关系上突破成功可能性更大。因此，张霖想到了"弱弱联合"，把客户并不考虑的Z公司一起引进来，双方共同推荐他们共同技术风格的产品方案，这样华为就可以争取到更大的机会。

在产品造型阶段，张霖因为时间紧张，和总部的沟通并不是特别及时，而Z公司显然比张霖团队准备得充分。客户在参观考察造型产品时，对Z公司的印象要好一些。

后来为了扭转这次造型带来的被动局面，张霖协调总部技术人员花费了近三倍的努力才让客户的采购态度偏向了华为公司。

第七章　必备知识

　　在签订合同后，张霖不无感慨地说："引入了竞争，就要有充分的准备，要按照自己的设想来一步步让客户接受我们。否则这种创新的方式就是伪创新了……"

　　后来张霖对这次招标过程进行了复盘，写入了案例库，供后来的客户经理借鉴。

- 客户经理是整个投标过程的导演，整个过程必须受控。
- 将销售方法的创新和细节工作组合起来才有效，只有方法的创新而没有细节的把控往往会得不偿失。
- 相关拓展：古人云：行百里者半九十。意思是说，目标是走一百里，如果走了九十里，并不是走了百分之九十的路程，而只是走了一半而已，那最后的十里才是另外的一半。可见，销售的每个环节都非常重要，半点马虎不得。

作者点评

　　乔布斯曾说："你不能只问顾客要什么，然后再去想办法做什么，因为当你做出来的时候会发现，他们已经另有新欢了。"

　　营销人员不能只用被动的思维去满足客户，应该用主动引导的思维去创造新需求，这才是营销的魅力。案例7-8中客户经理张霖采取了"引进新机型以引入竞争"的营销思路，成功为公司打开了客户需求的大门。需要提醒的是，在推荐新机型的同时，也引进了新的竞争对手，这种"竞合"的新方式是把双刃剑，最终可能"引狼入室"，所有的努力可能"竹篮打水一场空"。

　　客户经理张霖在后面的营销活动中并没有把握好细节，结果差一点造成客户流失，好在他采取了挽救措施，最后有惊无险获得了订单。由此可见，挖掘新市场需求仅仅是营销创新的开始，如何承接客户的新需求，让客户最终选择自己，这就需要把每一个营销细节做到极致，不在任何一个环节上输给对手，不在任何一个环节上让客户有顾虑。

　　案例7-8告诉我们：优秀的营销人员善于创造客户的新需求，但是在创造需求的同时必须把握好后面的营销环节，"行百里者半九十"，稍有不慎，功亏一篑。新市场必有新挑战，做好预算，留有预案，方为万全之策。

你自己的思考和感悟：

思考	1. 在企业营销案例中，您的公司是否有创造需求的案例？是否分享给其他员工？(建议开一个类似的案例分享会) 2. 在企业营销过程中，是否有因为细节把握不好而失败的案例？ 3. 你认为营销创新和营销细节哪个更重要？(答案提示：都重要)
感悟	

七、营销基础知识

"工欲善其事，必先利其器。"

"将欲取之，必先予之。"

销售人员必须具备专业的知识，这些知识是你从事销售工作的基础。所谓"术业有专攻"，营销学基本知识是销售人员必须掌握的基础知识之一。

(一) 市场营销学

1. 基本知识

营销人员需要了解的营销知识包括：

- 管理学；
- 财务管理；
- 营销管理
- 人力资源；
- 品牌；
- 服务；
- 商务谈判；
- 贸易；
- 经济法和公司法；

- 公共关系管理；
- 危机公关。

2. 销售技术

营销人员需要了解的销售技术知识包括：
- 技术交流组织；
- 产品报价；
- 技术谈判；
- 商务流程设计；
- 客户洞察；
- 标书制作；
- 合同设计；
- 陈述技巧；
- ……

(二) 客户的基本信息

为了体现客户利益至高无上的理念，华为倡导"以客户为中心"的服务理念，客户经理应该与客户建立一种可持续的利益共同体关系，并以此来把握客户的需求，为客户的发展服务。

1. 客户关系

(1) 个人用户的需求

华为重视消费者的需求变化，尤其是年轻人的消费习惯和价值诉求，在产品定位和品牌定位决策之前，华为会充分了解用户的消费习惯和方式。

华为手机的一系列技术升级，都伴随着个性化的营销方案的推出，都是在做了大量的市场调研之后的决策行为。

销售人员必须在市场一线源源不断地提供最新、最真实的消费信息，供公司决策者做出正确的判断并制定符合市场发展规律的市场推广策略。

(2) 运营商决策链

华为认识到，不同运营商系统有不同的主管部门，不同的网络等级(如 C3、C4 等)，有不同的决策主管。以邮电系统为例，其主管部门有三个：省管局计建处(主管全省 SDH 传输网的规划选型)；省邮电设计院(所)或邮电部设计院(省会一级，主管网络结构的设计和推荐设备)；省管局运维处(对设备的使用有一定发言权并负责维护)。

(3) 企业决策链

华为重视企业端客户的需求变化，尤其是有智能化和数字化升级潜在需求的目标企业。华为致力于构建万物互联的智能生态环境，为企业的转型升级和新旧动能转换做好信息平台的搭建和服务工作。

(4) 组织内部决策者

为了建立良好的客户关系，客户经理必须了解客户各层决策者，以有的放矢。比如：

技术型的人对产品的技术水平、功能特点关注较多，对设备的先进性和稳定性更感兴趣；

情感型的人比较重友情、义气和人际关系所处的程度；

实惠型的人更关心个人或小集体的得失；

完美型的人更注重方案的细节和未来的增值服务内容；

协助型的人更关注领导对产品和方案的看法以及整个团队在方案实施后的配合程度；

……

- 只有准确把握市场决策中的关键性人物，才能事半功倍；
- 信息从上到下一层纸，而从下到上万重山——重视信息的下行重要性。

2. 客户现状与需求

- 更早、更精确、更全面地得知客户需要以最大限度地减弱竞争对手干预力度；
- 基于运营商现有网络，从客户网络建设的投资、网络的发展(升级)、网络的安全及网络的可靠性和网络的可维护性等诸多方面，华为引导客户的需求向有利于电信领域发展和销售最大化的方向进行转化；
- 没有一种机型是完美的，C机型也不例外。它之所以能够生生不息直到今天，能够赶上并超过B公司的S机型，就是因为华为能够切实为运营商着想，充分理解客户的感受，致力于和客户建立利益和事业共同体；
- 华为在各地设有备件库和专业维护工程师，且维修费用公开报价，相比于国外一些公司的设备便宜但维护费用昂贵的现状，华为非常有竞争力；
- 华为的5G技术最先进，而且性价比最高，各地技术工程的当地化服务也让许多国际化通信公司望尘莫及。
- 国内市场：由于国内外的服务环境不一样，国外公司人员配置不充分、现场服务不及时让国外品牌的公信力降低；华为在网络改造、升级等方面的软件费用性价比非常高，是客户非常感兴趣的核心点。
- 国外市场：华为已经实现在170个国家的三位一体化的服务，实现了品牌本土化，华为已经是世界的华为。华为的技术、产品、方案、服务与当地的环境、技术和法规实现了无缝契合。

(三) 竞争对手

关于竞争对手，需要了解的信息包括：
- 实力强弱分类；
- 优势和劣势；
- 威胁和机会；
- 潜在的进入者；
- 市场战略；
- 市场策略；
- 产品策略；
- 技术策略；
- 商务策略；
- ……

在华为，关于传输市场，销售人员需要了解主要的厂商包括：LUCENT、ERICSSON、SIEMENS、ARCATEL、NT、NEC、ECI、GPT、FUJITSU、NOKIA、SAMSUNG、PHILIPS 和华为SDH，销售人员需要了解各厂商产品的特点和网络情况等。

以LUCENT为例，应该知晓其原是AT&T传输系统分离出来的独家公司，中文名称朗讯，现在上海设立合资公司(中美国际电报电话公司)，在北京与某部合资建立了公司，技术先进，设备质量尚好，主要承接国家一级干线建设，以及S省、F省的本地网建设，但价格最贵。

应该认识到，国外公司一直都在想尽办法进入中国市场，其主要方式是成立合资企业，而且直接与电信、移动等运营商企业合作，占据"天时""地利"(当地市场)。另外，为占领市场的制高点，都在大幅度降价并推出融资和商务优惠等条件。

华为销售人员会给所有客户讲明一个事实，即在合资企业中都是以SKD(半散装)的方式生产，而且没有技术转让，本质上就是要占领市场份额而没有长远的打算。将来的服务等后续工作依然掌握在国外公司手里。

因此，国外公司现在的价格并不代表"实惠"，一次投入低，但后续投入高，过去通信市场发生的事情已经证明了这一点。

掌握了竞争对手这方面知识，客户经理就能够增强与客户交流的说服力。

案例7-9
华为的竞争对手都是"友商"

华为的高级顾问田涛先生曾经在北大有个演讲，总结了华为和竞争对手之间的关系。

华为能够发展到今天，不在于与竞争对手争短长，而在于对客户需求变化的关注。否则，最后只是邯郸学步和东施效颦。客户才是华为存在、成长和壮大的根本。

假如华为把与竞争对手之间的关系定位为你死我活、有你没我的关系，不仅会使价值追求变异和扭曲，而且会使华为步入危险之地。

所以，华为一方面强调整个组织要有强悍的战斗力、进攻力，但与此同时，又在战略上高举合作的旗帜，华为是最早将竞争对手定义为"友商"的。

华为之于友商，既是竞争又是合作的关系，是竞合的关系。

案例7-10
华为营销人员的"两力一度"能力模型

某客户欲建设四百多万元的114项目，LC、BD、SHTJ和华为四家共同竞争，客户经理廖峰及时到产品部了解各家的特点：LC注重上层关系维护，和地方局关系一般，产品系列中没有排队机，但通过对模块局加以改造

第七章　必备知识

后能实现通用功能；SHTJ是本地企业，和客户关系很好，且拥有自己的114软件系统，但需要找其他设备生产商合作；BD与此局关系一般，BD可以生产114设备，但没有完善的软件支持，需要外部合作。华为本身可以独立进行软硬件的设计制造和安装维护，可与客户现有的华为设备实现无缝对接，华为与客户关系也不错。

廖峰将各家的情况实事求是地向客户做了介绍，尤其强调了软件与硬件结合的优点，并列举了国际用户的案例，强调现代电信网络的趋势是"先进性、完整性和统一性"三个方向。经过引导，最后客户更看重未来系统的延展性和软硬件的一体化。因为只有华为具备这样的能力，华为最终一举夺标。

- "善其用福，恶其用患。"如果判断对方是可以说服的，就用对对方有好处的表述来打动他。如果判断对方是不可说服的，无法为我所用，就用对对方不利的语言表述，让他知道他会有危险，从而让他听从。
- 相关拓展：讲话明白而有条理又能投其所好，见解独到，这样的说服会更有成效。

作者点评

在招标的准备过程中，一名优秀的营销人员会注意以下几点内容。

(1) 我公司是否可以及时、准确地得知客户的需求。越早、越准确地得到客户需求，就越能减弱竞争对手对我公司的影响；

(2) 本次参与投标的有哪几家公司？我公司与竞争对手公司相比，在产品、客户关系、营销方案等方面有哪些优势？做好"四情分析"，找到我公司的优势和竞争对手公司的劣势，才可增强与客户交流时的说服力，大大提高我公司的竞标成功率；

(3) 本次招标活动的决策人、使用人和影响人分别是谁？营销人员只有把握住关键的决策节点和决策人，才能事半功倍。营销人员在与客户交流沟通时，应做到"五话合一：寒暄话、赞美话、技巧话、专业话、实在话"(详细描述和讲解请参看刘春华大型系列微课"中国式优秀营销总监108招")。客户只有先认可了你的人，才有可能认可你的产品和企业。

案例7-10告诉我们：充分并及时地了解客户需求，掌握竞争对手的优劣点，找到关键决策人，可以让你赢在招标现场之外。营销人员应提升自己的"两力一度"素养：洞察力、联想力、敏感度("两力一度"的职业素养模型详细描述和讲解请参看刘春华大型系列微课"中国式优秀营销总监108招")，捕捉客户的真实需求，立足客户立场，契合客户需求(或者引领客户需求)，那么你离竞标成功就近在咫尺了。

你自己的思考和感悟：

思考	1. 你公司是如何组织和准备投标的？有哪些独特的细节管理？
	2. 你公司是如何找到招标方的决策流程的？这些决策流程有无共性特点？
	3. 提示：建议营销人员必须具备"五话合一"与"两力一度"营销素养

感悟：

八、广博的知识面

客户群的高层次和高品位，要求营销人员不断提升自身层次和素养。

你与精英为伍，你自己也必须成为精英，否则你会被拒绝在入口处。

你必须是"杂家"，你要了解业界的历史、发展趋势，你要掌握相关的历史典故。此外，如果你有多个方面的常识或者业余爱好，比如在音乐、文学、收藏、历史、体育等方面都有所涉猎，这会对你的销售工作大有帮助。

你应该具备广博的知识面，触类旁通、随时随地、全方位地在交流中与客户产生共鸣。

"胸藏文墨虚若谷，腹有诗书气自华"，"胸藏万汇凭吞吐，笔有千钧任翕张"，广博的知识来自你平时持续学习和善于积累知识的习惯。"始于不足见，终于不可及"，知识的积累是厚积薄发的过程，你所学习的知识总会在未来以机会的方式回报予你。

案例7-11
华为的"血洗力"

"血洗力"谐音"学习力",意思是华为非常重视员工和团队的学习能力,"血洗"知识,"血洗"经验,让知识变为每一个人的血液,融入身体里,变为员工智慧的一部分。

人民大学教授彭剑锋认为,华为的"血洗",其实就是活学活用,融会贯通,知识再创造。

作为销售人员,华为要求他们的"血洗力"应该比其他部门更高,因为销售人员处于战场的一线,能听得见最真实的炮声。

2016年任正非号召华为向合作伙伴和友商学习。首先要向阿里的云栖大会学习,任正非认为马云组织的云栖大会更符合互联网的要求。为学习阿里,华为专门组织团队将华为举办的大会与阿里的云栖大会相比较,以发现自身的缺陷。

形式上,华为举办晚宴,高大上、奢华但是不接地气,云栖大会采取开"party"的形式,虽有阳春白雪,但也更接地气,有音乐会,有夜跑,年轻化、全民狂欢。华为以理念为主,偏于单向宣传;云栖大会则内容丰富,实用性强,受众广,互动性也强。

组织上,华为强势主导,阿里则让合作伙伴多发声。也就是说,华为搭的台,更多的是自己唱;阿里搭的台,则更多地体现了生态的概念、参与的概念。

通过比较,在会议组织上,华为总结出应该学习阿里的五个要点。第一,要学习云栖大会源于互联网的平等、活力和年轻化,形式要学,灵魂更要学。第二,要学习云栖大会组织上的"实用主义"和"商业至上"。第三,云栖大会的全员参与和众筹模式也值得借鉴。第四,在会议传播上也可以学:花小钱,办盛会。第五,云栖大会的闭环管理尤其值得学习。

这就是华为"血洗力"的具体体现:个人要有,小团队要有,大团队更要有。华为"血洗力"的背后融合了"开放、谦虚和自我批判"的精神。

案例7-12
华为的新岗位:"合同场景师"

"合同场景师"是华为于2015年开始定义的一个岗位类别,是华为根据自己的市场发展要求而设置的,说明华为对广博知识人才的渴求。

华为过去的很多销售合同和条款都是基于标准合同,但运营商的经营状况差别比较大,很可能一个运营商就需要一个合同场景,因此,非常需要懂场景的"参谋长"来设置差异化的合同场景和条款,指导快速备货,快速验收,增加合同的契约性和严肃性。

任正非在一次讲话中,直接对这个岗位做了一个定义,即合同场景师就是参谋长。对华为来说,现代商战已经不是作战火力的较量,而是全人能量、全算法能量和全景能量的一种较量。合同场景师,用通俗的话说,就是可以在恰当的时间、恰当的地方,使用恰当的方法,打赢一场战争的参谋长。

合同场景师要深入了解所在国的政治环境、营商环境、货币环境、人文地理和交付条件等,才可能做到胸有成竹。既要有全局观,也要有微观、系统性思考问题的能力,在那个场景里,合同场景师就是知识的"万金油"和"杂家"。

第八章

做人

- "成功"的30%归于专业技能，70%在于做人。
- 做人，是个人对社会的承诺和服务，客户经理在被客户认可中找寻人生的支点。
- 做人已经不仅仅是客户经理个人的操守了，它已经上升成为华为的形象、品牌和文化。

一、有理想

人类的每一个进步，诸如大大小小的发明、医学上的新发现、工程学上的成功，在成为现实之前都是幻想。

幻想和梦想的区别在于后者更接地气，梦想和理想的区别在于后者要马上付诸行动。但理想的诞生往往始于天马行空的幻想。

只有立志，才能立业；只有立志，才能立功。

- 理想是一种追求，是人奋斗的目标、方向；
- 目标是大海里航行时的灯塔，它让我们能找到回家的路；
- 没有目标，我们将束手无策，寸步难行；
- 人的活动如果没有理想的鼓舞，就会变得空

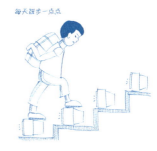

- 虚而渺小；
- 没有理想，人只是在虚度光阴，在跌跌撞撞中不知所终。

案例8-1
华为集团的"三有"人才标准

李劢是公司新晋升的客户主管，其工作能力和为人处世得到了客户和内部同事的一致认可。其实，李劢原来并不是做市场销售出身的，而是华为某行政部的高级主管，他的转型还有一段故事。

作为一个行政部门的高级主管，李劢工作刻苦，创新思路非常多，领导对他非常认可。李劢自己的职场规划是做营销，但是他没有任何市场营销经验，面对的职场挑战非常大。

李劢将自己的想法提出后，他的上级主管为了挽留他，当场许诺给他更高的薪酬和未来颇有吸引力的职位。而李劢当即表示：自己在做好行政工作的同时，已经开始积累市场营销方面的知识，尽管现在没有任何实操经验，但是可以到市场一线去历练。面对可以预测到的岗位转型的困难，他坦承自己做好了心理准备。他的目标就是从市场一线做起，好好历练一下自己，希望能够为公司做出更大的贡献……

三个月以后，李劢交接完自己的工作后被派往了东北地区……

后来，李劢在东北地区表现优秀，被派往了西北地区，在西北地区表现也十分优秀，他又被派往了西南地区。同样，在西南地区他的市场成绩斐然，现在他已经被提拔为公司总部的客户主管。

- 市场从来都奖赏有准备、有规划的人。
- 销售工作从不拒绝任何职场背景的人，但前提是你必须是有心人。
- 相关拓展："任尔东西南北风，咬定青山不放松"，基层就如同青山，从基层成长起来的销售人员有"根"，而这个"根"可以让销售的成功得以复制。

作者点评

华为要求员工在做事之前先做人，这几乎是所有企业对员工价值观的一致要求。只不过华为的要求更加具体和细化：那就是做人先要立志，做好自己的职业规划。

曾国藩认为一个人才必须具备三个素质：有志，有识和有恒，他把立志作为人生目标的第一要义。华为认为人的立志就是要有理想、抱负、追求和目标。这种目标一旦确定，不因眼前的利益而被羁绊，所谓"将军赶路不追小兔"。眼里有目标，即便有"当日之忧"，但决不会有"十年之愁"，每天叫醒你的不再是闹钟，而是梦想。

案例8-1告诉我们："有志者立长志，无志者常立志。"志向应当高远，所谓"志存高远"。燕雀之志在枝头，而鸿鹄之志在青云之上。华为的案例还告诉我们："宰相必起于州部，猛将必发于卒伍。"年轻人应该从基层干起，从基层做起来的干部知识更丰富，业务更扎实，思维更活跃。

▣ 你自己的思考和感悟：

思考	1. 你团队的人都有职业规划吗？你企业组织过集体的职业规划吗？ 2. 你团队的业务骨干是从基层做起来的吗？他们有什么成功经验吗？ 3. 请组织一次辩论会，主题：做人先于做事VS做事先于做人

感悟：

二、尊重与自重

"能设身处地为他人着想、了解别人心里想些什么的人，永远不用担心未来。"(欧文·杨)做人首先要从学会尊重他人开始，不尊重别人的人也一定不会得到别人的尊重。

自重是自我价值的积极认可，但绝对不是自负——不妄自菲薄，不狂妄自大。

- 尊重是对他人的能力、地位和人格的认可；
- 自以为是是尊重他人的绊脚石；
- 相互尊重，是一切交流与往来的阶梯。

"世界上最重要的人就是你自己。"(爱因斯坦)

- 自尊是自信的基础，是独立人格的体现；
- 不卑不亢；
- 有礼有节；
- 大度大气；
- 自重是对自我价值的积极认可。

案例8-2
水至平而邪者取法，镜至明而丑者亡怒

《三国志·蜀志·李严传》中有句经典的语句："水至平而邪者取法，镜至明而丑者亡怒。"这句话的本意是：面对极其公平的法律，邪恶之徒也只好取以为法；面对极其光明的镜子，丑陋的人也无法责怪怨怒。在这里，我们可以引申为"尊重链"的原理。你尊重别人，为别人着想，别人无法不尊重你；你自重，别人无法背后道你是非。

华为创始人任正非多次强调：培养员工从小事开始关心他人。华为要求员工要尊敬父母、帮助兄弟姐妹、对亲人负责。在此基础上关心他人，支持希望工程、寒门学子、烛光计划……平时关心同事以及周围有困难的人。有这种同理心的人一定是自重的人，而懂得自重和尊重他人的人，其做人是合格的，其责任感高，那么为企业和社会做出的贡献自然就大。

案例8-3
大客户营销的四种模式

客户经理岳方表达能力强，处世机灵，公司的很多领导开始都比较看好他。

在一个数据传输项目中，岳方为了能够快速拿下这个项目以完成自己的市场业绩，屡屡迁就某客户的中层决策者。岳方认为，只要几个核心的决策人同意这个项目的采购，市场就会很快打开局面。

第八章 做人

岳方与客户沟通时，主要侧重关系的维护：带客户到一些地方旅游，甚至还有一次去了不适合的场所消遣。岳方很少和客户沟通产品和方案，也没有把华为的销售理念、服务标准和企业文化等信息及时准确地传递给客户。和他沟通过的客户主要对岳方有了解，对公司的情况了解并不多。

刚开始，岳方的销售业绩还算可以，也中标了一些小项目。为了提升市场业绩，岳方也频频和客户沟通，但仍然只是局限于"关系"的联络层面。

几个月以后，岳方发现：那些曾经和他交往频繁的客户渐渐疏远了他，以至于本来"靠得住"的 "好友"客户也不能及时给他提供一些市场信息了。岳方的市场业绩每况愈下，他自己也百思不得其解。

经过一番深入了解，岳方从侧面了解到：客户的领导对他言行不一、过度承诺产生了反感，进而开始怀疑他做人的原则。客户方还有人反映，岳方的近乎迂腐的"谦虚"是虚伪的表现，渐渐对他的客气、真诚都表示了怀疑。

岳方一直觉得自己是很委屈的：我付出了百般的热情和真诚啊，为什么客户就是不理解我呢？

- 做人没有原则，做事不求长远，是不会做出市场业绩的。
- 做销售的基础是做人，做人要磊落光明，与客户也要有"清亲"的适度关系。
- 客情是销售的重要条件，但绝对不是充要条件。
- 销售人员应该把关系营销、产品营销、战略营销和价值营销组合起来使用。
- 相关拓展："轻诺寡信、人微言重和浅交深谈"是销售人员最为忌讳的三种处事误区。这种和客户沟通的"度"需要在销售的实践中慢慢体味，最终形成自己在市场上的核心竞争力。

作者点评

华为对营销人员的素养要求是非常苛刻的：既要守正，又要出奇，从案例8-3就可见一斑。

会做人，工作不好是暂时的；不会做人，工作好也是暂时的。关于如何做人，华为给我们的启发非常有现实意义。

尽管营销(尤其是华为的B2B营销模式)始于客户关系,但是并不意味着对客户关系的维护没有底线,"不卑不亢,有礼有节",充分了解和洞察客户的痛点、痒点和兴奋点并选择最好的方案才是优秀营销人员的必备素质。

偏离了产品和服务本质的客户关系的维护,可以一时有效,但帮不了你一世。客户职员的岗位也是不断变化的,把你的营销的未来寄托在某几个人身上,相当于把你的未来攥在了别人的手中。

案例8-3告诉我们:营销要立足长远,要实现从关系营销到方案营销、到价值营销和战略营销的转型升级。在这些营销模式的升级过程中,营销人员要做的就是自尊自重,以客户为尊,了解需求,方案契合,诚信守约。

🗹 你自己的思考和感悟:

思考	1. 你团队的人主要采用了哪种营销模式?
	2. 请你团队的营销人员自我检查:案例8-3中岳方的影子是否也时常在自己的身上出现?如何避免?
	3. 请组织一次讨论会:客户最喜欢的营销人员应该是什么样子的?大家一起来画像
感悟:	

三、开放自我

"封闭的心像一池死水,永远没有机会进步。"(卡耐基)

"流水不腐,户枢不蠹",开放自我,就是完善自我,挑战自我。

团队合作需要开放自我,学习创新需要开放自我,在紧张的工作中找到人生的意义也需要开放自我。

你若盛开,蝴蝶自来。你不开放,别人无法看到你的精彩。华为创始人任正非多次强调:如果一个人很有学问,自以为能力很强,"里面装了很多饺子,倒不出来，倒不出来就等于实际上没有饺子"。你不开放自我，就无法被客户认同，无法被领导识别，这种"埋没"的人才不算"埋没"，只能怨你自己不够开放。

- 开放自我——饱含热情、坦荡胸怀的人表现出的一种积极心态；
- 开放自我——能够容纳一切，也能够被一切所容纳；
- 开放自我——注重向他人学习。

案例8-4
喜马拉雅山的水为什么不能流入亚马孙河？

开放自我需要公司营造这样的氛围和平台。在华为，创始人任正非认为：互联网时代，要给干部创造开发自我的平台，允许干部的内部流动。例如，一个地区的市场成功了，抽调干部去另一个地区支持那里的战斗，让成功经验在全球范围内高效复制和推广。

华为公司知识管理负责人谭新德提出："华为公司最大的浪费就是经验和人才的浪费。如果能让公司辛苦培养起来的干部流动起来，把好的经验传递下去，公司无论管理还是经营上都会有一个很大的提升。"

任正非说："我们要推动队伍循环流动，进一步使基层作战队伍的各种优秀人员在循环过程中，能够流水不腐，形成整个公司各个层面都朝向一个胜利的目标，努力前进和奋斗。"如此，喜马拉雅山的水也可以流入亚马孙河，在开放的环境里，百川可纳，不拒细流。

案例8-5
华为的"之"字形人才成长模式

"之"字从字形上看，是折线式的，更是开放式的。华为的"之"字形人才成长模式是华为开放自我、开放岗位做法的佐证之一，是华为培养复合人才的一种成功模式。

一个员工如果在研发、财经、人力资源等部门做过管理，又在市场一线、代表处做过项目，有着较为丰富的工作经历，那么他在遇到问题时，就会更多从全局考量，能端到端、全流程地考虑问题。

如果这个员工一直在某个体系里直上直下、从一条线上成长起来，那思维难免会有局限性，遇到问题很容易出现本位主义思想，考虑问题也很可能会片面。所以,华为一直鼓励干部流动,形成一个有活力的作战群。

华为创始人任正非说:"干部和人才不流动就会出现板结,会让机关和现场脱节,如果形成阶级,华为迟早会分裂。"所以任正非一直强调干部和人才的流动,并要求不拘一格地从有成功实践经验的人中选拔优秀专家及干部,推动优秀的、有视野的、意志坚强的、品格好的干部走向"之"字形成长的道路,为培养大量的将帅做好人才梯队的准备。

案例8-6
纵使一年不晴天,不可一日不笑颜

姚亮是某区域的客户经理,他是一个表面看来很严肃的人,给人的感觉是很难接近。"彤云密布,愁容满面"是他平时生活和工作状态的真实写照。

最近,公司的高级主管来区域办事处检查工作,姚亮在汇报工作的时候一脸愁容,从他的愁容里,这位高级主管似乎读到了他工作上的困难重重。

检查完工作后,这位负责任的高级主管单独把姚亮留下来,问他工作和生活中有无困难,组织能帮助他什么?

姚亮说,没有什么困难,他平时就是这样的。这位主管语重心长地说:和客户接触必须要把阳光向上的一面带给客户,做销售工作,不仅是销售产品,更要把快乐、幸福和华为倡导的生活方式传递给客户,只有这样,才能与客户的幸福频道合拍……与客户的共赢,当然包括和客户合作后的各自自我价值的实现。

姚亮在现场的表现可谓尴尬至极,他意识不到自己哪里错了:难道内心的阳光必须通过笑容展现出来吗?严肃并不意味着负面情绪啊……

两个月之后,那位高级主管打电话给姚亮的上级主管部门负责人,问姚亮的转变情况。这位负责人如实回答:姚亮没有任何变化,他的冷漠的表情和易变的情绪还是影响到了和客户的沟通,有部分客户反映他是一个"不懂客户心理"的人。

又过了一段时间,姚亮部门的部分同事反映,姚亮常常发牢骚,认为客户并不理解他,公司的领导似乎也不支持他在某些方面的决策。总公司在了

第八章 做人

解到姚亮的近况后，结合区域总监的意见，决定把他调回总部进行岗位适应性培训。

- 销售工作需要阳光心态：把最好的一面展示给客户。
- 影响客户最好的方式：潜移默化，耳濡目染，春风化雨，从做好自己做起。
- 相关拓展："立志要如山，行道要如水。如山，能坚定，如水，能曲达。"销售人员就是要历练这样的职业素养，目标坚定：服务客户；行为曲达：坦诚待人。无论遇到什么困难，都能大度地理解别人，变通地改变自己。如此阳光心态，定能感染客户，让客户认可你的为人，进而选择你的产品。

作者点评

市场上(包括职场)有句名言：微笑是最廉价的资源。

我在给北京大学和清华大学的EMBA企业家学员授课的时候，多次说：微笑是职场要学习的第一技能。表面看来简单，其实做起来非常不简单。笑一时不难，难的是一辈子笑面人生。

我们来拆一个字，管理的"管"字：上面是笑字头，下面是官，由此可见，管理者首先要做微笑的"官"。俗话说："日出东山落西山，愁也一天，喜也一天；遇事不钻牛角尖，心也舒坦，人也舒坦。"

微笑背后反映的是开放包容的胸怀，映射的是坦荡开阔的格局，展现的是积极热情的心态，它本身就能够感染客户，展示企业和个人的品牌魅力。营销传递给客户的不仅是产品和服务，更是一种积极的生活态度和方式，就如同华为的企业愿景一样：致力于丰富人们的沟通和生活。

案例8-6告诉我们：华为企业价值观的第一点就是"成就客户"，而成就客户的方法就是以开放自我、积极向上、热情洋溢的态度来感染客户。客户先认可了你的人，才有可能认可你的产品和企业。正能量满满的人像太阳，照到哪里哪里亮；负能量缠身的人像月亮，初一十五不一样。有句职场箴言："纵使一年不将军，不可一日不拱卒"，我们可以把它延伸为："纵使一年不晴天，不可一日无笑颜"。

你自己的思考和感悟：

思考	1. 请你的团队讨论：什么才算是"开放自我，积极向上"？
	2. 你的哪些团队成员是正能量满满的人？为什么？
	3. 你的团队里有牢骚满腹的人吗？如何改变他们？
感悟：	

案例8-7
从来不赚数得清的钱

谢研是某区域老资格的客户经理了，他在这个区域已经工作了近5年，与当地客户的关系非常深厚，他与当地客户核心层领导的个人关系也十分紧密。客户对谢研的能力也多次表示认可。

谢研所在的区域尽管项目较多，但是没有通信设备项目。公司从战略角度出发，认为有必要在这个区域建设一个有示范效应的大项目，以提升华为在当地的项目影响力。公司临时决定让总部的一个高级项目经理带队组成一个临时的项目组去支援谢研的工作，以尽快促成项目的落地。

谢研表面上非常支持这项工作，但他内心却十分排斥公司的这种派项目经理直接和客户接触的做法。他认为，一旦项目经理和客户接触上，他的人脉就可能被公司作为共享的资源，他的成绩也极有可能被其他的销售经理趁机获取。

谢研为了让客户拒绝和项目组合作，在客户那里散布一些小道消息，诸如"项目中的某某经理和公司的高层不和，这次来谈项目其实是受到总部的排挤等"。另外，他又在区域办事处内散布负面言论，说"客户对项目经理不满，认为项目经理没有站在客户的角度考虑问题，增加成本不说，后续的效果根本没有按照客户的预期来进行规划"，谢研企图制造项目组和客户的矛盾，让项目组尽快撤出区域市场。

第八章 做人

由于谢研的狭隘思想和个人主义的作祟，公司在该区域的预期战略目标没有达成，该区域的示范项目一直没有形成，阻碍了公司在该区域的跨跃式发展目标的实现。

后来，公司了解到谢研不良作为后，毅然决定把谢研调回总部进行反思，并对他下一步的工作区域和职责进行重新安排。

- 销售最忌讳狭隘的个人英雄主义，它会严重妨碍个人和公司发展。
- 销售人员必须相信：公司的视野要大于个人的视力，承接公司的战略是销售人员的基本义务。
- 相关拓展："来说是非者，必为是非人。"不攻击对手和同行，不道同事的是非。行有行规，销售这一行业所自发形成的行规就是：商道酬信，天不藏奸。凡是搬起石头砸场子的人，最后都会砸了自己的脚。

作者点评

在市场上，阻碍营销人员成长的大敌是心胸狭隘。这种狭隘的具体表现就是：固守一摊，对任何来自外界的变化都觉得风声鹤唳，草木皆兵，对外部伸出的橄榄枝都神经质般地斤斤计较，腹诽连连。

克服这种狭隘的个人主义的方法就是改变思维：市场越守越小，蛋糕越分越大。营销思维是向外看，而不是向内看。向外看市场无限大，机会极其多；向内看，只有内争不断，睚眦必报。向外看，一片蓝海，向内看，一片红海。

温州商人有句名言：从来不赚数得清的钱。固守一个小市场，其市场资源是有限的，正确的做法是通过这个市场的运作，撬开其他市场，这就是赚数不清的钱的思维了。例如，总部来支援某个项目，其实就是要成功运营一个项目，作为一个样板的展示，如果把这个成功的案例复制到其他项目中去，不就增加了未来项目的成功概率了吗？

案例8-7告诉我们："井蛙不可以语于海，夏虫不可以语于冰。"格局决定结局。与其说营销人员在市场上提升的是获客技能，不如说修炼的是心胸格局。一滴墨汁滴在杯子里，这杯水立即变色；一滴墨汁滴在大海里，大海还是蔚蓝色的大海。什么时候你的格局犹如大海一样宽广，你离市场目标的实现就为时不远了。

你自己的思考和感悟：

思考	1. 你团队里有个人主义严重的人吗？
	2. 请你团队的营销人员找一个类似案例8-7中谢研的案例，进行讨论。案例中可以不指名道姓
	3. 请组织一次讨论会：如何尽可能避免个人狭隘主义？

感悟：

案例8-8
救寒莫如重裘，止谤莫如自修

孙强作为客户经理，参加项目的竞标是其工作的重要内容之一。一次，在参加某区域的项目招标时，突然接到客户的紧急通知：S5局出现了瘫机事故，需要马上派人到现场解决设备的问题，否则后果不堪设想。

在这次招标会上，竞争对手A公司也参加了同样标段的设备投标。而且，碰巧的是，S5局出现故障的设备共有两套，一套是华为提供的，另外一套恰恰是A公司提供的。

这时，A公司参加竞标的一位负责人马上站起来说："问题一定出在你们公司的设备上，我们公司的设备都是提前做预检的，肯定不会出问题！"

面对这样的紧急状况，孙强没有慌乱，也没有为自己辩解，而是说："马上会派人到现场，立即查清并解决问题，争取降低由此产生的不良后果，最大限度降低损失……"

几个电话之后，去现场解决问题的人员已经安排好，两个小时后，问题得到了解决。

这时候，孙强拿着从现场发回来的检测报告和现场解决问题的具体措施给客户领导汇报：问题并不是出在华为的设备上，而是出在A公司的设备上。华为公司现场解决问题的人员已经协调A公司的设备维护人员，一起在第一时间解决了所有的设备问题。

第八章　做人

客户在此事上对孙强淡定自如、敢于担当、大气果敢的处事风格给予高度评价，华为公司成为这次招标唯一中标的公司。

- 销售人员的三然法则是：得之坦然，失之淡然，争其必然。
- 销售人员必须相信：市场自然是"争"来的，但不是和对手争，而是和客户争，争得客户的信赖。
- "你在看风景，看风景的人在看你。"客户往往不看你对他怎么样，而是看你对竞争对手的态度。中和之道，贵在不争，不争则天下人莫与之争。

作者点评

《资治通鉴》中有句名言："救寒莫如重裘，止谤莫如自修。"后句说的就是不要和你的竞争对手打口水战，即便是对方先动口。

关注用户，而不是关注对手；尊重你的对手，也是尊重这个行业，更是尊重你自己。华为是"让人尊重的企业"，想获得这样的评价就必须以对手为师，而不是以对手为敌。

在市场上，应该以邻为友，而不是以邻为壑，大量事实证明以邻为壑只能搬起石头砸自己的脚。安徽省桐城的"六尺巷"的故事也充分说明了这一点。

案例8-8告诉我们：企业有三品：产品，人品和企品。三品息息相关，互为支撑。之前的案例多次提到了产品和人品要高，此处不再赘述。企品要高，就是要让你企业的成员把目光聚焦到用户的需求上，而不是盯着竞品的弱点或者回击竞品的主动攻击。中国传统的道家思想"贵在中和，不争之争"，反而可以让你的企业"不争而善胜"，不仅能赢得客户，还能得到对手的尊重。

你自己的思考和感悟：

思考	1. 回顾一下之前是如何应对对手对你们的非议的？
	2. 你的团队如何看待"鸿茅药酒是毒酒"的危机公关案例？
	3. 在竞标会上，如果甲方借对手的口对你的方案提出不好的评价，你该如何应对这样的局面？
感悟	

四、谦虚

"如果你要树敌,就胜过你的朋友;但如果你要得到朋友,让你的朋友胜过你。"(罗西法考)

谦虚是对自我的韬光养晦,对他人的理解与包容。客户群的高素质决定了谦虚是销售人员做人的要旨。

且听窗前马拉车经过的声音,凡是轻轻过去的必定是实车,而"嘎啦嘎啦"响的车必定是空车。实车不响,空车必响。再看田野里,稻穗都是弯着长的,因为它籽粒饱满,而狗尾巴草冲天长,因为它籽粒干瘪。

- 谦虚——一种使你能够为他人接受的美德。
- 谦虚——能使客户成为你忠实的朋友,也能使对手黯然失色。

案例8-9

像姚明一样蹲着说话,也不能证明你不伟大

任正非曾于2014年年初在华为市场大会上做过题为《做谦虚的领导者》的讲话:"我们很快要成为行业领导者了,一定要有正确的心态,若我们成为'成吉思汗'独霸天下,最终是要灭亡的。我们的态度是决不独占市场,我们只是争取服务全球的一部分。"

"有时候必须像姚明一样蹲着说话,也不能证明你不伟大。谦虚来自自信,谦虚来自自身的强大。我认为不谦虚是指颐指气使、趾高气扬、目中无人、盲目自大和自我膨胀等不平等的待人方法,以及不按合同执行的店大欺客行为。销售团队在与客户交流时,一定不能牛气哄哄的,否则我们在沙漠里埋头苦干半天,客户也不一定认同。无论将来我们如何强大,我们谦虚地对待客户、对待供应商、对待竞争对手、对待社会,也包括对待我们自己,这一点永远都不要变。"

"满招损,谦受益",谦虚是一种美德,也是一种选择。

第八章　做人

案例8-10
营销人员处世三字诀：谦、清、勤

客户经理杨恩对项目经理说："感谢你在此次项目中发挥的巨大作用，真正在台上唱戏的是你，我仅仅在前期搭建了客户关系平台。"

客户经理孙扬对客户说："感谢你们的支持和信赖，才让华为有了今天的成绩。回顾华为取得成绩的原因，主要得益于人才。通过此次长期的合作，我们感受到国家的企事业单位中人才济济，只不过暂时由于现在的机制还不够灵活，没有给优秀人才足够的施展舞台。相信随着机制进一步开放和灵活，一定会激发员工的潜力，创造出更大成绩。"

客户经理李湘对客户说："没有您对我工作的帮助和包容，就不会有我个人的成长，也不会有华为在A项目和B地区的成就……"

- 真正成功的人总是很谦虚。
- 如果想赢得客户，要懂得适时"示弱"。
- 如果你要得到朋友，那就让朋友胜过你。
- 相关拓展：优于别人，并不高贵，真正的高贵应该是优于过去的自己。

作者点评

华为销售的是高端交换机，不免要面对高素质的高层决策者。华为要求做人要谦虚是有深刻道理的。从交流、交友、交心、交易的四段营销法来看，谦虚的品质在前三段尤其重要。

《易经》的"谦谦君子，卑以自牧"就很好地诠释了谦虚的四个境界(谦卑、谦恭、谦逊和谦和)。大意是"谦虚的君子"，即使处于卑微的地位，也能以谦虚的态度自我约束，而不因为位卑，就在品德方面放松修养。谦卑会让他人和自己相安无事，相处舒服；谦恭则让他人高兴，愿意接近你；谦逊让他人敬佩、敬服；谦和则会让他人感动、感念及感恩。

"谦受益，满招损"，谦虚体现了对别人的理解和包容，无论是对外部客户还是对内部同事，谦虚的姿态都有助于构建良好的人际关系。

谦虚同时显示出个人或组织的格局和对目标的理解。这决定了做人做事的风格，能和竞争对手区分开，既能赢得客户的敬佩和信任，又能赢得竞争对手的敬畏。

案例8-10告诉我们：做事先做人，做人先立德。谦虚的德操向内可帮我们内省自我、放大格局，向外可收获信任、朋友和事业。晚清重臣曾国藩的处世之道可总结为三个字：谦清勤，谦虚、清廉和勤劳。作为市场上冲锋陷阵的营销人员，如果能以此三字作为处世原则，裨益匪浅。

你自己的思考和感悟：

思考	1. 学习案例8-10后，你对"虚心使人进步，骄傲使人落后"有什么更加深刻的理解？
	2. 一日三省吾身，请从谦虚的角度反省本周与人交往的经历
	3. 如何让"谦虚"在团队建设中起到积极的作用？
	4. 请讨论"谦虚"与"低调"的区别
感悟：	

五、艰苦奋斗

"苦，可以折磨人，更可以锻炼人。""吃得菜根，百事可做。"

保持一颗朴素的心，会让我们在诱惑面前泰然自若。创业始终无坦途，艰苦奋斗是一生一世的必备行囊。

艰苦奋斗——一种吃苦耐劳、勤奋努力的工作作风。

艰苦奋斗——在富裕以后仍能保持高度忧患的意识、锐意进取的精神。

华为公司的成长历史是一部艰苦奋斗的历史，它凝聚了无数创业者的辛酸和血泪。作为华为公司的员工，有责任和义务继承和发扬创业者艰苦奋斗的精神，

第八章 做人

真正做到思想上、工作上和生活上的艰苦奋斗。

思想上的艰苦奋斗是最容易被忽视和淡化的。

以下的这些表现，是华为公司最为反对的，请对号入座，有则改之，无则加勉。

- 体勤脑懒：整天东跑西颠，显得忙忙碌碌，可一旦遇到费脑筋的事，却不肯或不善于下一番功夫去深入思索，因而这些人跑得再勤，也跑不出个所以然来。
- 浅尝辄止：遇事虽说也动了脑筋，却容易满足，总是把客观事物想得过于简单，因而难免造成诸多决策的屡屡失误。
- 养尊处优；
- 饱食终日；
- 无所用心；
- 优哉游哉；
- ……

案例8-11

任正非：华为给员工的最大好处就是"吃苦"

2015年华为创始人任正非在接受前中央电视台英语新闻主播杨林的采访时，他提出：华为给员工的好处就是"苦"，没有其他。"苦"后有什么？有成就感、自己能改善收入、看着公司前进有信心……这就是新的东西，这就是吸引员工的地方。华为奋斗在非洲的各级骨干大多数是80后、90后，他们也能艰苦奋斗，他们是有希望的一代。

杨林问任正非：您在这个行业接触了很多美国科技公司，比如雅虎、Google的员工很自由，有的可以在家里上班。雅虎新CEO说员工不能在家上班，还在公司内部引起了很多反对。您觉得类似这种文化，跟我们中国艰苦奋斗的文化相比，哪个更好，哪个更会激励人才？

任正非说：咖啡厅里坐坐，快快乐乐，喝喝咖啡就把事情做成了，这可能不是大发明，多数是小发明。

我们在主航道进攻，这是代表人类社会在突破，厚积还不一定能薄发，舒舒服服的怎么可能突破，其艰难性可想而知。不眠的硅谷，不是也彰显美国人的奋斗精神吗?

在主航道，美国公司的很多企业领袖们也是很辛苦的。真正成为大人物，付出的辛劳代价，美国人不比我们少。我和美国、欧洲公司的创始人在一起聊天，发现他们领导的文化也是艰苦的，真正想做将军的人，是要历经千辛万苦的。

杨林又问任正非：您觉得未来华为的这种艰苦奋斗的文化会不会变化？

任正非说：华为长期艰苦奋斗的文化不会变化。这不是中国特色，这是人类特色。第一，你要成功，就要奋斗。第二，你要想吃饭，就得要做工，没人为你做马牛。凭什么你享乐的时候，让我们挣钱养活你啊？

"以客户为中心、以奋斗者为本"的文化是华为公司相当长时间不会改变的文化。

- 不必刻意模仿，也不胶柱鼓瑟，但必须绷住艰苦奋斗的心弦……
- "以客户为中心，以奋斗者为本"是华为的核心价值观；
- 吃亏和吃苦是华为成功背后的秘籍之一。

第九章 素质

- 素质之于人，犹如水平面下部的冰山之于整座冰山，原来真正浮于水面的庞然大物只不过是它的小小的角尖而已。
- 素质之于人，犹如水面下的枝枝相连的藕，原来在水面上盛开的朵朵莲花也只不过是它的外在表现而已。

一、素质冰山模型

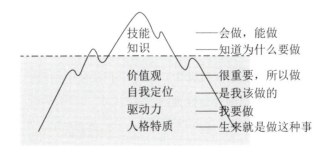

(一) 社会角色

社会角色是在社会系统中与一定社会位置相关联的符合社会要求的一种个人行为模式，也可以理解为个体在社会群体中被赋予的身份及该身份应发挥的功能。

每个角色都代表着一系列有关行为的社会标准，这些标准决定了一个人在社会中应有的责任与行为。

每个人在社会生活中都在扮演着自己独特的角色，这里不仅意味着占有特定社会位置的人所完成的行为，同时也意味着社会、他人对占有这个位置的人所持有的期望。

例如，华为销售人员的社会角色应该是：以客户为中心，以奋斗者为本，时刻以华为的基本行为规范约束自己，为客户和社会在通信领域创造更大的社会效益。

社会角色主要包含三种含义：社会角色是一套社会行为模式；社会角色是由人的社会地位和身份所决定，而非自定的；社会角色是符合社会期望的，比如行为规范、社会责任和义务等。

华为认为：销售人员所扮演的社会角色是由你的处世价值观所决定的。

（二）自我定位

自我定位就是明确自己的处世价值观并准确地认知自己。一个人的价值，除了本身的存在价值外，还包括在行业中、人生中和社会中创造的相关价值，自我定位就是寻找一个适合自己的社会位置。

懂得自我定位，就可以学会以理性的态度追求更好的生存状态，这样才能把命运的主动权握在自己手中。

华为认为：给自己定位要做到高点定位与低点起步相结合，不要让浮躁的心态影响

了定位，要通过做人做事的方式塑造正面的社会形象。

案例9-1
华为定位"修教堂"而不是"抬石头"

1999年华为创始人任正非给市场部(销售部)的人讲了一个故事："五十年前有两个青年在抬石头修教堂，一个智者问他们：'你们在干什么？'一个青年告诉他：'我在抬石头。'另外一个青年则说：'我在修教堂。'五十年过去以后，大家回过头来看一看，说抬石头的人还在抬石头，说修教堂的已成了哲学家。"

用这个故事，任正非要求员工了解公司的奋斗大目标，在这个奋斗大目标的前提下，要做好每个人的社会角色和自我定位，以企业发展大目标来指导日常工作，这样工作的意义不同了，工作的质量就会更高。

后来，华为内部的员工在提及对这个故事的理解时，他们反映：华为公司现在每天都在"修教堂"，为什么？我们瞄准了一个发展大目标，做的事情是天天在"抬石头"，但是总目标是提升公司的核心竞争力。"修教堂"鼓励着大家，而"抬石头"是抓手，脚踏实地，五十年后我们可能就修成了"教堂"，大家因此都能成为哲学家、企业家，或成为一个很好的管理者和专家。

相关链接：任正非讲的故事的原版是这样的：有三个泥瓦匠，都在垒砖头。有人问：你们在做什么？一个说我在砌砖头，一个说我在造房子，最后一个说我在建造一座世界上最美的城市。很多年过去了，第一个人还是泥瓦匠，第二个成了建筑师，而第三个人，他真的成了一座城市的缔造者，成了一位伟大的建筑师。

这个故事告诉我们有远大理想的重要性，也告诉我们：你所扮演的社会角色和自我定位，决定了未来你会成为什么样的人。

案例9-2
任正非的思考题：《铃儿响叮当》的作者为何87岁才出名？

任正非曾经给媒体出过一道思考题：大家应该都知道有一首歌叫《铃儿响叮当》，这首歌现在已经成为西方圣诞节里不可缺少的歌，其作者是约翰·皮尔彭特。

约翰·皮尔彭特一生不得志，直到87岁，那天他去参加人家的圣诞平安夜聚会，在途中，赶着雪橇车的时候，随意哼唱出这首歌，结果这首歌后来成了脍炙人口的世界名曲。

"为什么约翰·皮尔彭特87岁的时候才有名？"任正非问大家。大家一片沉默，不知道答案。

最后，还是任正非自己给出了他的答案：约翰·皮尔彭特总是过高或者不适当地估计自己，他的职业定位偏差太大。他做过老师、律师、纺织品推销商和牧师等职业，可惜这些职业都没有成就他。

爱心有余而严厉不足，让他的教师职业生涯终结；流行美国律师界的"谁有钱就为谁服务"的原则他也不懂，被排挤出律师界；做纺织品推销商，他看不到竞争的残酷，在谈判中总让对手大获其利；即便是做了牧师，他仍然没有接受以往的教训，而是因为支持禁酒和反对奴隶制而得罪了教区信徒，他又被迫辞职……

约翰·皮尔彭特过去的失败，就因为他没有正确认识自己，没有正确对待自己的人生，没有给自己的职业定位好，他浪费了80多年不应该浪费的光阴。

于是，任正非得出了结论：大家要正确评估自己，然后对自己做出正确判断，这样才能够充分发挥自己的作用。同时，要认识到这个社会上差距是客观存在的：没有水位差，就不会有水的流动；没有温度差，风就不会形成。正是因为有差距和不平，才有你的机会，这就是我们古人说的"不平则鸣"，而后一鸣惊人。

但无论如何，最好不要做"智小谋大"的事情，最好还是量力而行，实事求是，融入时代，才能早日成功，否则即便你87岁能成功，生命给你留下的时日也不多了。

(三) 品质

品质指人的素质的总称，具体包括一个人的智商、情商、韧商(逆商)、学商、融商、形商、财商等综合状况，以及专业知识、文化素养、处世风格等。

品质对于人来说不仅仅限于道德，还包括人的思维、能力、文化等因素。一个人的品质决定了他在扮演社会角色时的处世风格和方法，也决定了他自我定位的高低水平。

华为认为：销售部人员的品质即品格、品性和个性。品质可以塑造出来，并可以不断地进行完善和优化。

(四) 动机

动机是激发和维持个人实际行动的内部驱动力，人的动机可以表现为一种心理倾向，驱使行动导向某一目标。

动机在心理现象中属于心理状态。动机具有三方面功能：激发功能，激发一个人产生某种行为；指向功能，使个人的行为指向一定目标；维持和调节功能，使一个人的行为维持一定的时间并调整行为的强度和方向。

华为把这种心理动机按照心理学分类简化为4种动机，分别是：

- 成就动机；
- 亲和动机；
- 影响动机；
- 利他动机。

对4种动机的具体描述和其影响因素见表9-1。

表9-1　华为市场部(销售部)员工的4种心理动机

动机分类	动机描述	影响动机的因素
成就动机	个人追求自认为重要的、有价值的工作，并使之达到完善状态的动机	目标的吸引力；风险与成败的主观概率；个体施展才干的机会
亲和动机	希望与他人在一起，建立协作和友好联系的一种心理倾向	情境因素；情绪因素
影响动机	个体希望影响和控制他人的心理倾向	社会控制的需求；对无能的恐惧
利他动机	个体不顾自身利益，增进他人的价值和利益的一种心理倾向	亲社会行为；以人为对象；由利他动机引起

案例9-3

无视鲜花与荆棘方能成就自己

华为创始人任正非希望市场部(销售部)的人都能具备成就动机，将工作当成一种爱好。在华为，致力于解决人们的通信难题，丰富人们的交流方式，这是一种难得的机遇和挑战，应该好好珍惜。任正非认为每个员工要认真地做好每一件事，不管是大事还是小事。目光要远大，胸怀要开阔，要富有责任心，不计较个人的得失。

"只有全身心地投入、潜心钻研，才会成就自己。人只要热爱它，终会认识它，在严格的、大量的实践中，看出破绽，产生新的突破。没有实践的创造发明越来越难。长期不懈地做实，最终将创造奇迹，这是历史的启示，也是量变到质变的规律。一切有志于献身事业的人，都应义无反顾地勇往直前，不管两旁的鲜花与荆棘。"

二、必备素质

人的素质林林总总，按照HAY公司的分类，有18种之多，见表9-2。

表9-2 HAY公司的18种素质表

成就导向(ACH) • 要把工作做得更好的企图和行为	诚实正直(ING) • 行为与价值观一致，在与自己坚信的人生信条及价值观相冲突时能坚持正义
思维能力(T) • 明确事物之间的关系，用新方法/新角度看待事物	人际理解能力(IU) • 在没有直接用语言的情况下，能知道别人在想什么，感受怎样
服务精神(CSO) • 能设身处地为顾客着想、办事	组织意识(OA) • 对组织的政治和结果非常敏感，理解组织中的非成文约定
培养人才(DEV) • 具有长期培养人才的特点，动机是对"人"	献身组织精神(OC) • 能与组织标准、需要及目标保持一致
监控能力(DIR) • 设立严格的行为标准并指派人去完成	关系建立(RB) • 工作中能主动建立人际关系

(续表)

灵活性(FLX) • 在需要的时候改变策略或放弃原定目标，最终为了达到公司的大目标	自信(SCF) • 对象是自己，敢冒险接受任务或敢于提出与上级有不同的意见，对自己充满信心
影响能力(IMP) • 为特定目的，特意采用影响策略或战术，有具体行动	领导能力(TL) • 能领导人们在一起有效工作，主要目的是促进团队的运作
收集信息(INF) • 用特殊的方式、方法收集信息	团队合作精神(TW) • 强调融入团队，以团队利益作为思考的出发点
主动性(INT) • 有前瞻性，能对未来的需求和机会主动做出反应	坚韧性(TNC) • 在艰苦条件下表现出乐观的态度和坚持不懈的行为

华为认为市场部和各地办事处销售人员应该具备的素质有7个，分别是：成就导向、适应能力、主动性、人际理解、关系建立、服务精神和收集信息，如图9-1所示。

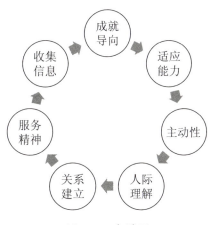

图9-1　7素质图

(一) 成就导向

"想要成功吗？那就看重你的工作，并将其视为你的生命。"(爱迪生)

"人不应为了荣誉和外部赞誉而工作，因为工作本身就是奖赏。"(印度教史诗《薄伽梵歌》)

"使你自己有更多工作,使你习惯于工作,这是人生快乐的第一个条件。"(罗曼·罗兰《托尔斯泰传》)

销售工作的不可预测性和它的成果导向,决定了销售人员要有对成功的强烈渴望和憧憬。

销售工作与其他工作相比,所受到的挫折较多,其最后的市场业绩得来不易,这种挫折之后的成就感激励着销售工作者们前仆后继,勇往直前。

- 成就导向——对成就的强烈向往。
- 成就导向——不断地追求更新、更好、更快、更杰出。
- 成就导向——以事业的成功、成就的实现作为自我抱负实现的最高价值取向。

但凡成就事业者,无不以事业成功作为自己的终生奋斗目标,并通过不懈努力来实现自身价值。

客户经理应该一直把营销事业的成功作为自己的人生目标,对自己取得的点滴成绩都能乐在其中,并能以此激励自己再创辉煌。

客户经理应该明白,世上没有救世主,能拯救我们的只有我们自己。所谓"上帝只助自助者"。华为创始人任正非说:"从来就没有什么救世主,也不靠神仙皇帝,中国要发展,个人要进步,必须要靠自强。一点一滴的积累,积小胜为大胜,一步一个脚印地做好每一件事情。"

案例9-4

营销人员心态:少做减法和除法

入职销售培训结束后,销售代表都想尽一切办法争取分配到经济发达的区域。李途没有像其他人那样主动要求去发达地区,而是服从安排,到了一个较为贫困的山区小城工作。好友劝李途争取到一二线城市工作,因为那里市场需求更加繁盛。李途则认为人生应以事业为最终目标,最初的起点无所谓好和坏,是金子总会发光的。李途坚持自己最初的想法,坐上了开往山城的长途车……

李途一到目的地就开始做市场调研、收集市场机会、拜访客户、寻求渠道商指导和协助、协调技术支持、疏通贷款渠道。李途真诚务实的作风和自怨自艾的友商形成了鲜明的对比，很快取得了客户的尊重和信任，获得了一个20万的合同，这在当地属于第一大单。

作为销售成功案例，李途在分享获单经历时，同事在台下说某同事在北京刚刚签订了7000万设备升级大单，李途立刻表达了自己的观点："这单虽小，却是成功的开始，我一定要为我的每次成功而喝彩，正是通过这样的每一步才能到达事业的巅峰……"

- 格局决定心态，心态决定行为，行为决定习惯，习惯决定性格，性格决定事业。
- 英雄不问出处，成功当思原由。
- 为自己的点滴成功喝彩，时刻激励自己。
- 相关拓展：正确地调节自我。一是以勤补拙。知道自己在哪些方面有缺陷，不背思想包袱，以最大的决心和顽强的毅力去克服这些缺陷。二是扬长避短。例如苏格拉底其貌不扬，可是在学习上痛下功夫，最后在哲学领域大放异彩。日常生活中，我们应注意自我调节，"失之东隅，收之桑榆"，不妄自菲薄，也不妄自尊大。

作者点评

哲学家梭罗说："一个人怎么看待自己，决定了此人的命运，指向了他的归宿。"

人生要想精彩就要提高自我认知水平。如何提高自我认知，有三个方法，分别是：少做"减法"和"除法"、学会关爱自己和增强存在感。

我们经常会做"减法"和"除法"。比如看到某个同事很厉害，心里琢磨着，"他的能力简直甩我10条街了，我好差劲"，这是减法；看到某个老同学在朋友圈晒年薪百万，心里哀叹着，"唉，他现在的收入是我的10倍了"，这是除法。由于痛苦而将自己看得太低就变成了自卑。只有少做"减法"和"除法"，客观地关注过程，我们才能踏踏实实地开启自我认知的旅程。比如朋友圈那个年薪百万的人，每天工作到凌晨三四点，周末也不休息。如果看到这一点，就能以端正的心态去面对他应得的收获。

自我关爱是一种负责任的生活态度，也是提高自我认知的关键。很多人遇到重大情绪波动时，会不自觉地穿上隐身衣，不让别人看见，自己也视而不见。作为最了解自己的人，你需要经常用成长性思维来问自己"这事对我更好地成长有什么帮助"，或者多找拥有正能量的朋友聊聊天。

增强自我价值感有两个关键：关注自己的需求，接受自己的状态；关注外部的需求，然后看看自己能做什么。

案例9-4告诉我们："相信是万能的开始"，正向的自我心理暗示非常重要。自己是自己的加油站，也是自我修复的修理站。上天只助自助之人。

你自己的思考和感悟：

思考	1. 请找一个安静的不被打扰的环境，评估自己现在的认知水平
	2. 你认为个体和环境，谁是主导？两者的关系又是什么？
	3. 自己是"自我修复的修理站"，你怎么理解这句话？

感悟：

案例9-5
价值标准的"试金石"

有一个孤儿，向高僧请教如何获得幸福，高僧指着块陋石说："你把它拿到菜市场去，但无论谁要买这块石头你都不要卖。"孤儿来到集市卖石头，第一天、第二天无人问津，第三天有人来询问。第四天，石头已经能卖到一个很好的价钱了。

高僧又说："你把石头拿到石器交易市场去卖。"第一天、第二天人们视而不见，第三天，有人围过来问，以后的几天，石头的价格已被抬得高出了全部石器的价格。高僧又说："你再把石头拿到珠宝市场去卖……"

同样的情况又出现了，甚至到了最后，石头的价格已经比珠宝的价格还要高。

他回来后，师父拿回石头说："我们不打算卖掉它，不过现在你明白了，这个要看你是不是有试金石、理解力。如果你生活在菜市场，那么你就只有菜市场的理解力,你就永远不会认识更高的价值。"

每个人的本性中都隐藏着信心,高僧其实就是在挖掘孤儿的信心和潜力。

- 我们一直强调要尊重别人,其实首先要学会自重。所谓自重就是自我尊重:尊重自己的信心、尊重自己的潜力、尊重自己的价值。
- 只有自重并尊重他人,个人价值才能获得自己和他人的认可。

(二) 适应能力

"赢家不是天生的,是制造出来的。"(德尔)

"既然不能驾驭外界,我就驾驭自己;如果外界不适应我,那么我就去适应他们。"(蒙田)

"在世界上出人头地的人,都能够主动寻找他们要的时势,若找不到,他们就自己创造出来。"(萧伯纳)

"凡夫转境不转心,圣人转心不转境。"(佛家观点)

对市场、地理、习俗、文化等环境的变化镇定自若,方能立于不败之地。"于无声处听惊雷",淡定的分析,缜密的运筹,以变化应对变化,临变不乱,临危不惧。

- 适应能力——对环境的变化所做出的正确反应。
- 适应能力——面对失败、挫折时不屈不挠的积极心态。
- 适应能力——战胜困难的行动。

1. 没有永远的赢家

作为一名职业销售人员,你要适应不同的风俗文化和生活习惯;你要面对性格、爱好和价值观各不相同的客户;你要置身于不同的市场形势;在竭尽所能也没能成功时,以平和的心态接受现实……

世界上没有永远的赢家,也没有永远的失败者。胜败乃兵家常事,你要能淡定地面对失败,淡然地看待成功,做到"得意不忘形,失意不失态"。

2. 胸怀必胜信心

胸怀必胜信心是战胜挫折的关键。

销售是一份经常要"无事找事"的工作，即"把不可能的客户变成可能的客户，把可能的客户变成真正的客户，把每一个新的客户变成长期的客户"。

只要订单还没有被别人拿走，就有希望，就必须努力。

胸怀必胜的信心，不放弃，不抛弃，敢于亮剑，敢于亮出自己的精彩。

案例9-6
营销管理"四交法"

在某地区的一个大型网改项目中因客户款项问题，项目迟迟没有实质性进展。客户经理王力经过调查，摸清了原因，原来这个地区局想让它的上级局作它的买方信贷的担保方，而这个上级局对此一直没有表态。摸清这一情况后，王力立即派销售工程师张伟去局里与总会计师李总接触，王力要求张伟确认原因，并做通相关人员的工作，促使本项目尽快顺利签约。

张伟刚刚进入此区域，从未接触过总会计师李总，相关市场经验也不是很多，对接此重任并非很有信心。经过一番考虑，他内心的想法逐渐变得清晰起来："上级安排的任务是一定要完成的，虽然现在没有明确想法，但只要自己精诚所至，对方就一定会金石为开。即使退一步来说，自己拿不下来，我也算是做了前期工作，为后续同事的工作打下了基础。"充分准备了初次拜访所需要的资料后，张伟果断地敲响了李总办公室的门。

张伟在自我介绍、递上名片后，很快被晾在了一边，不被理会，中途几次试图与李总沟通，均无反应，只好告退。出来时，张伟摸了一下自己的脸：好烫！自己还从来没有受到这样的对待。

晚上躺在床上，张伟先是自我开导了一番：李总、市局总会计师，无论是职位(相当于局级)还是资历都远胜于我，何况还是我有求于人呢？第一次见面出现这样的结果是情理之中的。心平气和后，他又重新分析了此次受挫的原因：主要是没有找到对方的需求与兴趣所在。回顾拜访情景，他突然想到：李总的手机是某品牌8810型，是刚刚上市的，他一定对手机很感兴趣。于是在查阅了有关手机的资料，并做足了其他准备后，张伟又来到了市局。

这一次在还没有谈到手机时，就被李总支到

第九章　素质

了隔壁的会计办公室。张伟利用此机会向刘会计了解有关李总及其家人的情况，得知李总的儿子正读高三，英语很需要辅导。

于是张伟带着一摞高考参考书又开始了第三次拜访……

也许是他的百折不挠，也许是这些书，也许是每周两次的英语辅导……李总终于接纳了他。在系统介绍完项目情况和困难后，在李总的支持和协调下，此项目融资困难得到了实质性的解决，项目顺利启动。最终华为按期完成了大型网改项目，领先友商抢先完成系统升级。

- 相信自己，立即行动！
- 相关拓展：面对环境的不确定，最好的办法就是小步快跑，快速试错。

作者点评

案例9-6很好地再现了销售的波折过程。张伟在与客户的接触之初遇到了非常多的不利因素，但他相信"精诚所至，金石为开"，有明确目标并且为之持续地努力是任何成功人士的必备素质。《管子》里"执一不失，能君万物"很好地诠释了对目标关注的重要性。

战略必须配以强大的执行力才能实现。案例9-6中张伟开始受到李总的冷待遇，这是销售过程中常见的情形。销售的最终达成，需要经历交流、交友、交心、交易四个阶段。在起初交流、交友的阶段，重要的是要对对方有价值，在寻找价值的阶段中要找到对方的痛点、痒点、兴奋点。张伟在连续遭到冷待遇的情况下，通过细心观察找到了李总孩子高考需辅导的痛点，于是产生了额外价值，才逐渐被接受，进入交友和交易的阶段("四交法"和"三点式营销"详细描述和讲解请参看刘春华大型系列微课"中国式优秀营销总监108招")。

案例9-6告诉我们：市场的销售过程不会一帆风顺，销售过程中要时刻关注和挖掘客户的需求，并立即满足用户的需求，才能获得客户的认可。

你自己的思考和感悟：

思考	1. 在你销售或工作中，遇到过冷待遇吗？当时你是怎么面对的？
	2. 你对"执一不失，能君万物"有什么样的过往体验？哪些经验可以强化？哪些教训比较深刻？
	3. 想与客户建立良好的关系，就要关注对方的痛点、痒点、兴奋点，"三点式"还可以运用到哪里？

感悟：

案例9-7
大地为心灵所震动

乔·吉拉德是世界吉尼斯纪录中的汽车销售冠军，是伟大的销售员，他连续12年荣登世界吉尼斯纪录大全世界汽车销售第一的宝座，他所保持的世界汽车销售纪录：连续12年平均每天销售6辆车，至今无人能破。乔·吉拉德，因售出13 000多辆汽车创造了商品销售最高纪录而被载入吉尼斯大全。他曾经连续15年成为世界上售出新汽车最多的人，其中6年平均每年售出汽车1300辆。

乔·吉拉德也是著名的演讲大师，曾为众多世界500强企业精英传授他的宝贵经验，来自世界各地的数百万人被他的演讲所感动，被他的事迹所激励。

35岁以前，乔·吉拉德是个失败者，他患有相当严重的口吃，换过40个工作仍一事无成，甚至曾经当过小偷，开过赌场。然而，谁能想象得到，像这样一个谁都不看好，而且背了一身债务、几乎走投无路的人，竟然能够在短短三年内爬上世界第一，并被吉尼斯世界纪录称为"世界上最伟大的推销员"。

他是怎样做到的呢？虚心学习、努力执着、注重服务与真诚分享是乔·吉拉德4个最重要的成功因素。

销售是需要智慧和策略的事业。但在我们看来，信心和执着最重要，因为按照预测推断没人会想到乔·吉拉德后来的辉煌。

由此可以推断，如果你的出身比乔·吉拉德强，没有偷过东西，如果你不口吃，那你没有理由不成功，除非你对自己没有信心，除非你真的没有努力和奋斗过。

- 真正的高贵是战胜过去的自己。
- 最高层次的适应是"改变"现实。

(三) 主动性

"重要的不是你曾经在哪儿,也不是你现在在哪儿,而是你能否看到将来在哪。"(林肯)

"懦夫把困难举在头顶,英雄把困难踩在脚下。"

"春蚕到死丝方尽,人至期颐亦不休。一息尚存须努力,留作青年好范畴。"(吴玉章)

"工作的结果=热情×能力×思维方式"(稻盛和夫)

市场信号稍纵即逝,捕捉信号必须具备主动性和前瞻性。主动一步,可以发现先机,后退一步丧失良机。

主动积极有感染力,可以让一个团队充满阳光,充满斗志,它如同薪火一样,点燃团队成员的必胜信心。

发挥主动性,可以走在别人的前面,尽管开始没有路,却可以创造无数条通向成功的小路,探索得多了,小路也就变成了阳光大道。

- 主动性——前瞻地发现问题所在、发现障碍或机会。
- 主动性——在此基础上对现有或将来的问题或机会采取行动。

主动地挖掘市场潜力,积极地规划市场的开拓方案。华为有两个战略:固土深耕和开疆拓土。第一个是华为的优先战略,就是在原有市场的基础上,持续挖掘新的需求。为满足这种新需求,华为在现有产品上,不断开发、更新现有的产品,然后为现有产品组合开拓新的市场。

固土深耕同样需要主动性和前瞻性,它需要客户经理在一线洞察市场的能力,然后固化经验模式,在第二轮的开疆拓土阶段进行推广和复制。

案例9-8
华为营销的每日"市场三问"

B市场一有新业务大家就蜂拥而上,造成产品服务同质化现象越来越严重,只有客户服务中心这块业务还有待开发。

新到任的客户经理张玉坚持一定要从客户服务中心挖出市场,因为关于客户服务中心电信总局一直没有制定统一的标准,而省局也没有明确的态度,只是要求各地区先试试看。张玉认为该省电信系统领导普遍事业心强,随着服务意识的提升,客服中心在系统内的重要性也日趋增加,之前没有前人做的事情一定会有人敢为天下先。只要做出楷模,后续就会有很多人效仿。张玉带领大家制定了一系列策略,包括了解部里的会议精神和文件、了解总局的明确需求、了解兄弟局的做法等。

原来计划的突破点是邮电局的本地网,后来发现移动、商业网、联通都可以做客户服务中心。当时的新业务人员在办公室得不到支持,感到十分沮丧,办事处人员看不到新业务市场,也对新业务没有兴趣。张玉对新业务系统部的销售人员说:"不跑市场永远不会有机会,尽管去跑,市场足够大。所需资源我来争取和协调,尽管可能会遇到困难,但我和你们一样会尽力去跑。"新业务人员积极性高涨起来,经过艰苦奋斗,发现了一个又一个客服中心的项目,他们把信息传递给其他客户经理,有效地调动起了他们的积极性,结果齐心协力攻占了大片市场。

- 发现机会,精心策划,勇于实施,必有成效。
- 行动是治愈恐惧的良药,而犹豫拖延将不断滋养恐惧。

作者点评

也许你听过小岛卖鞋人的故事,说两个推销员同去一个小岛卖鞋,看到小岛上的人都不穿鞋,其中的一个人悲观地判断此处无市场,伤心地离开了小岛,而另一个人却认为正是因为大家都没有穿鞋,所以此处大有市场。前者知难而退,后者眼光独特;前者只是具备视力,而后者拥有视野。

你应该听说过"盲维"的概念:人普遍习惯于做自己熟悉的事情,自然就产生了思维定式,聚焦于存量维度,而看不到增量维度。诺基亚的轰然倒下,柯达胶卷的破产保护,都是因为企业的决策者没有看到未来,只是把目光聚焦在当下(相关案例点评和讲解请参看刘春华大型系列微课"中国式优秀营销总监108招")。

案例9-8中张玉面对地方局和省局的迟迟不为,不是守株待兔,而是发现了决策层中另一维度的潜在需求,成功占领了客户服务中心市场。"预则立,不预则废",发现并识别机会,积极主动地策划实施,是一名优秀营销人员的基本

第九章 素质

素养。

案例9-8告诉我们：在市场上，要时刻自省：我们如何克服"盲维"？我们有无前瞻性的洞察力？发现机会后有无采取果断有效的措施去实施计划？"市场三问"可以帮我们赢得未来。

你自己的思考和感悟：

思考	1. 除诺基亚、柯达胶卷等商业案例外，你还能再举一个"盲维"的案例吗？
	2. "市场三问"是指哪三问？
	3. 我们应该怎么锻炼自己的思维模式，从而避免"时代抛弃你，连声再见都不说"，而是一直站在浪潮的前沿？

感悟：

案例9-9

机会的别称是"主动积极"

稻盛和夫先生大学毕业后，在京都一家濒临破产的企业就职，这家公司原本是日本行业内颇具代表性的优秀企业之一。但在稻盛先生入职时，公司已经走到了濒临倒闭的边缘。

由于是家族企业，家族内讧不断，迟发工资是家常便饭，劳资争议不断。

跟他同期入职的人，一进公司就觉得"这样的公司令人生厌，我们应该有更好的去处"。大家聚到一起就牢骚满腹。

入公司还不到一年，同期加入的大学生就相继离职了。最后留在这家破败企业的新入职大学生，只剩稻盛先生，他非常苦恼。

稻盛先生想，辞职到新的公司，也未必一定成功。有的人辞职后或许人生变得更顺畅了，也有的人却更悲惨了。有的人留在公司，努力奋斗，取得了成功，人生很美好，也有的虽然留下了，而且努力工作，但人生还是不如意，所以情况因人而异吧。

最后他做了一个决定，正是这个决定，迎来了他"人生的转机"。

"要辞职离开公司，总得有一个义正词严的理由吧，只是因为感觉不满就辞职，那么今后的人生也未必就会一帆风顺吧。"所以稻盛先生决定先埋头工作。

从此，他工作的认真程度，可以用"极度"二字来形容。

他的任务是研究尖端的新型陶瓷材料。他把锅碗瓢盆都搬进实验室，吃住都在那里，全身心投入了研究工作。

同时，他还订购了刊载有关新型陶瓷最新论文的美国专业杂志，一边翻词典一边阅读，还到图书馆借阅专业书籍。他往往利用下班后的夜间或休息日抓紧时间，如饥似渴地学习和钻研。

别让机会错过

不可思议的事情发生了，在稻盛先生这样努力工作的时候，要辞职的念头和"自己的人生将会怎样"之类的迷惑和烦恼，都奇迹般地消失了。他甚至产生了"工作太有意思了"这样的感觉。

辛苦不再被当作辛苦，他更加努力地工作，周围人们对他的评价也越来越高。

在此之前，稻盛先生形容自己的人生是"连续的挫折和苦难"，而从那以后，不知不觉中，他的人生步入了良性循环。

- 主动突破困境，困境渐成佳境。
- 相关拓展：与常人相比，成功人士工作起来更刻苦、更专注。对他们来说，工作并非真正的劳苦，因为快乐恰恰寓于工作之中。

(四) 人际理解

"权，然后知轻重；度，然后知长短。物皆然，心为甚。"(孟子)

"身无彩凤双飞翼，心有灵犀一点通。"(李商隐)

在无声无息中领会到别人的意图，是取得主动的关键。

见一叶落，而知岁之将暮；睹瓶中之冰，而知天下之寒。见微知著，以小见大，人际理解不是"听言"，而是"察色""读心"。

"水将杖探知深浅，人听言辞见腹心"，人际理解更重视无声的语言，要能理解"弦外之音，心内之法，神来之笔"。

- 人际理解——想去理解他人的愿望，是一种对没有表达出或部分表达出的想法、感觉、关切点的准确认识与理解。
- 人际理解——强调对他人理解的深度，包括理解明确的想法或明显的情感、理解他人行为背后复杂的、隐藏的动机等。
- 人际理解——重视倾听并反馈给他人，包括根据他人对行为与事件的描述帮助对方解决难题等。

人际交往的基础是相互理解，能通过交往对他人潜在问题有所理解，理解其持续的或长期的感觉、行为及其原因，在"无言无声"的情况下知道其所思、所想等，以期顺利、圆满地完成工作任务。

案例9-10
人际理解：功夫在诗外

华为创始人任正非在不同的场合多次提到"功夫在诗外"。这首诗句来自宋朝大诗人陆游在暮年给他的一个儿子传授写诗经验时写的《示子遹》中的一句"汝果欲学诗，功夫在诗外"，以此向儿子传授诗歌创作秘诀。

陆游积数十年的经验，深深体会到要写好诗，光熟读古人的诗句，光讲究诗的形式和技法，是远远不够的，而应在掌握渊博的知识、参加社会实践、深入生活上下功夫，这些才是取得创作成功的根本保证。

任正非用这句诗来激励华为的干部要达到超一流的职业化水平，做到在经营管理上驾轻就熟、游刃有余，就必须在"诗外"下功夫，做文章。

要想提升人际理解能力，同样"功夫在诗外"：对客户内心的理解非一朝一夕之功，它要求客户经理对客户的背景、习惯和价值观等有详细的了解，同时对自己的阅历、学识和爱好等也有很高的要求。

人际理解是处世的艺术，它需要客户经理们下大功夫实践、思考和总结。

案例9-11
华为营销的"清单工作法"：能找到客户的"心内之法"

客户经理张浩在实施一个项目的过程中，涉及前期信号塔的规划和勘测，要与客户基建处孙处长沟通，才能保证项目的正常开展。

张浩担任客户经理多年，有着比较丰富的经验。在去拜访孙处长之前，张浩先去找与孙处长接触过的用服工程师赵飞等，通过他们了解了一些孙处长在与自己公司长期交往过程中的表现：他对公司是否认可、对此项目流露出的看法、他对周边的人如何、他的兴趣爱好、工作风格等情况。在此基础上，整理了拜访准备清单，进行了初次拜访。

在拜访过程中，张浩的确也找到了一些共同的话题，还算投缘，但当提及工程方面的情况时，孙处长则推托说他这段时间很忙，让张浩去找刘副处长。但是张浩依据赵飞了解到的客户内的决策流程，这件事情只有孙处长才能解决。面对孙处长的缓兵之计，张浩不愿轻易放弃。正好临近中午，张浩就顺势要请他吃顿便饭，孙处长则以工作忙、下午还要开会等理由拒绝。张浩赶紧说："只是随便坐坐、聊聊嘛，您不是喜欢吃川菜吗？就到川中蜀香饭馆去吃，经济实惠，又耽误不了太多的时间。"于是，家乡的味道加上张浩的盛情，孙处长很难拒绝。

席间，通过了解过往类似项目情况和此次项目的规划，张浩发现孙处长已经有完备的想法，并且此项目是局内今年重点工程。为此，张浩把自己定位成一学生，是来请求帮助的，让他多讲，自己注意倾听，并表示关注，也适当作些补充……

张浩整理出孙处长的计划要点，并据此准备了专业的解决方案，经过两次商谈很快达成了合作，并且他们也成了很好的朋友。

- 凡事预则立，不预则废。——《礼记·中庸》
- 清单是思考的工具和做事的指南针。
- 相关拓展：知是行之始，行是知之成。未有知而不行者。知而不行，只是未知。——王阳明

作者点评

"知己知彼，百战不殆"，商场如战场，临场发挥固然很重要，但战前的兵马未动粮草先行同样不可忽视。案例9-11中张浩之所以在初次会谈获得进展，是因为在会见前做了充分和精心的准备，才从容应对了各种突发状况。准备工作中有一个很重要的方法——清单工作法，其能够帮助正确、持续地把事情做好，并且在极端复杂的环境下，帮助使用者整理思路，辅助决策。

那如何才能用好清单工作法？

第一步，把遇到的问题分为三类：

简单问题、复杂问题和不确定的极端复杂问题。

第二步，对不同类型的问题采取不同的清单策略：

1. 对于简单问题，采用执行清单。

处理简单问题的关键是避免忘记，执行清单中要有明确的步骤，按步骤流程来做。

2. 对于复杂问题，采用核查清单。

复杂问题的程序多、专业性强，关键是避免遗漏重要环节。核查清单，能确保每个基础而重要的环节不被遗漏。巴菲特合伙人查理·芒格，非常推崇在金融投资过程中使用核查清单。

(学习资料参考：金融投资家库克的"第三日清单"——编者按)

3. 对于极端复杂问题，采用核查清单和沟通清单：

核查清单，确保极端复杂问题的各个环节能够顺利完成。

沟通清单，确保能够及时发现和排除极端复杂问题的隐患。

(学习资料参考：美国建筑行业依靠这两套清单，将每年严重事故发生率降低到万分之零点二以下。——编者按)

案例9-11告诉我们：在无言无声中洞察客户的内心需求其实是一门艺术，权衡轻重与长短，琢磨现象与行为。使用清单管理法，要提前列好工作明细，对难以度量的问题进行定性研究。人际关系难以量化，但对方一定感觉得到。

你自己的思考和感悟：

思考	1. 请回想自己的一个备战经历，比如考试、工程项目等，你的成功经验或教训是什么？
	2. 学习清单工作法后，你又有什么样的启发？
	3. 你计划将来在哪些场景运用清单工作法？怎么运用？

感悟：

案例9-12

管仲的人际理解：知音到知心

管仲病重，齐桓公亲往探视。君臣就管仲之后择相之事，有一段对话，发人深省。桓公："群臣之中谁可为相？"管仲："知臣莫如君。"桓公："易牙如何？"管仲："易牙烹其子讨好君主，没有人性。这种人不可接近。"桓公："竖刁如何？"管仲："竖刁阉割自己伺候君主，不通人情。这种人不可亲近。"桓公："开方如何？"管仲："开方背弃自己的父母侍奉君主，不近人情。况且他本来是千乘之封的太子，能弃千乘之封，其欲望必然超过千乘。应当远离这种人，若重用必定乱国。"桓公："鲍叔牙如何？"管仲："鲍叔牙为人清廉纯正，是个真正的君子。但他对于善恶过于计较，一旦知道别人的过失，终身不忘，这是他的短处，不可为相。"桓公："隰[xī]朋如何？"管仲："隰朋对自己要求很高，能做到不耻下问。对不如自己的人哀怜同情；对于国政，不需要他管的他就不打听；对于事务，不需要他了解的，就不过问；别人有些小毛病，他能装作没看见。不得已的话，可择隰朋为相。"

相识满天下，相知有几人？管仲在从政中能够把人际理解运用得如此娴熟，让人叹为观止。

- 世事洞明皆学问，人情练达即文章。
- 知人善任，是具有人际理解能力的具体表现。

（五）关系建立

"人，力不若牛，走不若马，而牛马为用何也？曰：人能群，彼不能群也。"(荀子)

"在业务的基础上建立的友谊，胜过在友谊的基础上建立的业务。"(洛克菲勒)

"销售就是不断地去找更多的人，以及销售给你找的人。"(汤姆·霍普金斯)

"人生最大的财富便是人脉关系，因为它能为你开启所需能力的每一道门，让你不断地成长，不断地为社会做出贡献。"(安东尼·罗宾)

"成功来自85%的人脉关系，15%的专业知识。"(卡耐基)

"请先忘记来自外界的竞争吧,因为你自己最大的敌人就是企业内部人与人之间不良的交往方式。"(杰克·韦尔奇)

销售工作的属性决定了客户经理必须搭建牢固的市场关系平台,积极地与人(包括客户、内部团队等利益攸关的各方面的人)交往是市场资源平台搭建的基石。

- 关系建立——具有与人建立或保持友好、互利、良好关系的强烈愿望;
- 关系建立——必须注重人与人相互交往过程中心理关系的亲密性、融洽性和协调性的程度;
- 关系建立——它包括关系认知、情感识别和行为契合;
- 关系建立——它是在彼此交往的过程中以互动、交际等方式建立和发展起来的;
- 关系建立——它不仅指与客户关系的建立,还包括内部团队成员之间的关系的融洽。

"念念不忘,必有回响",关系建立必须有自我开放的强烈愿望,愿意与他人交往,乐于与他人沟通。

华为创始人任正非提出的结网原理同样适用于人际关系的建立:"要是只有一把丝线,是不能把鱼给抓住的,一定要将这丝线结成网,这种网有一个个的网点。人生就是通过不断地总结,形成一个一个的网点,进而结成一个大网。如果不善于归纳总结,就会像猴子掰玉米一样,掰一个,丢一个,你最终将没有一点收获。就像吃了东西,不吸收是没有效果的。"

同样,人际关系的建立就是要建立一个点,形成一条线,最后织成一张市场关系网络,这就要求客户经理必须以诚信立本,以客户为中心,做一个产品就要赢得一方美誉。

案例9-13 //////////////////////////////
销售的五个层次

客户经理王平是F区域年度销售冠军,他所取得的骄人业绩在当年华为集团内部也能排进前三名。作为年度人物榜样,人力资源部通过对王平进行360度关系调查,达成基本共识:他有一种与别人建立关系的强烈愿望。

王平读大学时就有意识地强化自己建立人际关系。他积极竞选班干部,并且每次活动都有他忙碌的身影。比如说组织春游活动中,从最初的活动策划，到联系用车、联系观摩单位，再到确定内部各个活动小组之间的分工和协作等，凡是有与同学交往的机会他都不放过。毕业时，他与所有同学相处得都很好。

大学毕业以后来华为公司做研发，虽然岗位有限制，但他积极参与开发前期调研，热情主动与客户交流，与相关研发团队交流，每次与一个陌生人接触，他都主动递上名片……每一年他都如期给几乎所有的大学同学和研发同事打电话祝贺生日或送礼物。

到了市场一线后，王平随身携带一本厚厚的小册子，上面详细地记录着他所负责的市场相关人员的联系方式，以及他们家庭成员的名字、生日等。

当询问他在与人建立关系方面是不是有很多技巧时，王平总结到：卡耐基有关人际沟通的技巧能帮助提高交往效率和效果，但我觉得有强烈的与人交往的意识更重要。比如说记录相关人员的联系方式，当你一见到他时，就想到今天我一定要记住他的名字，而不是事后再去打电话询问。不仅如此，你要有意识地在谈话中挖掘一些和他比较亲密的人的姓名、联系方式等，整理出关系网。

- 职场上的你是否强烈希望与人交往，而不是受限于职位和角色？
- 你的态度决定了你的社交，你的社交深度决定了你的社群数量。
- 相关拓展：人的精神有三种境界：骆驼、狮子和婴儿。第一境界骆驼，忍辱负重，被动地听命于别人或命运的安排；第二境界狮子，把被动变成主动，由"你应该"到"我要"，一切由我主动争取，主动负起人生责任；第三境界婴儿，这是一种"我是"的状态，活在当下，享受现在的一切。——尼采

作者点评

作为客户经理，一定要有强烈的与人建立和保持友好、互利、良好关系的愿望。案例9-13中王平的销售业绩之所以让人难以望其项背，本质是因为拥有良好的人际关系网，因为关系网中每个人背后代表的是资源。

华为集团总裁任正非认为："华为30年，都是在聚集，不管是内部人才资源，还是外部资源，华为都可以整合最优质的资源为我的最终产品来服务，华为与上下游的合作伙伴一起来为客户提供最好的产品。"要想做成事，拥有良好的

人际关系网是基础,这些网络可以帮你整合到你需要的资源。

那建立关系网难吗?1967年美国社会心理学家米尔格伦提出了一个"六度分离"理论,即通过五个人你就能够认识任何一个陌生人,不管对方在哪个国家,属哪类人种,是哪种肤色,微软在实际测试中也验证了此理论。

古人云:水无常势,兵无常法,形式万变而不离其宗。马斯洛的需求理论揭示了每个人都需被认可和尊重,只要牢记这一点,同时找出你对他人的价值并保持接触频率,就会拥有良好的关系。

案例9-13告诉我们:销售有五个层次,第一要具有专业性,第二要能运用团队来完成任务,第三要善于整合资源,第四是要对项目有基于时间轴的整体把控能力,第五是让人才、资源主动追随你。第二到第五都涉及个人和外部的关系,也就是说如果你有强烈的愿望来建立和维护良好的人际关系并付诸行动,那么你的销售能力一定会有大的突破。

你自己的思考和感悟:

思考	1. 要做好客户经理,你认为良好的人际关系包含哪些? 2. 你认为花时间和精力经营良好的人际关系值得吗?如何经营人际关系? 3. 良好的人际关系和你个人价值的关系是什么?

感悟:

案例9-14

"逆踢猫效应":善待他人,花香自来

一位公司的董事长在上班路上正常驾驶汽车,一只猫突然从旁边居民楼的窗户里跳出来。为了躲避猫,这位董事长的车撞到了树上,最后他耽误了上班的时间。

这位董事长愤怒之极,回到办公室,他将销售经理叫到办公室训斥一番,销售经理挨训之后,气急败坏地走出董事长办公室,将秘书叫到自己的办公室并批评了他一顿。秘书无缘无故被人批评,自然一肚子气,就故意找

接线员的茬。接线员值了一夜的班还无故被找茬，无可奈何、垂头丧气地回到家，对着自己的儿子大发雷霆。儿子莫名其妙地被母亲痛斥之后，也很恼火，便将自己家里的猫狠狠地踢了一脚。而那只倒霉的猫慌不择路地从窗户里跳出去，结果正在马路上正常驾驶的一位董事长为了躲避猫而撞到了一棵树上……

这个故事我们可以改写一下，从董事长进办公室开始：

董事长进办公室后，对所有的人热情地打招呼，他把销售经理叫到办公室表扬他最近的表现不错。销售经理走出董事长办公室把秘书叫过来，表扬他工作细致，进步很快。秘书心情很好，对接线员说，你最近的接线技术真是娴熟了很多。上完夜班的接线员满面春风地下班回家，在路上给儿子买了蛋糕作为他最近学习努力的犒劳，儿子高兴地唤来正要从窗口跳出去的猫，也给它一块蛋糕。窗外阳光明媚，花香四溢，交通秩序井然，一位董事长心情不错地驾驶着他的车去上班……

两个故事，前者说的是"踢猫效应"：人的不满情绪和糟糕心情，一般会沿着等级和强弱组成的社会关系链条依次传递，由金字塔尖一直扩散到最底层，而底层的不满也会反过来最终影响到高层。

两个故事，后者我们不妨称为"逆踢猫效应"，如果我们传递的是激情、阳光和正能量，那么最后你得到的也必定是微笑、鼓励和支持。

职场不可能一直顺风顺水，但福祸相依，只要拥有一双发现美好的眼睛，善待他人，就会花香自来。

- 赠人玫瑰，手留余香。
- 爱出者爱返，福来福往，为别人着想一定有人为你着想。
- 相关拓展：到达目的地很重要，但友好、和睦地与他人一起到达同样重要。

（六）服务精神

"人的生命是有限的，可是，为人民服务是无限的，我要把有限的生命，投入无限的为人民服务之中去。"(雷锋)

"要在当今全球市场上生存和发展，企业必须为顾客提供高质量的产品和最优质的服务。"(保罗·A.亚莱尔)

"船锚是不怕埋没自己的。当人们看不到它的时候，正是它在为人类服务的

时候。"(普列汉诺夫)

"采得百花成蜜后,为谁辛苦为谁甜。"(罗隐)

产品和服务是我们安身立命之本,无微不至的服务是克敌制胜的法宝。

在互联网+时代,服务和体验是不能被颠覆和迭代的有力武器,否则你就是被跨界打劫的对象。

服务精神是践行"以客户为中心"承诺的基本精神纲领,是让客户增强体验的基本指导思维。服务精神强调:主动积极,快速响应,闭环优化。

- 服务精神——有帮助或服务客户的愿望;
- 服务精神——专注于发现并满足客户需要;
- 服务精神——与客户的需求赛跑,领先的服务创造感动,滞后的服务只能弥补抱怨。

1. 销售员也是服务员

销售分为售前、售中和售后三个环节,我们一般意义上理解的售中也是我们服务客户的重要环节。

服务精神和意识贯穿于销售的前中后三个环节。售后服务是销售的结束,也是第二轮销售的开始。

案例9-15
用户背后的眼睛

在营销中,我们常常提到要站在用户的角度思考,但是往往在沟通时却总从自身利益出发,所以最终得到的是客户的防备和不理解。

有一位销售人员张强正在和客户沟通产品售后情况,并希望借此机会向客户推荐相关产品。

销售人员张强:"您好,张女士,我是K公司销售代表张强,您有空么?关于您刚购买的产品不知道使用效果怎么样?……好的,我打电话来主要是想做一下自我介绍,并留下我的名字和电话号码,以便您有什么需要时能随时和我联系,比如说要添加设备,另买软件等,有笔吗?"

张女士冷冷地说:"抱歉,我没有什么信息反馈给你,我现在也没有空。"张强还想说:"怎么会没有信息呢?"但对方已经挂了电话。张强的市场开拓有些举步维艰,他也想知道究竟哪里出了问题。

- 话语权在客户，沟通是引导而不是强迫和咄咄逼人。
- 营销人员必须拥有客户思维，时刻站在客户角度思考问题。
- 相关拓展：沙僧是个细心人，也很仗义。这天，他收拾大师兄裤子，发现有个洞，就耐心缝起来。第二天发现又有个洞，于是又缝。第三天还是有个洞，他拿起针线又要缝，猴哥过来，一脚踹飞了沙僧，怒吼：你把洞缝上，我尾巴搁哪儿？——要用被服务者的思维考虑问题。

作者点评

风和太阳比赛谁先让人脱下外衣。风呼呼地吹，但是它越是使劲，人却把衣服裹得越紧。此时，太阳笑眯眯地出现了，把它的温暖洒向人的全身，暖洋洋的光线让人们觉得热乎乎的，人们就主动地把外套脱掉了。

新销售代表经常会犯和风一样的问题，用自己以为最好的方式去对待客户，这种考虑也许是为了节省客户的时间，也许是认为服务有价值，但实际上客户会感受到压力和胁迫，如果客户有这种感觉，订单是很难成交的。

案例9-15中的张强总是站在自己的角度与客户沟通，语言强硬，没有寒暄之词，这种单向的沟通效果势必不佳。

案例9-15告诉我们：只站在自己的角度去为客户服务，就像拿胡萝卜钓鱼，浪费了客户的时间，你自己也丧失了市场美誉。正确的做法是站在客户的角度思考问题，成为拥有"客户思维"的营销人员。拥有"客户思维"的营销人员，犹如多了客户背后的一双眼睛，你比客户更能理解需求的真谛，你不仅能够满足客户需求，还能创造和引领客户需求。

你自己的思考和感悟：

思考	1. 你接听过推销的电话吗？是否让你有不舒服的感觉？产生这种感觉的原因是什么？
	2. 在市场上，你是否有过好心被当作驴肝肺的感慨？其中自身原因是什么？
	3. 你认为如何做才能既表达自身想法又能察觉对方的需求？
感悟：	

第九章 素质

案例9-16
访问客户需要准备"七个抽屉"

销售人员张强说:"您好,张女士,打扰您休息了。我是K公司销售代表张强,有空吗?……嗯嗯,张女士,这个电话就是您产品的服务电话,您有什么需要咨询的都可以打这个电话。……您的客户也在使用我们的产品是吗,那太荣幸了。您这边在使用产品方面有什么难题吗?……看来您的团队学习能力都很强,这么快就上手了。……后面还要让新员工学习吗?用户很多啊,那建议您以后可以多增加一组机器,因为它后面没法保障特别大的功率运转。例如某客户多备了一组机器,整个系统效率提升了23%,而且有效避免了一次停机事故,上级主管部门表扬了他们的设备优化方案。……您说得太对了,您可以提前做一个预算,以备不时之需。……没问题,有什么事情您给我打电话就行,我随时在。"

- 从用户出利益出发,才能事半功倍。
- 销售人员应该具备"两力一度":洞察力、联想力、敏感度。
- 相关拓展:企业管理运营中的几大公式,推荐给大家:①数据+组织=信息;②信息+洞察力=知识;③知识+经验=智慧;④智慧+想象力=天赋;⑤出色的技术+素质良好的人员+健全的战略+执行速度=市场优势地位。

作者点评

客户经理要像太阳一样,让客户感到舒服,感到如沐春风。在销售的过程中,两点间的物理直线距离并非心理距离中的最短距离,在润物细无声中敲开心扉,才能让交流畅通无阻。

案例9-15是"B2C"模式,销售人员单向发起,客户被动接受,客户有种被审问的感觉;而案例9-16是"C2B"模式,是一种听者发起、讲者回答,在倾听客户的回答中适时鼓励、赞扬和启发下一步的交流。通过销售提问、回答,启发客户回答和提问,如此反复一问一答的方式,逐步按照提问的逻辑来接近目标,沟通的效果和效率明显提升。

那如何熟练应用"C2B"模式中的营销方法呢?如下七个抽屉里的精准提问技巧可以帮到你(以下知识点的详细描述和讲解请参看刘春华大型系列微课"中

国式优秀营销总监108招")。

抽屉一：继续/中止性问题。

"这是不是我们现在要讨论的问题？谁关心这个问题？讨论的目的是什么？你、我是否需要参加这个讨论？还有谁需要参加这个讨论？讨论的重点是什么？"

这个抽屉里的问题，其实都是在问：我们是否需要讨论这个问题？

抽屉二：澄清性问题。

"__是指什么？你是指__还是__？时间、地点、多久一次、什么比率、什么范围？举个例子？你是不是在说___？"

这个抽屉里的问题，其实都是在问：你的意思是什么？

抽屉三：假设性问题。

"前提假设是什么？你把什么当成必然的了？这是否存在？是不是唯一的？这是好事，还是坏事？"

这个抽屉里的问题，其实都是在问：你的前提假设是什么？

抽屉四：质疑性问题。

"你怎么知道的？你从哪里听说的？此人的可信度如何？是否有数据支持？数据是否可靠？有哪些可选项？在什么范围内选？谁来做？"

这个抽屉里的问题，其实都是在问：你怎么知道你是对的？

抽屉五：缘由性问题。

"由什么引起的？为什么会发生？触发事件是什么？根本原因是什么？驱动因素是什么？抑制因素是什么？它是怎样起作用的？机制是什么？当__出现时会发生什么？这是事情的起因还是相关因素？"

这个抽屉里的问题，其实都是在问：是什么导致了这个结果？

抽屉六：影响性问题。

"结论是什么？成果是什么？所以呢？短期效应？中期？长期？哪种是最好的情形？哪种是最坏的情形？最可能是什么？有哪些意外后果？积极的？消极的？"

这个抽屉里的问题，其实都是在问：那会带来什么影响？

抽屉七：行动性问题。

"我们应该做什么？怎样应对？与谁合作？什么时间完成？这是不是意味着解决了根源问题？是否全面？是否有应对风险的策略？是否有支援？"

这个抽屉里的问题，其实都是在问：应该采取什么行动？

第九章 素质

案例9-16告诉我们：掌握技巧和工具，进行有效的沟通其实不难。当然，和客户的沟通是有情景和氛围的，根据不同的情景采取灵活的沟通方式和方法，能让你的服务意识展示得淋漓尽致。当然，良好的沟通非一日之功，需要历练和积累，但始终要保持一个原则不变：站在客户的角度，以服务意识贯穿始终，发自肺腑的真诚可以让你在客户面前左右逢源。

你自己的思考和感悟：

思考	1. 在交流过程中，你的风格是风还是太阳？
	2. 请在一周内将7个抽屉方法都用一次
	3. 你还有什么好办法来提高沟通的效率和效果，请列举出来

感悟：

2. 没有服务，就没有市场

没有服务，就不会有后续的订单，不会产生重复购买、相关购买和推荐购买。

互联网+时代的跨界打劫，就是要迭代掉那些没有互动和服务的产品，在个人消费领域，服务尤其重要。

案例9-17
服务营销的三个层次

服务精神其实是企业管理中老生常谈的话题，好的服务能带给客户好的体验，好的体验又能使产品增值，这也是同样一块牛排在不同档次的餐厅售价不一样的原因。

在一次春节值班中，孙立把客户送到家后刚刚休息，就被手机铃声吵醒，尽管当时已经是凌晨2点，身体相当疲惫，但是职业素养和客户至上的理念让他迅速接起了电话。原来是项目施工地点出现了问题，孙立大致了解了一下情况就立马赶去，并及时解决了问题。此时天已经亮了，鞭炮声此起彼伏……

如今，在孙立的努力下，该地区的销售业绩直线上升，并且相关产品也进入了市场。

- 从用户利益出发，才能事半功倍。
- 服务营销的成功标准：看得见，觉得好，记得住，传得远，成效应。
- 相关拓展：服务是无形的产品，但它一定能给企业带来远比有形产品更大的回报。

作者点评

"产品+服务"在现代商业中犹如两条腿，缺一不可。服务为什么如此重要？还需回到客户购买的初衷，那就是你的产品和服务能否给客户带来价值。

产品能满足客户的功能性需求，服务能满足客户的使用体验需求。之前很多企业将客户服务设定为成本中心，但现在很多客户服务中心已经成为利润中心，这是为什么呢？这里面有两点原因：一是长尾效用。产品被采购以后，为了保证产品的功能性价值，就需要不断地进行维护和升级。服务在整个产业链中发挥了价值，自然就获得了收益。二是在为客户服务的过程中，客户的新需求点更易被发现，从而在产品研发和制造中不断进行升级和迭代，这样就会因满足客户的需求而获得收益。

知名企业海尔一直提倡服务营销，海尔将其分为三个层次：基本服务、创新服务、感动服务。案例9-17中的孙立在凌晨中快速反应，不仅满足了客户需要设备正常运转的基本需求，还让客户内心因及时服务而感动，上升到了心理层面的感动服务，销售人员就变得可依赖而无可替代。这就让卓越的客户服务成为竞争对手很难模仿的竞争优势，通过服务这个差异性形成行业的壁垒。

案例9-17告诉我们：服务能创造客户感动，使客户带着良好体验进入重复和相关购买，也让品牌由知名度上升到了美誉度层面，从而形成让对手很难模仿的差异化竞争优势。

你自己的思考和感悟：

思考	1. 服务营销分为三个层次：基本服务、创新服务、感动服务，你的服务处于第几个层次？
	2. 对于服务和价值的关系你是怎么理解的？
	3. 你现在的服务体系是什么？如何升级服务体系来获得市场竞争优势？

感悟：

案例9-18

以客为尊，坚守理念

地处耶路撒冷的芬克斯酒吧，是一位名叫罗斯恰尔斯的犹太人开的。一次美国国务卿基辛格来到这里，突然想到酒吧消遣消遣。于是他亲自打电话，说有10个随从与他一起到贵店，希望到时拒绝其他顾客。

像这样一位显赫的国家政要光顾小店，是一般老板求之不得的事。不料，酒吧老板客气地说："您能光顾本店，我感到莫大的荣幸，但因此谢绝其他客人，是我做不到的。他们都是老熟客，是曾支持过这个店的人，因为您来临而拒他们于门外，我无论如何做不到。"基辛格只得不满地挂了电话。

这恐怕就是芬克斯——一个不足30平方米，仅有一个柜台5张桌子的小酒店，被美国《新闻周刊》杂志选入世界最佳酒吧前15名的原因了。

- 市场无小事，客户那里再小的事也是天大的事。
- 学会拒绝有时也是一种智慧。
- 经营理念的坚守和变革是企业发展中不变的两个主题。
- 相关拓展：圆规为什么可以画圆？因为脚在走，心不变。你为什么不能圆梦？因为心不定，脚不动。奇迹，还有个名字叫坚守。

（七）收集信息

"对于我们，信息就像阳光和空气，它点燃了创造智慧的火花，它照亮了通向未来的道路。"(卡特)

"掌握越多或越新信息的人，就越能支配他人。"(美国格言)

"了解敌人和我们周围的世界的情报是制定全部政策的基石。"(鲍德温)

"数据和信息是我们独一无二的资源。IT系统可以被复制，流程和组织可以被模仿，员工也可以跳槽，唯有信息和数据既不会被复制也不会被模仿，如果能充分利用信息和数据资源创新产品，为客户提供差异化的服务，我们就能创造出

区别于竞争对手的核心竞争力。"(任正非)

信息就是财富：知己知彼，方能百战不殆。

互联网+时代，是一个充满大数据和信息的时代，没有信息如同没有耳目，形同"失明"和"失聪"人，在市场上是很危险的：盲人骑瞎马，夜半临深池。

- 收集信息——是一种强烈的愿望与使命，要对信息有灵敏的嗅觉；
- 收集信息——愿意采用各种方法和手段去挖掘信息、梳理信息；
- 收集信息——愿意积累数据，并通过信息化系统来分析信息，并横向、纵向比较，得出结论和制定下一步市场策略。

获取信息有很多的渠道和方法，但是有效的信息往往隐藏得深，一般人难以察觉和发现。这就要求客户经理必须具备灵敏的嗅觉，并且要有特殊的获取、挖掘、探索信息的渠道、方法和工具。

信息的获取过程也是一个甄别有效信息和无效信息的过程。如果失真的信息或者无效信息被收集和分析，最后得出的结论也是错误的，不仅浪费了市场资源，最后制定出的策略也是无效的。

案例9-19
"信息链"思维的使用方法

K区的项目经理李明是一位对市场信息极为敏感的营销人员。一次，他到客户那里拜访，谈论到当地F局局长的近况，客户回复说：局长最近很忙，这两天都没有在局里，不知道去哪里了。

李明对此信息十分敏感，多方打听才了解到，竞争对手S公司正在做技术交流会，邀请了局长和相关领导一起交流参观。

李明立刻赶到技术交流会，利用休息的时间与局长交流了一下。原来F局想要采购一批交换机，所以到那里考察一下。在交流的过程中随行人员透露说你们公司的刘总也向局长推荐过产品。李明了解到此信息立即回公司汇报，希望请刘总出面劝说局长。最终在李明和刘总的共同努力下F局采购了公司的产品。

- 营销人员应该具备对市场信息的敏感度和联想力。
- 信息收集和分析整理是营销人员必备的素质。
- 相关拓展：洞察力、敏感度、联想力，这三种能力一定来自终端和现场。

第九章 素质

作者点评

案例9-19中的李明体现了一位优秀客户经理应具备的三个核心素质：敏锐的市场嗅觉；不言放弃的战斗精神；团队协作的合作精神。

如何培养敏锐的市场嗅觉呢？提升的方法之一是具备"破案思维"。新版福尔摩斯大家都不陌生，他总是能从蛛丝马迹中，通过各领域的知识来形成证据链进行破案。这种思维可以在客户信息收集中使用。客户、组织、需求、行为、现象、环境等要素快速变化，我们怎么才能在变化的环境里抓住机会、满足需求呢？

答案是：我们必须找到贯穿所有信息的那个"一"，这个一就是庄子说的"通于一，而万事毕"，就是最终我们要找到的"信息链"。我们不妨借鉴一下"区块链"的概念，区块是信息块，而"链"是信息之间的逻辑关系，区块链形成了，那么客户的行为真相就弄明白了。于是，你就可以根据这个推断更好地为客户设计产品和服务方案，你提供的方案也就更贴近客户内心的需求。

案例9-19告诉我们：销售人员一定要具备寻找"信息链"的思维，通过对关键信息的洞察和联想，进行信息的二次挖掘，以扎根的精神(来自扎根理论，一种质化研究方法——编者按)探究信息之间的线索，找到最终的"信息链"。

你自己的思考和感悟：

思考	1. 互联网+时代的企业要成功有"七字秘诀"——专注、极致、口碑、快，其中为什么要有"快"？(提示：互联网技术驱动了信息的变化频率)
	2. 找到"信息链"的方法是利用扎根理论，简单了解扎根理论的基本操作流程(贴标签、初步概念化、规范化和范畴化等)
	3. 信息在影响组织绩效的因素中占比最大，达到42%，你如何理解这一调查结果？
感悟：	

案例9-20
日本如何在大庆油田的设计方案中一举中标？

1964年《中国画报》封面刊出了一张王进喜的照片。在照片中，王进喜头戴狗皮帽，身穿厚棉袄，顶着鹅毛大雪，握着钻机手柄眺望远方，在他身后散布着星星点点的高大井架。

日本情报专家据此揭开了大庆油田的秘密，他们根据照片上王进喜的衣着判断，只有在北纬46度至48度的区域内才有可能穿得如此厚重，因此推断大庆油田位于齐齐哈尔与哈尔滨之间。通过王进喜所握手柄的架势，推断出油井的直径；从王进喜所站的钻井与背后油田间的距离和井架密度，推断出油田的大致储量和产量。有了如此多的准确情报，日本迅速设计出适合大庆油田开采用的石油设备。因此，日本在大庆油田的设计方案中一举中标。

- 要有强烈的收集信息的意识。
- 细节决定成败，营销重在洞察。
- 相关拓展：大客户漏斗管理五步法：信息收集、信息筛选、价值洞察、方案契合和投标签约。

第九章 素质

《筑技篇》学习小结与行动计划

学习了《筑技篇》之后,学习者(尤其是企业高层管理者)可以组织营销部门员工集体回顾学习内容,固化学习后应该掌握的知识,提升能力,并制订相应的行动计划(参见表1)。

知识的温故知新和举一反三也是华为学习的核心要领之一。

表1 《筑技篇》学习小结与行动计划表

计划项目		学习小结与行动计划	责任人
能力提升	1	应该具备设计营销部(含销售部)的组织架构和相应的部门职责的能力	学习者
	2	应该掌握营销部(含销售部)人员的基本技能	学习者
	3	应该掌握营销部(含销售部)人员的绩效设计与管理方法	学习者
	4	应该掌握贵公司的必备知识(从营销的视角来界定必备知识的内容)	学习者
	5	应该掌握行为规范和职业道德的设计方法	学习者
	6	应该掌握"四情分析"和产品的"135"卖点提炼方法	学习者
行动计划	1	设计营销部(含销售部)的角色定位和工作职责	▲
	2	设计营销部(含销售部)的考核与评价体系	▲
	3	设计营销部(含销售部)的技能与绩效体系	▲
	4	设计营销部(含销售部)人际理解与沟通基本原则	
	5	设计营销部(含销售部)关系平台和信息平台	
	6	设计营销部(含销售部)项目开拓和执行的规范并掌握基本方法	
	7	设计营销部(含销售部)提升客户满意度的基本方法和原则	
	8	设计营销部(含销售部)行为规范和职业道德标准	▲
	9	单独设计营销部(含销售部)三仪规范	▲
	10	统一营销部(含销售部)职业装和职业语言并标准化	▲
	11	设计营销部(含销售部)人员的必备知识库	▲
	12	设计营销部(含销售部)企业文化培训体系与考试体系	▲
	13	设计营销部(含销售部)产品知识培训体系与考试体系	▲
	14	设计营销部(含销售部)基础营销知识的学习体系	▲
	15	营销部(含销售部)的做人原则("为人处世"模型)	▲
	16	营销部(含销售部)人员的能力模型设计	▲
	17	营销部(含销售部)必备素质详细内容	▲
备注		所有的责任人后都应有时间节点项,▲必须为指定责任人	

建议行动计划的1～13最终要有输出结果,输出的结果形成手册(可与《铸魂

篇》和《逐梦篇》的内容整合在一起),做到营销有标准,有平台,可视化,可量化。行动计划10是紧急而重要的,建议没有做到的企业马上做到,已经做到的企业可以在行动计划中的8～9里面进行体系上的优化。行动计划9包含在行动计划8的行为规范里面,为了强调和突出,这里单独列出。

这样,企业的营销体系就更加完善和系统,营销的竞争力可以大大加强。

对于营销体系和标准建议每半年升级和更新一次(不建议大变,只是优化和完善),营销体系和标准手册随之升级,这样,企业就初步建立了自己的"营销基本法"。

《筑技篇》内容是本书第二篇内容。清华大学的校训是:自强不息,厚德载物。前4个字来自《周易·乾卦》:"天行健,君子以自强不息。"学习必须有"自强不息"的精神,它本身就是"厚德"的组成部分。初唐才子王勃有名句:"穷且益坚,不坠青云之志。"对《筑技篇》的学习,应该秉持"承前启后,学且坚毅,以苦作舟,锲而不舍"的态度;宋代大学问家朱熹倡导的学习三到:"心到、眼到、口到",笔者也非常推崇。

第三篇
逐梦篇

华为没有秘密,任何人都可以学。华为没什么背景,没什么依靠,也没什么资源,唯有努力工作才可能获得机会。

——任正非

春秋战国时期齐桓公的宰相管仲有句名言"执一不失，能君万物"，说的是坚持一个目标不放松，千万资源就可以为你所用；北宋著名政治家司马光有句诗"更无柳絮因风起，惟有葵花向日倾"，说的是要向葵花学习，目标性要强。学习《逐梦篇》的目的就如同这两句诗，营销人员的不二使命就是成就客户。

在学习了《铸魂篇》和《筑技篇》两篇内容后，相信大家对于营销运营和管理的基础知识、必备的基本知识、营销人员应该具备的基本素养、行为规范与职业道德等内容有了初步的认知，当然笔者更希望大家也具备了这些基本知识和基本素质。

《逐梦篇》包含了14个经典案例。对本篇的学习精神是：查人知己，见微知著；洞幽查微，因小见大。

《逐梦篇》共由两章组成：《职业通道》《发展与创新》，建议用一周的时间读完并做出思考和行动计划。

《职业通道》能让营销人员看到自己的未来，这是华为营销成功的关键；《发展与创新》告诉营销人员如何持续学习，保持狼性，不断进步，这是华为集团保持营销战斗力的核心所在。因为有案例，有点评，有思考，有行动，所以大家在学习的时候要注意和自己的工作实际相结合，就很容易做到"借来的火也能照亮自己的心灵"。

"千淘万漉虽辛苦，吹尽狂沙始到金"，最后一篇了，慎终如始，不忘初心！祝大家学有所得，学以致用，学习进步！

第十章

职业通道

➢ 职业通道的建设可以让员工把自己职业发展计划和企业的发展结合起来，企业和员工可以非常容易地拧成一股绳，形成事业共同体和命运共同体。

➢ 职业通道的建设可以让企业更加了解员工的潜能，让员工可以结合自身的爱好、特长挖掘自身的发展潜力，确定发展方向并为之努力。

在华为集团，营销人员在职业规划和晋升空间上有两个方向可以选择：第一条是专业路线：营销专家、高级营销专家、资深营销专家；第二条是职务路线：营销专员、管理者、领导者(高级管理者)，参阅图10-1。对于营销人员来说，他们的职业规划路径清晰，晋升空间和方向明确。

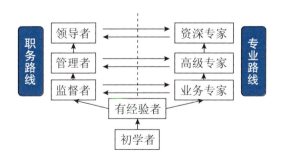

图10-1　职业规划图

华为其他部门的职业通道和营销岗位类似，如研发中心，也包括专业技术路线和技术管理路线。每类岗位都有两个上升的途径：专业和职务。

在职务晋升标准上，华为选拔品德好、责任结果(业绩)好、有领袖风范的人来做部门正职。

对于那些责任结果(业绩)不好但是素质很好的人，暂时不能提拔为干部，一定要让他去做基层的工作。

基层锻炼的过程是为了避免虚假繁荣带来的错觉，有些没有基层管理经验的干部其部门业绩也不错，实际情况未必是管理者的水平高，而是平台带来的效益的延续。如果不能认识到这一点，他们会把平台错当能力，这个部门的发展将会后劲不足，隐患无穷。

案例10-1
华为选拔干部的"三优先"和"三鼓励"

华为选拔干部有"三优先"和"三鼓励"的原则和标准。

三优先是：优先从优秀团队中选拔干部，对于出成绩的团队，优先选择他们团队的成员。对于连续不能实现管理目标的主管要免职，主管被免职的部门的副职也不能被提为正职。

优先选拔责任结果好、在一线和海外艰苦地区工作的员工进入干部后备队伍培养。例如，华为大学的第一期储备干部培训班就在尼日利亚举办。

优先选拔责任结果好、有自我批判精神、有领袖风范的干部担任各级一把手，这个领袖风范包含4个方面，具体包括：清醒的目标方向、实现目标的管理节奏、高素质和团队感召力。

三鼓励是：鼓励机关干部到一线特别是海外一线和海外艰苦地区工作，奖励向一线倾斜，奖励大幅度向海外艰苦地区倾斜；鼓励专家型人才进入技术和业务专家职业发展通道；鼓励干部向国际化、职业化转变。

所有干部都要填表表示自愿申请到海外最艰苦的地区工作。干部提拔时首先要谈话，如果不愿去艰苦地区，则不予考虑。华为要全球化，如果中高级管理干部不国际化，那么其他人员的国际化只能是水中月，镜中花。

人们往往把素质理解成认知能力，看重他博士、博士后或者硕士学历，这是认知能力，认知能力不能拿来当饭吃，只有能拿去做贡献才可能产生价值。所以华为强调的素质不只是表面上的素质，更强调的是品德和工作能力，就是贡献和结果。对于那些责任结果不好、素质也不高的干部，要进行清退。

华为的干部分为三种，占全部干部30%的第一种干部属于干部的后备队，有机会到华为大学进行管理培训，培训优秀的人有可能在职务上给他实践机会；最后面20%的干部属于后进干部，后进干部队伍是优先裁员的对象，后进的人希望摆脱后进，就要拼命地往中间挤，中间的队伍受不了，就会往前跑。层层挤压，互相促进，这样自觉的干部多了，奋斗的干部多了，分布在一百多个国家的华为员工的自觉奋斗，成就了公司的繁荣。

华为强调实践是检验真理的标准，坚持从实践中选拔干部，不是听干部说怎么样，而是把他过去做过的事拿来评价，如果评价以后确认有领导风范，又有团队管理能力，就可以提拔为干部。

华为这几年严格控制考核体制，考核体制已经形成了一种范本。学历是重要的但不是唯一的，华为在所有干部考核表上唯一没有设的一栏就是学历，考评表都是对实践工作的评价。对于那些能力高的，素质还不是很好的，华为要求他多学习，努力提高自身素质。华为会多提供一些培训机会给能力高的人，对于长期不能提高素质的，华为就要他心态平和地去接受一般性的工作。

一、国内营销专家

华为销售人员在岗位上有很大的发展空间，从初学者、有经验者到业务专家、高级专家和资深专家，或者是从初学者、有经验者到监督者、管理者和高级管理者。

无论选择哪种职业通道，都应该"爱一行，干一行；干一行，专一行"，要结合自己的专长和专业设计自己的职业生涯，要用设计出的职业目标去严格地要求和约束自己，使自己朝着既定的目标前进。

案例10-2
华为选拔营销干部：猛将发于卒伍

华为选拔营销干部在"三优先"和"三鼓励"的原则上更加倾向于基层

的历练。

营销的职业通道有职务晋升和业务专家两个,前者在"重装旅"多见,而后者在"陆战队"多见,两个团队也可以互换和轮岗,但都属于营销的岗位群。

在一年的新年献词中,任正非引用韩非子《显学篇》中的一句话:"明主之吏,猛将必发于卒伍,宰相必起于州郡。"意思是,明君选拔的官吏,作战勇猛的将领都是从士卒提拔上来的,贤臣良相也是从地方官提升起来的。因为这些人来自基层,就更了解战场的形势和百姓的疾苦,也就能够更好地制定方针政策。

任正非还强调:"现代化作战要训战结合,干部要以基层实践经验为任职资格。要从各级组织中选拔一些敢于坚持原则、善于坚持原则的员工,在行使弹劾、否决权中,有一线成功经验的员工通过后备队的培养、筛选,走上各级管理岗位。"

华为重视一线实战的经验,尤其是营销岗位,并且认为:一线员工的吃苦精神和艰苦奋斗的精神是磨砺出来的,可谓"板凳要坐十年冷,梅花香自苦寒来"。

- 国内营销专家与国内营销管理者的职业通道是互通的,通常是可以互相转换的,如图10-1所示。

二、国际营销专家

案例10-3
华为选拔国际营销干部:拒绝"万能将军"

华为每一个人都要热爱自己所从事的职业,在条件许可、有充沛精力的情况下,可以多了解一些与工作相关的其他业务技能。华为特别强调:在你力所能及的范围内可以涉猎其他岗位的知识,但如果没有做好本职工作,就不要横向延展。"万能将军"固然好,但往往是"样样精通,样样稀松",技不压身,但技多不养家。

华为在选择国际营销干部时,重点考察有无基层实战经验和业绩,学历只是选拔干部的参考因素。在选拔赴海外艰苦的地方工作的员工时，例如非洲，不单独招聘，而是自愿填表申请，根据其业绩表现来决定是否派到海外工作。

在干部考评中，没有学历一栏，不唯学历唯能力的选拔方式让更多的有志年轻人走到了海外重要岗位上去。

需要特别提醒的是，华为还倡导"之"字形成长模式(详见案例8-5)，员工如果一直在某个体系里直上直下、从一条线上成长起来，那思维难免会有局限性，遇到问题很容易出现本位主义思想，考虑问题很可能会片面。这种观点和拒绝"万能将军"的观点并不矛盾，"之"字形成长模式体现了员工成长的过程，而"万能将军"是最后的成长结果。在华为的管理经历中，"万能将军"几乎不存在，即便是最后成了将军，也是发挥了某个特长、精于某个领域的将军，样样精通的"万金油"可能就止步于"将军府"门前了。

- 国内营销专家(管理者)与国际营销专家(管理者)的职业通道是互通的，通常是可以相互转换的。
- 国际营销专家与国际营销管理者的职业通道是互通的，通常是可以相互转换的。

海外客户经理、项目经理的任职资格是非常苛刻的，华为在以下几个方面对这些从业人员的任职资格和需要具备的基本技能(含素养)做了界定。

(一) 对公司产品有较深刻了解并擅长宣讲

海外客户经理、项目经理直接面对客户，对产品的性能和组合方案的优劣应该熟稔于心、驾轻就熟，能随时随地传播公司的企业形象，是华为品牌和产品的传播者和推广者。

市场的推广需要整体的策略和规划，规划的落地实施首先需要宣讲，这就要求客户经理和项目经理必须具备一定的专业技能和宣讲能力。

(二) 对当地文化的深刻了解

海外客户经理、项目经理要对当地的文化、风土人情、法律法规和技术环境等有深刻的了解，能够快速融入当地文化，并营造适应当地文化的工作环境。对当地文化的了解方法可以参考使用"PESTEL"模型(见案例5-12)。

(三) 较强的政府公关能力

华为产品的特殊性决定了必须要和当地的政府等公共部门接触，处理公共关系并维持良好的沟通渠道是海外客户经理、项目经理重要的工作内容。严格按照"以客户为中心、以奋斗者为本、坚持长期艰苦奋斗"的宗旨，真诚、热忱、高效地处理公共关系是海外销售人员的重要任职资格。

案例10-4
华为在莫斯科的"36美元"订单

对海外当地的文化背景和法律法规的熟知，对当地市场的前瞻和规划，对当地政府通信政策的深刻理解，是撬动市场的开始。

1996年，华为开始实行全球化战略，负责俄罗斯市场的一个总裁受到任正非的充分信任，他立志将俄罗斯打造成海外市场的一个样板。

到了俄罗斯后，这位总裁迅速开展工作。华为产品第一次走出国门，尽管总裁对产品和技术非常熟悉，其宣讲能力也非常强，但客户就是不信任。这位总裁从当地政府入手，做了很多工作，但业务迟迟没有进展。

没有效益，华为不得不临时换帅。但是第二、三任总裁也遇到了同样的问题，没有收获任何订单。有人建议，久攻不下，应该重点攻克其他市场。

那时，华为跟几个国家都达成了合作意向。深思熟虑后，任正非还是否决了放弃俄罗斯市场的建议，他继续派第四任总裁去啃这块硬骨头。

这次任正非除了让他们和政府交流之外，还要求和具体负责技术的人沟通，并结合当地通信法律法规和应用环境进行方案上的调整。

按照调整后的战略部署，经过一段时间努力，第四任总裁终于带回来36美元的订单。这是华为签订的第一个海外订单。方法对了，就不怕路远，任正非和俄罗斯莫斯科的高管们看到了希望，继续努力，一鼓作气，最终成为俄罗斯通信市场的品牌领导者。

这来之不易的36美元订单的历史意义不在于额度，而是华为撬开海外市场的敲门砖，它验证了华为对海外销售人员的任职资格、战略规划、市场关系认知的正确性。

(四) 适应能力

海外客户经理、项目经理对海外地理环境、人文环境的迅速适应能力是工作得到高效落实的前提条件。公共关系的改善、符合当地法律法规的工作环境的建立等都需要海外销售专家和管理者的快速适应能力。

(五) 扎实的外语功底

拥有扎实的外语功底是快速融入当地文化的有效方法。当地语言(或者英语等通用语言)的熟练使用能够促进当地市场的快速拓展。

案例10-5
任正非曾是英语课代表

> 任正非曾自嘲自己的英文水平不高，但是他认为英文不好并不代表语言能力不行。在重庆大学学习的时候，他曾经是英语课代表，同时还自学了日语，都能进行简单交流。但后来的20年军旅生涯没有使用外语的机会，就生疏了。
>
> 每每提及此事，任正非都觉得丢下外语是很遗憾的事，他觉得驻外人员能用熟练的外语交流是很"体面和光彩"的事。有一次，任正非在董事会上说："将来董事会的官方语言是英语，我自己现在还在学英语，你们这些副总裁就自己看着办吧！"

三、驻外机构管理岗位

(一) 精通管理艺术

驻外机构管理岗位必须在以下几方面达到华为任职资格的要求：

- 工作任务的管理；
- 组织氛围的建设；
- 环境资源的管理；

- 决策信息的提供；
- 工作流程的制定、实施和优化；
- 绩效的改进。

（二）高效的高层公关和沟通能力

随着公司的发展，华为对高层公共关系的开拓能力要求愈加突出。这里的高层不仅指客户，还有政府、协会、学会等部门或者机构的关键人。

高效的人际沟通能力是驻外机构管理者的必备素养。

（三）更强的市场预测和规划能力

- 能预测、规划所辖区域的市场；
- 能根据客观情况，审时度势，把握全局；
- 能对销售人员进行具体、有效的市场工作指导。

市场的预测和前瞻能力是建立工作环境、制定工作流程、实施有效工作的前提，而且能保障决策信息的有效性和精准性。

案例10-6
华为海外市场的"王小二定律"

任正非一直用狼的敏锐嗅觉来形容市场预测和规划能力，海外市场的开拓更需要这种敏锐和正确的市场前瞻能力。

任正非提出进军国际市场要遵循"王小二定律"。

"王小二卖豆浆，开始能卖一块钱一碗。后来旁边新开了一家豆腐店，一定要卖八毛一碗，这样王小二的生意就不好做了。为了能够生存，王小二被迫卖六毛一碗。这是最低的价格了，再降王小二就没有利润了。如果旁边的店通过技术改进能卖到五毛钱一碗，那么王小二就必须关门了。"

任正非通过这个比喻说明对国际市场的预测和判断：进入海外市场之前自己给自己的优势产品降价，一开始就以"五毛钱"的价格进入，不要等竞争对手进入后再降价。当然，我们产品的毛利，要限定在一定水平。

这样，华为就把所有的友商都逼成了王小二，从而倒逼自己回来改进技术，提升管理，支撑着规模效益。

(四)更强的心理承受能力

驻外机构管理岗位管理者要面临国外不同国家的法律法规、风土人情,要面临各种突发事件,对管理者的心理承受能力要求较高。

案例10-7
华为倡导的领导者风范:灰度思维

任正非在2008年市场部年中大会上指出:"开放、妥协、灰度是华为文化的精髓,也是一个领导者的风范。"唯物辩证法中的矛盾观点、对立统一观点,是认识事物的根本观点。但矛盾复杂多样,其运动形态不仅仅以斗争或者对立的形式出现,矛盾中的统一性更为普遍。

白色和黑色是对立色,灰色是纯白、纯黑相互的过渡色,是黑色和白色的统一色。自然界中大部分物体的平均灰度为18%。而"灰度"一词,在华为高层领导语境中占据重要的位置,是任正非在许多重要讲话中使用的词汇。

任正非曾经说:"我们不能形而上学地认为世间的事物是有你没我、你死我活、非白即黑,更普遍的形态是你中有我、我中有你、你活我也活、黑中见白、白中有黑;在一定条件下黑白可能互相转化,黑可能变白,白亦可变黑。所以,在认识事物时,那种极端的观点,绝对化的观点,一成不变的观点都是不正确的……"

"在企业的变革时期,我们都要有心理承受能力,必须接受变革的事实,学会变革的方法。同时,我们要有灰色的观念,在变革中不要走极端,有些事情是需要变革的,但是任何极端的变革,都会对原有的积累产生破坏,适得其反。在变革中,任何黑的、白的观点都是容易鼓动人心的,而我们恰恰不需要黑的或白的,我们需要的是灰色的观点,介于黑与白之间的灰度,这是很难掌握的。"

任正非借用"灰度"一词教育干部和员工不要走极端。在正确处理本土化和国际化的矛盾,正确对待与客户、竞争对手、供应商的竞争或合作关系,以及加强管理干部的心理承受能力方面,"灰度思维"都是非常好的、坚守与妥协巧妙结合的思维。

案例10-8

蒙古姑娘与任正非的抑郁症

1987年，44岁时，任正非被南油集团除名，背负200万债务，与老婆离婚，一人带着父母、弟弟、妹妹在深圳住棚屋，被迫创立了华为。没有资本、没有人脉、没有资源、没有技术、没有市场经验，困难可想而知。

"我无力控制企业，有半年时间都是噩梦，半夜常常哭醒"，"研发失败我就想跳楼"，这是任正非在华为创业维艰期说出的决绝之语。

"创业时压力巨大，生存条件很差，刚从军队转业，完全不明白市场经济为何物，各种问题交集，完全力不从心，精神几近崩溃。

"2000年之前，我曾是忧郁症患者，多次想自杀，每次想自杀时就给孙亚芳董事长打个电话。当时我知道这是一种病态，知道关键时刻要求救。

"直到2006年，公司的几个员工请我在西贝莜面村吃饭，我们坐在大厅，有很多内蒙古村庄的农民姑娘在唱歌，我请她们来唱歌，一首歌3美元。我看到她们那么兴奋、乐观，那么热爱生活，贫困的农民都想活下来，为什么我不想活下来？那一天，我流了很多眼泪，从此我再也没有想过要自杀。"

现在，华为推崇悲观主义的乐观精神，任正非认为"华为是向死而生"，华为深圳研发基地几年前是一片乱坟岗，华为在南京的软件园旁边就是南京烈士陵园……任正非并不讳言"死亡"话题。他说："生命总是要终结的，我们现在所做的一切努力就是延长华为的寿命，不要死得那么快，更不要死得那么惨。"

岗位越高，其压力越大，只有自己当自己的心理医生，不断地调整自己，压力才可承受。任正非从一个蒙古姑娘热爱生活的态度里找到了生活的信仰，其他人也可以：一花一世界，一人一心境。心随境转，没有跨不过去的心坎。

四、职能管理岗位

（一）专业知识及技能

职能管理岗位人员需要掌握的专业知识及技能包括：

第十章　职业通道

- 岗位职责涉及的专业知识；
- 岗位职责要求的工具和方法；
- 岗位职责要求的基本技能。

机关管理岗位属于职能岗位，对专业知识和岗位基本技能的要求较高，由于属于横向岗位，接触的业务面比较广，涉及的知识较多，监督管理的内容较多。

(二) 管理知识和技能

职能管理岗位人员需要掌握的管理知识和技能包括：

- 管理学基本知识；
- 管理技巧的掌握和熟练运用；
- 沟通与协调能力。

机关管理的横向和纵向沟通较多，表现为上下沟通，左右协调，对其整合资源和协调能力要求较高，对业务审批流程和监督流程的管理技巧要求较高。

(三) 内部用户的服务精神

职能管理岗位人员需要具备服务内部用户的精神，相关工作及素养包括：

- 各部门之间的跨部门沟通；
- 服务精神和管理精神的合一；
- 问题内归因的职业素养。

内部职能管理部门的服务意识是公司保持高效运转的关键要素，如果内部职能管理部门的服务意识不够，就会让外部一线的人员失去了"后勤保障"和"粮草辎重"，重装旅和陆战队的战斗力不会持久。内部服务精神的缺失，会带来"官僚主义、山头主义和裙带主义"。

案例10-9
华为例行的"三反"运动

机关管理部门(职能管理部门)如果没有内部用户服务精神，就很容易滋生不作为和腐败现象，进而会产生"官僚主义、山头主义、裙带主义"。任正非认为，这三个毒瘤是打败华为的内部不良因素，也是华为败给自己的唯一理由。

为此，从2007年9月29日召开的《EMT自律宣言》宣誓开始，华为的"三反"宣誓活动制度化至今。2017年1月的市场工作会议现场，任正非和原华为董事长孙亚芳带领高层和管理者进行了再次宣誓。这次宣誓的内容包括不迎来送往，不贪污受贿，不动用公司资源，不说假话，不捂盖子等。

这次宣誓活动中特别提出："反对官僚主义，反对不作为，反对发牢骚讲怪话。对矛盾不回避，对苦难不躲闪，积极探索，努力作为，敢于担当。"

"内圣外王"，内部的管理肃清，氛围的风清气正，文化的坦坦荡荡，是保障华为健康肌体的关键。

第十一章

发展与创新

> 创新是提高人均效益和组织利益的途径，是持续不断的优化工作的过程；创业不仅仅是一种行为，更是以艰苦奋斗的精神投入现有工作中，以创业者的心态兢兢业业履职。

> 创业和创新是围绕提高核心竞争力(效率和成效)来说的，一切无益的、花花绿绿的所谓创新，都是幼稚表现。

一、做实

"干一行，爱一行，专一行。"

"小改进，大奖励；大建议，只鼓励。"

心无旁骛，绳锯木断，锲而不舍，艰苦奋斗，工作上的做实精神犹如扎根一样，扎得越深，你抗击风雨的能力就越强。

(一) 为什么要做实

- 国内竞争对手步步逼近，跨国公司虎视眈眈，市场竞争刀光剑影，商场如战场，容不得半点疏忽大意。
- 海外市场的开拓是一个艰辛的创业过程。华为品牌形象初步树立，但客户关系，尤其是与当地政府的关系还缺乏基础，处处需要我们把工作做到细微之处，需要我们去克服种种困难，以不懈的努力来打开华为通向世界之门。

- 点点滴滴的小改进将汇聚成竞争对手难以察觉和模仿的竞争优势。
- 个人的核心竞争力，需要在做实中培养。

(二) 如何做实

- 每天访谈了多少客户？打了多少次电话？收集了多少客户信息？
- 谁是我们的客户？谁是我们产品或服务的消费者？他们的事业是什么？他们的需求是什么？他们的困难有哪些？
- 在客户单位中，哪些人对我们有影响？有哪些影响？他们的角色是什么？他们之间的关系如何？我成为他们的"自己人"(不打领带的关系)了吗？
- 我了解我们的竞争对手吗？了解的程度足够吗？
- 我了解公司的产品、解决方案、使命和文化吗？
- 我了解与我工作相关的求助资源吗？
- 我经常向自己提问吗？我去做了吗？我全身心地投入了吗？
- ……

案例11-1
华为是怎么培养务实精神的？

华为的一个新员工，北京大学毕业，刚到华为工作不久，就华为的经营战略问题，洋洋洒洒写了一封"万言书"。这位毕业生以为自己好不容易写出来的"万言书"一定能打动领导，没想到任正非看完这封"万言书"的批示是："此人如果有精神病，建议送医院治疗，如果没病，建议辞退。"

"小改进，大奖励；大建议，只鼓励。"这封"万言书"在任正非看来连建议也不算，只能算是"妄言"。这种评价可能对那位有"满满抱负"的毕业生来说不公平，任正非之所以这么做就是为了给新员工塑造务实的精神。如果把一些不符实际的想法错当作有"思路"，那么浮夸缥缈的次文化氛围很容易形成。一旦这种次文化形成，说大话，空谈论就很容易成为工作

第十一章　发展与创新

中的主流风格，那么华为的"清谈馆"就会越来越多。

二、创业

我们既要抓住新兴产品市场的快速渗透和扩展，也要奋力推进成熟产品在传统市场与新兴市场上的扩张，形成绝对优势的市场地位。

——《华为公司基本法》第三十条

(一) 创业需要狼性

- 嗅觉：能在西伯利亚白茫茫的荒野里寻觅到一块食物；
- 韧性：不屈不挠，奋不顾身，勇往直前，即使屡战屡败，也要屡败屡战；
- 意志：群体奋斗，前仆后继，不怕牺牲。能带领所有的狼去捕捉食物，他们是信息潮流的领头人，即使第一匹狼不行，第二匹狼又扑上去，前仆后继。

(二) 创业规则

创业不仅仅指离开原有企业后独立成立一家公司重新运营，还指持续创新的精神和不断实现自我价值的过程。国内创业理论研究专家李志刚教授，通过扎根理论研究，以华为等企业为研究个案，从团队组成和创业机会两个维度，把创业方式分为4个类型，分别是原生创业、次生创业、派生创业和创生创业，见图11-1。

图11-1　企业创业的方式

从图11-1中可以看出，在原有的企业内部以老板的心态职业本身也是一种创业。

三、创新

创新的要点：

- 对工作既尽力又尽心；
- 巨人的肩膀是创新的平台——30%的创新是创新，100%的创新非创新；
- 在自我批判中成就创新，在岗位中持续创新；
- 技术创新不能领先竞争对手过快，"领先三步是先烈，领先半步才是英雄"；
- 及时把经验记录下来，使隐藏的知识外显化，使个人的经验组织化；
- 创业与创新贯穿在公司运作的每一个环节上，其根本的衡量标准就是能否促进公司核心竞争力的成长。

创新是一个组织和个人持续成长的有效驱动力，也是企业持续发展的永恒课题。创新的方法有原生创新、模仿（跟踪）创新、资源重组创新、市场倒逼创新等。创新是一个连绵不绝的过程，而非时断时续。

四、开放自我，不断学习

只有持之以恒地学习，培养个人的核心技能，创业创新才有希望。

（一）不断总结

- 多思多想；
- 多记笔记；
- 多写总结；
- 多向上级、同事、客户和竞争对手学习。

案例11-2

塑造总结力：小本子，大本事

  西北片区的很多工程师都知道刘大伟有个小本子。本子不大，软皮的，便于出差携带；本子很破旧，因已随他在华为度过了两个年头；本子很管用，跟他一起修过机器的人曾建议说："用服中心应该出钱买下这个本子，里面可都是宝贝！"

他在从西北区调到南宁的时候，本子丢在了西北，不知哪位幸运的工程师捡到了，分文不花，得到了"高手"两年的心得。

用服中心该不该出钱买下这个本子？这里暂且不谈。工程师捡到了本子，是不是就等于获得了刘大伟全部经验，马上就能达到他的水平呢？答案显然是否定的。那是因为，碰上一个疑难问题，刘大伟通常熬上两天两夜，要检查不少软件和硬件，进行详细的测试和分析，查阅大量资料，才能将问题解决。最终他才在本子上记下简单的几行字："近日发现B型机出现问题，原因在于……，以后要注意。"就这几行字，记的都是精华，你不一定能看懂，你得到的收获和别人熬上两天两夜得到的收获肯定是不一样的。

(摘自《管理优化报》55期，作者：马爱民)

(二) 自我学习

- 自我学习方法：举一反三，温故知新，学以致用；
- 自我学习步骤：观察、思考、学习、总结、实践、修正；
- 自我学习管理：持续学习，自我驱动，形成素养。

(三) 持续学习

- 持续学习，不间断学习；
- 向各行业学习，萃取知识和智慧；
- 持续学习是华为的核心竞争力。

案例11-3

全国学华为，华为学习谁？

华为的学习精神可谓"只争朝夕"，学习对象涉及各行各业，只要是有价值的，一切皆可以为华为所用。学习的目的是启发和使用，华为向来不会错过这样的机会。

华为向中国共产党学习：八项规定、自我批判、多劳多得。2013年还搞了"八项规定"，比如说请客要领导请，不允许下级请上级；

华为向外国学习：学英国的制度、美国的创新、日本的精益、德国的规范；

向军队学习：学习上甘岭、呼唤炮火、上校连长、西点军校、铁三角；

向企业学习：2012年华为学海底捞、学顺丰快递，任正非让所有高管去海底捞免费吃顿饭，回来后谈体验感悟；

向动物学习：狼性、狮群、蜘蛛、蚂蚁；

向植物学习：薇甘菊；

向建筑学习：都江堰、罗马花园、长城；

向影视学习、向书刊学习、向员工学习、向杂家学习……

案例11-4
今天是人才，明天未必是人才

1835年11月25日安德鲁·卡内基出生在苏格兰一个饱受贫穷煎熬的家庭。卡内基8岁才开始读书，13岁的卡内基结束了学业，在一个线厂的锅炉房中找到了份工作，每星期1美元20美分的薪水。

不久，他的一个叔叔碰巧听说欧雷利电报公司需要一个送信员，便告诉了卡内基。于是卡内基得到了这份工作。他开始工作后所做的第一件事就是熟悉匹兹堡闹市区的每一条街以及街上的每一个商人和每一幢房子，所以他送电报的速度比任何人都快。

同时，卡内基还发现了这份卑微工作的其他利用价值，当匹兹堡剧院有电报的时候，他会把电报留到戏剧上演时去送，然后恳求剧院管理员让他从平台上看戏。就这样，他背下了莎士比亚的整出戏，后来竟学会了表演所有的角色。

在送电报的间歇，卡内基就待在电报办公室。在那里，他不仅掌握了莫尔斯电码，还掌握了不少新的技术。由于思维敏捷，他很快被提升为全职操作员，后来又被安排负责接收国外的新闻。卡内基对工作很着迷，每天都要工作很长时间。每天下班后，他还要步行5英里去学复式簿记法。

当时的图书馆都是私人的，其中有一个是向学生开放的，卡内基便如饥似渴地钻了进去，阅读能拿到手的所有东西。1852年，宾夕法尼亚铁路公司总裁汤姆·斯哥特给了卡内基一个机会，让他做自己的助手。1859年，24岁的卡内基已经被提升为宾夕法尼亚铁路西段的主管。卡内基把分得的红利和

第十一章 发展与创新

从工资中挤出的钱投资到各种各样的公司。

他意识到铁路的延伸意味着更长的旅行,人们将需要可以睡觉的车厢,于是开始大额投资伍德卢夫睡厢公司。这是卡内基积聚财富的真正开端。

他本是一个贫穷的苏格兰移民,出身于匹兹堡的贫民窟,最终却成为美国最有权势的人之一。

- 成功有很多要素,但必不可少的是不断地进行自我训练。
- 每天自学1小时,一年365小时,3年就可以成为专家。
- 相关拓展:大学期间一定要多去图书馆、多去自学室,很多书你现在不读,一辈子就再也没机会去读了。虽然不是每本书都一定有用,但是因为你不知道究竟哪本书以后会有用,所以只有多看书,并且抛弃那些过于功利的想法。尽管每次网到鱼的不过是一个网眼,但要想捕到鱼,就必须编织一张网。

作者点评

互联网+时代是一个知识驱动的时代,没有知识的驱动,一切将停滞不前。知识决定认知,认知决定思维,思维决定结果。"当你感觉自己的能力达不到目标的时候,你能做的唯一活动就是停下来再学习。"

企业的技术成果、营销经验、管理水平等都不是与生俱来的,而是经过持续的学习和积累而获得的。在企业中,无论哪一个层级的员工都应该通过学习来提高自己、完善自己。一个学习型的团队才富有战斗力,并且能够在变化的环境里做到"与时俱进,与时俯仰,与时偕同,与时舒卷"。

知识需要不断迭代,华为建立了华为大学,海尔建立了海尔大学,阿里巴巴成立了淘宝学院。成功的企业还会跟一些有实力的培训机构合作,通过引进社会知名专家授课、带领团队去参观学习优秀企业,让员工得到多视角、全方位的培养与提升。

案例11-3告诉我们:一个善于学习的员工才是企业所需的可持续成长的人才,"今天是人才,明天未必是人才"(张瑞敏语),拒绝学习的人闭耳塞听,冥顽不灵,最终深闭固拒、独断专行、师心自用、固执己见,结局如何可想而知。

学习需要方法更需要毅力,系统化学习和碎片化学习的结合已经成为很多职场人士必选的方法,工作之中通过实践进行系统学习,工作之余通过在线课程进行学习，及时弥补自身的短板，寻求自身的突破，是一种很有效的学习方法。

"富贵必从勤苦得，男儿须读五车书"，不仅是"男儿"，应该全员学习了！"闲门向山路，深柳读书堂"，读书随处净土，闭门即为深山，让我们赶紧去知识的海洋里畅游吧！

你自己的思考和感悟：

思考	1. 为什么说"学习是实现自我突破的唯一方法"？
	2. 您在8小时之外是否每天坚持学习一段时间？
	3. 您公司内部是否有完善的员工学习与培养体系？

感悟：

1. 拟订循序渐进的自我学习计划

下面是华为某办事处销售人员的学习改进计划(节选)。

(1) 改掉这些习惯：

- 做事拖拖拉拉；
- 消极的语言；
- 抱怨的语言；
- 每天看电视超过了一个小时；
- 每天看微信超过了一个小时；
- 每天看书没有超过一个小时；
- 说闲话；
- 说废话。

主动学习 自我提高

(2) 用下面的方法提高自己的思维能力：

- 每星期花2小时阅读有关工作方面的专业杂志；
- 读有关自我提高、自我帮助方面的书；
- 交4个新朋友；
- 每天花30分钟用于无干扰的独立思考；
- 每周尝试写两篇管理感悟；

- 尝试坚持写博客(微博)，但必须是积极向上的内容。

(3) 必须读的文件、资料和书籍：

- 华为公司文化类资料，如《华为基本法》等；
- 华为内部管理类资料，如《管理优化报》《华为人报》等；
- 华为内部技术类资料，如《华为技术报》和各种新产品说明书；
- 管理类书籍，如《第五项修炼》《世界是平的》；
- 技术类书籍，如《电信网络大全》；
- 文学类书籍，如《文化苦旅》；
- 政治类书籍，如《邓小平文选》《习近平新时代中国特色社会主义思想三十讲》等。

2. 履行计划，日日自检

- 制订计划，阶段实现；
- 自我检查，自我激励；
- 持之以恒，乐于分享。

案例11-5

学到老，才能活到老

陈立毕业后在中试部工作了两年，由于他业绩斐然，总公司把他从中试部调到南方某办事处做销售工作。

南方市场的竞争压力很大，而陈立所在的办事处的客户关系也很难梳理，恰恰他负责的客户是整个办事处难度最大的，所以陈立的工作量大，工作节奏也非常快。为了能够完成公司分配的目标，陈立非常刻苦，经常工作到半夜一两点钟。

陈立给自己定了两个规矩。一个规矩是：无论每天工作到多晚，不论是在办事处还是外出，回到住所后，他都坚持锻炼身体。锻炼的方式非常灵活，有时散步、跑步，如果晚了就在房间里做高抬腿动作，直到微微出汗。

另外一个规矩是：每天必须坚持读书1～2个小时，雷打不动，即便开会到很晚，他也把床头用书签隔起来的书再读一下，直到达到规定的时间。他还养成了做读书笔记的习惯,这几年来,他做的读书笔记有16本之多,让人咋舌。

陈立现在不仅是一名技术专家,还是营销专家,重要的公司级大项目,他常被调过去作为重要成员参与方案的设计。

- 销售人员不能等的两件事:锻炼身体和学习知识。
- 销售人员既要有体力,也要有脑力,前者需要好身体,后者需要积累知识。
- 相关拓展:学习和锻炼身体都需要"厚积薄发,持之以恒",忌讳的是"虎头蛇尾,始热终冷"。锻炼身体和积累知识的过程,可谓"功不唐捐"。

作者点评

"身体是革命的本钱",我在北大、清华、上海交大等全国各大总裁班上多次告诫企业家们:"锻炼身体,坚持到底!"因为企业家们需要三力合一:体力、脑力和心力,营销更是三力合一的职业。

我曾多次引用司马懿和诸葛亮的故事来说明身体健康的重要性,诸葛亮的失败是比司马懿死得早,最后才落得个"三国归晋"。身体锻炼贵在持之以恒,三天打鱼两天晒网,再好的锻炼方法也没有用。明代学者胡居仁曾说:"若有恒,何必三更眠五更起;最无益,莫过一日曝十日寒。"

持之以恒的学习非常重要,如同西汉刘向所说:"始于不足见,终于不可及。"学习时要遵循12字法则:"举一反三、温故知新、学以致用。"儒家学派对学习的要求是:博学,审问,慎思,明辨和笃行(关于"知识学习的12字法则"和儒家学派的学习要求的详细讲解请参看刘春华大型系列微课"中国式优秀营销总监108招")。反复咀嚼、时刻玩味所学知识,将知识点串联成知识线,将知识线扩展为知识面,在实践中反复实践,知识就能变为智慧。

案例11-4告诉我们:健身益智是一个人一辈子的修行。知识就像滚雪球,越滚越大,不滚就化。知识需要一点一滴的积累,不是一次性的,而需要长途跋涉,日积月累。

"学习如春起之苗,不见其增,日有所长;辍学如磨刀之石,不见其损,年有所亏",切莫"黑发不知勤学早,白首方悔读书迟"。

不同年龄的人对知识的理解也不一样,清朝学者张潮认为:"少年读书,如隙中窥月;中年读书,如庭中望月;老年读书,如台上玩月。"学知识,在人生的不同阶段,应该采取的方式也迥然不同。

所以，一个人不是因为活到老才学到老，而是因为学到老才活到老。"书山有路勤为径，学海无涯苦作舟。"让我们从今天开始，再次翻开书的扉页，恶补知识吧！

你自己的思考和感悟：

思考	1. 你平时是否有读书(学习)和锻炼身体的好习惯？
	2. 我们可以采取什么方法督促自己一直坚持学习和锻炼身体？
	3. 如何在团队里营造"坚持锻炼和学习"的氛围？你公司是否搭建类似平台？

感悟：

（四）参加培训

华为为营销人员提供的培训包括：

- 管理类培训；
- 营销基础培训；
- 项目管理培训；
- 参观与考察；
- 国外项目交流和考察；
- 微课培训；
- 部门内部的培训；
- ……

华为从不吝啬对员工培训的费用支出，因为培训是回报率最高的投资，也是企业给员工最好的福利。华为向来倡导以谦卑的态度向老师和专家学习。

互联网+时代，培训的方式越来越多，即时性和碎片化的学习时代到来，员工除了参加公司集体组织的培训外，还要利用其他时间主动参加一些线上和线下的培训，进一步充实和提高自己。

《逐梦篇》学习小结与行动计划

学习了《逐梦篇》之后，请学习者(尤其是企业高层管理者)组织营销部门员工集体回顾学习内容，固化学习后应该掌握的知识，提升能力，并制订相应的行动计划(参见表1)。

表1 《逐梦篇》 学习小结与行动计划表

计划项目		学习小结与行动计划	责任人
能力提升	1	应该掌握营销部(含销售部)人员职业通道规划和设计/方法	学习者
	2	应该掌握营销部(含销售部)人员再学习和能力再塑方法	学习者
行动计划	1	营销部(含销售部)人员的职业通道设计和规划	▲
	2	营销部(含销售部)持续学习和发展平台的搭建	▲
	3	营销部牵头设计一本《公司营销基本法》管理手册	▲
备注		所有的责任人后都应有时间节点项，▲必须为指定责任人	

建议行动计划的1~3最终要有输出结果，将输出的结果形成手册(可与《铸魂篇》和《筑技篇》两部分内容整合在一起)，做到营销有标准，有平台，可视化，可量化。行动计划3融合了《铸魂篇》《筑技篇》《逐梦篇》三部分学习成果，最终形成企业自己的《营销基本法》。

如此，企业的营销体系就会更加完善和系统，营销的竞争力可以大大加强。《庄子·养生主》："指穷于为薪，火传也，不知其尽也。"柴薪可以烧完，火种却能流传下去，无穷无尽。"铁打的营盘流水的兵。"这个《营销基本法》就是薪火，就是铁打的营盘，即便营销人员离职或者轮岗，但是他的智慧却留存了下来，让企业的营销体系不断优化，不断完善。

建议每半年对营销体系和标准进行升级和更新(不建议大变，只是优化和完善)，营销体系和标准手册随之升级。

"雄关漫道真如铁，而今迈步从头越。"一个成功的企业，首先是一个时代的企业。愿本书能成为您企业营销之路上的一根竹杖。

"竹杖芒鞋轻胜马，谁怕？一蓑烟雨任平生。"营销之路，漫漫之路，因为有了系统的学习，便是从容之路，但愿：回首向来萧瑟处，虽有风雨总归晴。

附录A

华为三级管理者任职资格行为标准

各级管理者的领导与管理能力的提高是提升公司核心竞争力的关键。各级管理者必须不断对照任职资格标准来修炼自己的行为,提升公司的整体核心竞争力,促进公司的持续与稳定发展。

任职资格标准是对任职者取得高绩效的关键行为的提炼,它指引任职者高效率去获取成功,因此管理者任职资格标准是评价管理者任职状况的基准。

对中层、基层管理者任职状况评价的核心要求为身体力行、事必躬亲、严格执行、有效监控、诚信服从,中层、基层管理者必须具有强烈的绩效导向,紧紧围绕提高公司核心竞争力这一目标,严谨做实。

经过审定,对管理者任职资格的具体评价标准规定如下。

1 评价要素

要素项目	参考权重
任务管理	40%
团队建设	15%
流程执行	15%
资源有效利用	15%
职业素养与工作态度	15%

2 评价标准细则

2.1 任务管理

2.1.1 制订合理的目标与计划:部门目标的制订依据上级目标及本部门工作

现状，体现对上级目标的分解与对本部门工作的牵引。工作计划符合SMART原则并设有监控点。

2.1.2 组织实施工作计划：按计划要求及本部门资源状况分解工作任务，对下属进行相应的事先指导与工作辅导，协调所需资源，激发员工热情，确保工作任务高效完成。

2.1.3 指导和控制工作计划的实施：按工作计划及所做出的承诺及时检查、评估工作进展情况，对下属工作及时进行有效指导，对存在问题及时协调解决。

2.1.4 绩效改进：按照本部门工作职责及目前工作任务要求，分析和总结工作中存在的问题，从提高组织效率和工作有效性出发，提出切实可行的改进目标并具体实施，促进工作绩效的不断改进。

2.2 团队建设

2.2.1 氛围营造：以公司核心价值观为导向，以身作则，在部门内倡导积极向上的工作氛围，树正气，敢于承担责任、相互负责、勇于自我批判，以有利于工作开展为基准，协调部门工作。

2.2.2 干部培养：积极主动地营造员工成长的环境，创造人才脱颖而出的氛围，根据部门岗位要求及员工发展潜力，指导下属不断提高任职能力，以高度的责任感培养、推荐干部，通过梯队建设激发团队活力，改进团队绩效。

2.2.3 有效沟通：在部门内组织和推动双向沟通的定期进行，使沟通在部门内形成制度，提高员工工作的明确性，促进部门工作效率的提高。

2.2.4 创造、培育和维持良好的外部工作关系：以公司利益为重，强化整体观念，与相关业务部门建立通畅的沟通渠道，积极主动地协调部门关系，达成工作目标。

2.3 流程执行

2.3.1 监控执行：结合部门实际，与相关人员一同学习、理解所使用的流程，及时监控流程的执行情况，确保与本部门有关的业务流程得到正确的贯彻实施。

2.3.2 内部优化：对流程的运作情况进行及时的评估，对不足部分应结合本部门实际情况与相关人员一同制定相应的实施细则，对流程中存在的问题及时向主管及相关部门申报，以期进行合理优化。

2.4 资源的有效利用

2.4.1 建立、保持、维护工作环境：根据工作需要和相应的资源状况，充分考虑效率与成本并兼顾未来发展，工作环境的建立主要包括硬件设备的配置与管理工具的开发等；对工作环境运作情况要进行及时评估与优化，保证工作需要。

2.4.2　文档管理：重视部门知识环境的管理，采用文档、手册、经验案例等适当形式保证工作技能的积累与继承，避免从事类似性质工作的员工犯类似错误。

2.4.3　信息的收集与提供：根据相关部门的需求，收集、选择并处理所需信息，按所需格式及时予以提供，以利于相关部门进行决策参考。

2.5　职业素养与工作态度

2.5.1　职业素养：要不断提升与自己任职岗位相适应的职业素质与技能，不断修炼自己的人际理解能力与管理能力，增强工作的责任意识与服务意识，以职业化的标准严格规范自己的行为。

2.5.2　工作态度：以公司利益为重，热爱本职工作，身体力行地贯彻公司文化与各项制度要求，保持积极心态，不断学习、进取，以模范的行为表现影响员工。

资料来源：华为内部资料，内容与结构略有调整

附录B
华为行为准则

1 公司宗旨

1.1 追求

华为的追求是成为电子信息领域的世界级领先企业,为实现客户的价值观而持续发展。

1.2 员工

管理有效的高素质的集体奋斗员工群体是最重要财富。

1.3 技术

在独立自主发展核心技术基础上,开放、合作。

1.4 精神

爱祖国、爱人民、爱事业、爱生活是我们凝聚力的源泉。敬业、创新、团结、企业家精神是我们企业文化的精髓,实事求是是我们行为的准则。

1.5 文化

资源是会枯竭的,唯有文化是生生不息的。

1.6 利益

华为主张在顾客、员工与合作者之间结成利益共同体,努力探索按生产要素分配的内部动力机制,我们决不让雷锋吃亏,奉献者定当得到合理的回报。

1.7 社会责任

华为为产业报国和科教兴国做不懈的努力,以公司的发展为所在社区做出贡献,为伟大祖国的繁荣昌盛,为中华民族的振兴,为自己和家人的幸福而不懈努力。

2 华为人职业行为规范

2.1 尽职尽责

需要员工全身心地投入工作中去。

2.1.1 坚持原则，一切从公司利益出发，不感情用事。

2.1.2 干一行，爱一行，专一行，脚踏实地，一丝不苟，精益求精，不断地把事情做得更好。

2.1.3 各级主管有责任根据公司发展的需要为在本职岗位上表现出色的员工提供更多的发展机会。

2.1.4 对工作目标及结果负责，积极努力去实现既定目标。

2.1.5 主动承担工作责任，出现问题时首先讲内部不讲外部，讲自己不讲别人，讲主观不讲客观，把解决问题作为首要任务。

2.1.6 敢于暴露自己工作中的问题，敢于讲真话，不捂盖子，不文过饰非。

2.1.7 苛求自己，苛求产品，不犯重复错误，把事情一次做好。

2.2 团结协作

胜则举杯相庆，败则拼死相救。团结合作、集体奋斗是华为文化的精髓，只有团队成功才有个人的成功。

2.2.1 小我融入大我，在团队的平台上发挥个人特长。

2.2.2 从自身做起，积极参与集体活动，努力营造团结紧张、严肃活泼的团队气氛。

2.2.3 襟怀坦白，包容他人，认同别人的长处、了解彼此的短处是团结协作的基础。

2.2.4 资源共享，积极支持和配合他人工作，积极求助于他人，同时无私地帮助他人，在互助中共同进步。

2.2.5 重视工作中的不同意见，不要把工作中的意见分歧转化为人际关系的冲突。

2.2.6 尊重个人人格，不涉及他人隐私，不歧视他人。

2.3 学习与创新

问题意识、改进意识、危机意识是企业创新的原动力。诚实劳动与胜任本职工作是员工长期在华为赖以生存的基础。

2.3.1　自我批判是自我超越的前提，居功自傲是阻碍我们不断进步的绊脚石。

2.3.2　结合公司实际，学习有益于公司发展的一切优秀的思想、理念和技术，提高本职业务技能，追求技术与管理的不断进步。

2.3.3　倡导建立在个人自学基础上的团队学习，增强团队创造力。

2.3.4　公司倡导"小改进，大奖励"，立足于本职岗位，追求点滴改进，改进无止境。

2.4　沟通、报告与反馈意识

知识经济时代的工作是沟通式的工作，沟通是团队创新的主要工具，是化解误会、冲突的最佳方法，在与他人的交往中，保持宽容心、同理心、平常心、自信心、诚意和善意。

2.4.1　公司有多维多向的沟通协作渠道和形式。整个工作过程本身就是沟通过程，管理者布置工作的过程是沟通，考核过程是沟通。员工之间在工作过程中通过良好的沟通，紧密协作，共同实现部门以及公司的整体目标。公司借助网络为员工开展沟通与协作提供了灵活、有效的渠道，每位员工必须学会求助，并善于求助。

2.4.2　公司提倡"吃文化"，上下级和同事之间互相请客吃饭、吃面条，在饭桌上沟通思想、交流工作，日常生活的方方面面都可以有沟通机会，只要有两个以上华为员工，也就形成了沟通的机会。

2.4.3　《华为人》《管理优化报》《华为文摘》等报刊是员工与公司沟通的重要手段，它们是公司文化与管理动态的一个窗口，每位员工应认真阅读，如有心得可以投稿与大家分享。

2.4.4　公司设有"总裁信箱""合理化信箱"用以汇集员工建议，每位员工在做好本职工作的同时，有义务对公司管理提出合理化建议，员工也可直接逐级向上沟通和报告，上级应充分重视并及时答复。

2.4.5　对工作及学习生活中的违反公司规定、违反社会公德等行为，要从建设性角度投诉。

2.4.6　任何书面投诉要以个人署名方式，陈述事实，不主观评论，公司会保护投诉人不受打击报复，如出现打击报复情况，公司会追究直接主管或相关人员的责任。

2.4.7　公司不允许用联名信的方式反映问题或投诉，同样的意见也只能以个人观点反映，如有联名情况，会考虑对联名人员的使用问题。

2.4.8　公司把匿名投诉作为一种不正直、不磊落的行为，公司不接受任何匿名投诉或诬告，所有的匿名信一律不受理，不调查，任何主管和员工不能传播匿名信。

2.4.9　接受投诉的部门有义务为投诉人保密。

2.4.10　正确并诚实地制作工作报告。

2.5　市场、服务意识

公司各种不同岗位的人实质上都参与了市场营销活动，直接或间接地服务于用户，市场是检验公司所有工作有效性的唯一标准。

产品稳定性、技术、功能上满足目标客户群的价值导向、具有竞争力的成本、客户投资保护、有效及时的客户服务构成了公司市场的核心竞争力，每一个员工都应该从公司的市场目标来理解本岗位的工作。

2.5.1　销售是市场第一线，销售人员要通过市场活动向用户展示公司、展示产品、展示华为人的风貌，销售人员是代表公司去赢得市场的。

2.5.2　顾客价值观的演变引导着技术研发的方向，是否满足市场需求是衡量产品成败的唯一标准。研发有牵引市场的任务，但最终要服务于市场，研发人员必须在产品形成的每个环节、每个细微之处追求点滴、锲而不舍的改进，追求产品的稳定性、功能的先进性、低成本、高品质，满足可生产性、可维护性、可采购性、可升级性……从对科研成果负责转变为对产品市场成败负责，在设计中摒弃幼稚思维，构建质量、成本、服务优势。

2.5.3　生产过程是直接的产品制造过程，生产目的是要制造出用户满意的产品，为此在生产的每一环节都要急用户所急，重用户所重，保质保量，按时准确地将产品送达用户。

2.5.4　及时有效的服务是我们拓展市场的基础，这种服务不单指售后服务，而是包括一切与用户相关的服务：交货服务、咨询服务、接待服务、运输服务、培训服务……每一次服务都要体现出用户是上帝的服务宗旨，我们向顾客提供产品的终生服务承诺。

2.5.5　"下一道工序是我们的用户"，我们不仅对外有市场意识和服务意识，永远想着最终用户，对内也要有市场意识和服务意识，为下一道工序、下一个接口、下一个环节提供良好的服务。

2.6 质量、成本意识

树立品质超群的企业形象，质量是企业的生命，质量是我们的自尊心。具有竞争力的成本是增强企业核心竞争力的重要因素之一。公司倡导成本意识是为了追求可持续的最佳投入产出比。

2.6.1 技术上保持与世界潮流同步。

2.6.2 创造性地设计、生产具有最佳性能价格比的产品。

2.6.3 从最细微的地方做起，充分保证顾客各方面的要求得到满足。

2.6.4 充分利用公司的各种公共资源是降低成本的最有效途径。

2.6.5 加强主人翁责任感，厉行节约，减少浪费，爱护公司的公共财物。

2.6.6 人力资源的浪费是最大的浪费，减少无效劳动，杜绝人浮于事，合理配置人力资源，是降低成本的重要途径。

2.6.7 时间是最宝贵的资源之一，时间的浪费是最容易被忽视的浪费。工作无计划、计划和方案的草率造成工作不断返工，是时间浪费的主要原因之一。制订计划和方案的过程中充分讨论、系统分析，尽量让计划、方案臻于完善；在实施计划、方案过程中严格遵守规则，及时沟通协调是减少时间浪费的有效办法。

2.7 知识产权与保密意识

所有商业秘密和技术秘密是经公司巨大投资、经集体奋斗所获得的知识产权。对我们这样一个高科技企业而言，这笔无形资产是公司赖以发展、员工福利得以保障的基石。每个有责任心的华为人要像爱护自己的眼睛一样，来保护我们的商业秘密和技术秘密，严厉打击故意泄密的行为，谨防无意泄密。

2.7.1 员工有义务保守公司的商业秘密与技术秘密，遵守公司保密规范，保护公司的知识产权：

因职务取得的知识成果应及时汇报，协助公司取得知识产权；

对于不该知道的秘密不打听、不猜测；

保守机密，在任何场合、任何情况下，对内、对外不得以任何方式向任何未授权人员泄露公司机密。这些机密包括但不限于纸质或胶片上的文档、工作笔记、会议纪要、文件、图表、目录、磁盘、光盘等；

妥善保管、使用、交还有关秘密文件及实物；

对外宣传、对外交流时，讲究方法与策略，严格保守公司的秘密信息。不在公共场合随意谈论公司信息，防止无意泄密；

不论是否离开公司，不得利用公司机密为自己或他方谋取利益。

2.7.2 发现可能泄密的情况，按公司的有关规定处理，及时报告，及时采取有效措施。

2.7.3 员工应尊重他人的知识产权，不得非法获取、使用他人的知识财产(如机密信息、软件等)。

2.7.4 当员工合法持有他人的有机密性或有使用权限的信息时，除合同条款允许外，不得复制、散布或泄露这些信息。

2.7.5 员工在使用软件、使用网络上的资源时，必须严格遵守授权合同的条款规定。

2.7.6 员工因私人拥有的计算机而取得的软件(尤其是有版权问题的软件)，不得置入华为所属的任何计算机系统中，亦不可将它带入华为的办公场所，其他侵犯他人知识产权的物品不得存放于华为的办公场所。

2.8 安全与资源保护

增强安全意识，保障员工人身安全及公司财产安全，是每一个华为人的义务。

2.8.1 员工须遵守公司制定的安全管理条例，严格执行身份卡识别制度、消防管理制度、物品投递管理制度、携物出门管理制度。

2.8.2 要妥善保管私人财物，不在办公场所(办公桌、柜子、电话或计算机系统中)存放私人物品、存折或文件，公司安全管理部或上级部门有权开启并检查，确保个人权限密码安全(包括信息系统密码、保险柜密码等)，如丢失或被盗，责任自负。

2.8.3 员工进公司必须主动出示工卡，在公司内部要随身佩戴工卡。接待非公司人员进入公司时必须为来宾在总接待台或安全岗领取贵宾卡、来宾卡等身份识别卡，来宾在公司活动期间，必须佩戴身份卡于醒目位置。经常出入公司的非公司人员应在安全管理部和知识产权部的联合审批下办理临时通行证，进入公司必须佩戴有效通行证。

2.8.4 公司有专职保卫人员负责公司的日常保卫工作，运用有效的手段防破坏、防盗窃、防火灾、防爆炸。发现工作地点有任何异常情况或自己及他人的安全出现问题，有责任立即向安全管理部门报告。

2.8.5 门禁系统主要用于中研、中试等技术保密部门，相关人员凭授权工卡可以通过门禁出入相应部门，任何人不得随意破坏门禁设施或将授权工卡借给他人，公司核心技术部门及其他重要部门都加装了闭路监控系统。

2.8.6 在工作区域严禁吸烟，员工吸烟必须在指定地点进行，在生产区域和库房严禁烟火，员工在非吸烟区吸烟，发现一次处以1000元以上罚款，并写书面检讨，视认识态度好坏给予辞退、降工资、点名通报、不点名通报等行政处理。

2.8.7 出现火灾应及时报警，外线报警拨119，内线报警拨3119，或拨安全岗电话，报警时应报告火灾的位置及性质，并及时获取灭火器材，设法将火扑灭。

2.9 道德情操与自律

勿以善小而不为，勿以恶小而为之。

2.9.1 上班时间不从事与工作无关的个人活动，不打私人电话。

2.9.2 不利用工作机会和便利谋求私利，不损公利己。

2.9.3 自觉维护公司形象，不传播或散布不利于公司、部门和同事的言论。

2.9.4 珍惜他人劳动、节约公司资源，爱护工作和生活环境。

2.9.5 生活作风检点，严格遵循社会道德准则。

2.9.6 重伦理，爱家人，公司提倡将在华为的第一个月工资寄回家里，孝敬父母。

2.9.7 关注国家、民族的命运，乐于向遭受各种灾害的地区或急需经济援助的同胞捐献钱物。

2.10 利益与关系处理

2.10.1 公司倡导廉洁、自律、守法、诚信、敬业的职业道德。

2.10.2 员工的一切职务行为都必须以维护公司利益、对社会负责为目的。

2.11 贪污受贿禁止

2.11.1 员工在经营管理活动中，不准直接或间接索取业务关联单位的礼物或利益，不许向业务单位提与公司工作无关的要求，不许接受业务单位任何回扣、佣金、小费等。遇到类似情况应及时上报。

2.11.2 员工不得挪用公款谋取个人利益或为他人谋取利益。

2.11.3 员工在财务报销中要实事求是，不得虚报冒领、私费公报。

2.12 兼职禁止

禁止员工在公司外兼任任何工作，尤其严格禁止以下兼职行为。

2.12.1 兼职于公司的业务关联单位或商业竞争对手。

2.12.2 所兼任的工作构成对公司的商业竞争。

2.12.3 在公司内利用公司的时间资源和其他资源从事兼任的工作。

2.13 经营行为限制

2.13.1 员工不得超越本职业务和职权范围,开展经营活动。禁止超越业务范围和本职权限,从事投资业务。

2.13.2 员工除本职工作外,未经公司总裁授权或批准,不得从事下列活动:

以公司名义提供担保、证明;

以公司名义考察、谈判、签约;

以公司名义对新闻媒介和外界发表意见、消息;

以公司名义出席各种会议或其他公众活动。

2.14 个人投资限制

2.14.1 禁止以各种名义进行个人投资:

投资于公司的客户或商业竞争对手;

以职务之便向投资对象提供利益;

以亲属、朋友名义从事上述二项投资活动;

以个人名义或与他人合伙办公司;

向公司供应商投资或持有其股份。

2.14.2 不从事社会炒股炒汇等金融投资投机活动。

2.15 交际应酬限制

2.15.1 公司对外的交际应酬活动,应本着礼貌大方、简朴务实的原则,不得铺张浪费,严禁涉及违法及不道德的行为。

2.15.2 禁止过于频繁或豪华的宴请。

2.15.3 不安排客户、业务单位到低级的场所(夜总会、歌舞厅等)或不安全的场所就餐和活动。

2.15.4 不允许自己开车接送客人,由此引起的安全事故由个人承担全部责任。

2.15.5 员工在与业务关联单位进行业务联系过程中,对超出正常业务联系所需要的交际活动,应谢绝参加。

2.15.6 不允许参加具有赌博性质的活动。

2.15.7 不允许参加对方旨在为了从我方取得不正当利益的活动。

2.15.8 公司内部的交际应酬活动，应提倡热情简朴，不准用公款进行宴请及相关活动。

2.16 与竞争对手的关系限制

2.16.1 华为提倡与竞争对手之间的公平竞争的行为。

2.16.2 避免与竞争对手的员工产生、保持可能不利于公司的关系，如有疑问向公司人力资源部或知识产权部咨询、反映。

2.16.3 不得同竞争对手讨论公司的保密信息。

2.16.4 不允许在客户面前或外界攻击竞争对手。

2.16.5 禁止用不正当方式获取竞争对手的商业秘密。

3 华为人礼仪

3.1 言谈

3.1.1 接受别人帮助时，衷心表示谢意；给别人造成不便时，真诚致以歉意。

3.1.2 与人交谈，避免"一言堂"，要给对方谈话的机会，善于倾听对方的发言。

3.1.3 交谈时注意力集中是对他人尊重的表现，切勿东张西望。

3.1.4 交谈的语气和言辞要注意场合，掌握分寸，力求简洁、明了。

3.1.5 研究工作时，坦诚地发表自己的见解，就事论事，不随意议论、攻击他人，在公共场所语言温和平静，注意不影响他人。

3.1.6 回避某些不宜交谈的话题：

他人个人私生活；

他人工资、奖金、股金；

他人工作岗位需保密的信息；

他人是非长短。

3.2 仪容仪表

3.2.1 保持健康、积极的心态：自尊、自信、自爱、自重。

3.2.2 举止文雅大方、稳健庄重。

3.2.3 服饰要整洁、得体、大方，在办公环境内，禁止男士着短裤、背心和拖鞋，禁止女士着无袖衣裙、超短裙裤和拖鞋等奇装异服。

3.2.4 发型大方得体，不留怪异发型，不染怪异颜色的头发。

3.2.5 正确佩戴工卡，应用卡带串起来，挂在胸前。

3.3 电话礼仪

3.3.1 听到电话铃声，应及时接听，并首先向对方问好，电话铃响三次内接起，如果稍迟，应主动致歉。

3.3.2 拨出电话应主动报出自己的姓名、单位，告知对方自己要与何人通话。

3.3.3 接打电话，声音要清晰、热情，音调适中，彬彬有礼，切忌语言生硬。

3.3.4 通话简明扼要，讲求效率。市内通话一般不超过5分钟，长途电话一般联络不应超过三分钟，特殊情况不宜超过5分钟。事前应准备通话要点，如果沟通内容较长，建议使用邮件或传真。

3.3.5 在接打电话过程中，要注意遵守公司的保密制度。

3.3.6 接听重要电话时，要养成做电话纪要的良好习惯。

3.3.7 周围的同事不在时，主动代接电话。

3.4 会议

3.4.1 会议的准备工作要充分、细致。

3.4.2 准时到会，最好在会议开始前几分钟到达。

3.4.3 先征得主席的允许方可使用录音机。

3.4.4 避免干扰别人发言，不垄断会议程序。

3.4.5 积极参与会议讨论，若是强调不同意别人的意见，则应谨慎地控制消极情绪的流露，会议发言紧扣主题，有条理地陈述自己的见解，以免浪费时间。

3.4.6 参加会议时，应将通信工具关闭或交秘书保管。

3.5 就餐

3.5.1 在规定的时间就餐，在规定的时间内结束就餐。

3.5.2 取餐时遵守秩序，排队轮候，举止文明，不大声喧哗。

3.5.3 厉行节约，按量取饭，尽量保持文明、安静的环境。

3.5.4 用餐后自觉清理桌面，座椅推回原位，餐具送回洗碗间。

3.5.5 办公期间不准在办公场所就餐和吃零食。

3.6 乘车

3.6.1 自觉遵守秩序，排队上下车，女士、长者优先。

3.6.2 发扬友爱精神，不以任何理由抢占座位。

3.6.3 保持车内卫生，不随意乱扔杂物、吐痰，严禁车内吸烟，乘坐班车时不得要求司机在非公司站点停车或更改指定路线。

3.7 乘电梯

3.7.1 乘电梯时，先下后上。

3.7.2 电梯内没有人时，在客人之前进入电梯，按住"开"的按钮，请客人入内；电梯内有人时，无论上下都应以客人、女士和长者优先。

3.7.3 先上电梯人员应靠后站，以免妨碍他人乘电梯。

3.7.4 电梯内不可大声喧哗或嬉笑吵闹。

3.7.5 与其他单位人员共用电梯时礼让他人。

资料来源：华为内部资料，根据已公开的资料进行系统整理

附录C

华为干部二十一条军规

1. 商业模式永远在变,唯一不变的是以真心换真金。
2. 如果你的声音没人重视,那是因为你离客户不够近。
3. 只要作战需要,造炮弹的也可以成为一个好炮手。
4. 永远不要低估比你努力的人,因为你很快就需要去追赶他(她)了。
5. 胶片(PPT)文化让你浮在半空,深入现场才是脚踏实地。
6. 那个反对你的声音可能说出了成败的关键。
7. 如果你觉得主管错了,请告诉他(她)。
8. 讨好领导的最好方式,就是把工作做好。
9. 逢迎上级1小时,不如服务客户1分钟。
10. 如果你想跟人站队,请站在客户那队。
11. 忙着站队的结果只能是掉队。
12. 不要因为小圈子而失去了大家庭。
13. 简单粗暴就像一堵无形的墙把你和他人隔开,你永远看不到墙那边的真实情况。
14. 大喊大叫的人只适合当啦啦队,真正有本事的人都在场上呢。
15. 最简单的是讲真话,最难的也是。
16. 你越试图掩盖问题,就越暴露你有问题。
17. 造假比诚实更辛苦,你永远需要用新的"造假"来掩盖上一个"造假"。
18. 公司机密跟你的灵魂永远是打包出卖的。

19. 从事第二职业的,请加倍努力,因为它将很快成为你唯一的职业。

20. 在大数据时代,任何以权谋私、贪污腐败都会留下痕迹。

21. 所有想要一夜暴富的人,最终都一贫如洗。

2016年8月11日,华为以总裁电邮〔2016〕074号文发布了《华为干部的二十一条军规》。这二十一条军规是在原"华为军规十六条"基础上修订补充而成的,但在华为内部仍沿用"十六条军规"的提法。

资料来源:华为内部资料

附录D
华为干部八条准则

1. 我们决不搞迎来送往,不给上级送礼,不当面赞扬上级,把精力放在为客户服务上。

2. 我们决不动用公司资源,也不能占用工作时间,为上级或其家属办私事。遇非办不可的特殊情况,应申报并由受益人支付相关费用。

3. 我们决不说假话,不捂盖子,不评价不了解的情况,不传播不实之词,有意见直接与当事人沟通或报告上级,更不能侵犯他人隐私。

4. 我们认真阅读文件、理解指令。主管的责任是胜利,不是简单的服从。主管尽职尽责的标准是通过激发部属的积极性、主动性、创造性去获取胜利。

5. 我们反对官僚主义,反对不作为,反对发牢骚讲怪话。对矛盾不回避,对困难不躲闪,积极探索,努力作为,勇于担当。

6. 我们反对文山会海,反对繁文缛节。学会复杂问题简单化,六百字以内说清一个重大问题。

7. 我们决不偷窃,决不私费公报,决不贪污受贿,决不造假,我们也决不允许我们当中任何人这样做,要爱护自身人格。

8. 我们决不允许跟人站队的不良行为在华为形成风气。个人应通过努力工作、创造价值去争取机会。

资料来源:华为内部资料

附录E
任正非管理名言

1. 任何一个国家、任何一个民族，都必须把建设自己祖国的信心建立在信任自己的基础上，只有在独立自主的基础上，才会获得平等与尊重。

2. 在管理改进中，一定要强调改进我们木板最短的那一块。各部门、各科室、各流程主要领导都要抓薄弱环节。要坚持均衡发展，不断地强化以流程型和时效型为主导的管理体系的建设，在符合公司整体核心竞争力提升的条件下，不断优化你的工作，提高贡献率。

3. 一个人再没本事也可以活69岁，但企业若没能力，可能连6天也活不下去。若一个企业的发展能够顺应自然法则和社会法则，其生命可以达到600岁，甚至更长时间。

4. 我们有许多员工盲目地在自豪，他们就像井底之蛙一样，看到我们在局部产品上偶然领先西方公司，就认为我们公司已经是世界水平了。他们并不知道世界著名公司的内涵，也不知道世界的发展走势，以及别人不愿公布的潜在成就。华为在这方面很年轻、幼稚，很不成熟。

5. 自我批判是思想、品德、素质、技能创新的优良工具。我们一定要推行以自我批判为中心的组织改造和优化活动。自我批判不是为批判而批判，也不是为全面否定而批判，而是为优化和建设而批判。

6. 干部一定要有天将降大任于斯人的胸怀、气质，要受得了委屈，特别是做了好事，还受冤枉的委屈。

7. 君子取之以道，小人趋之以利。以物质利益为基准，是建立不起一个强大的队伍的，也是不能长久的。

8. 活下去，永远是硬道理。近期的管理进步，必须有一个长远的目标方向，这就是核心竞争力的提升。

9. 我们要用最先进的工具做最先进的产品，要敢于投入。把天下打下来，就可以赚更多的钱。

10. 在战场上，军人的使命是捍卫国家主权的尊严；在市场上，企业家的使命是捍卫企业的市场地位。

11. 历时八年的市场游击队，锻炼了多少的英豪。吃水不忘挖井人，我们永远不要忘记他们。随着时代的发展，我们需要从游击队转向正规军，像参谋作业一样策划市场，像织布那样精密管理市场。

12. 成功是一个讨厌的教员，它诱使聪明人认为他们不会失败，它不是一位引导我们走向未来的可靠的向导。

13. 什么叫成功？是像日本企业那样，经九死一生还能好好地活着，这才是真正的成功。华为没有成功，只是在成长。

14. 世上有许多"欲速则不达"的案例，希望您丢掉速成的幻想，学习日本人踏踏实实、德国人一丝不苟的敬业精神。公司永远不会提拔一个没有基层经验的人做高层管理者。

15. 十年来我天天思考的都是失败，对成功视而不见，也没有什么荣誉感、自豪感，有的只是危机感。也许是这样(华为)才存活了十年。我们大家要一起来想，怎样才能活下去，才能存活得久一些。失败这一天一定会到来，大家要准备迎接，这是我从不动摇的看法，这是历史规律。

16. 世界上一切资源都可能枯竭，只有一种资源可以生生不息，那就是文化。

17. 我们就是要提拔那些屁股对着领导，眼睛盯着客户的员工。

18. 要敢想敢做，要勇于走向孤独。不流俗、不平庸，做世界一流企业，这是生命充实激越起来的根本途径。

19. 企业发展就是要发展一批狼。狼有三大特性：一是敏锐的嗅觉，二是不屈不挠、奋不顾身的进攻精神，三是群体奋斗的意识。

20. 华为公司一定要允许大家讲错话，大家要觉着说错话光荣，公司就是真的公司，不是假公司。

21. 华为的每个部门都要有狼狈组织计划，既要有进攻性的狼，又要有精于算计的狈。

22. 干部要学会经营组织，学会以组织行为去推动进步，增强组织弹性。

23. 实践是您水平提高的基础，它充分地检验了您的不足，只有暴露出来，您才会有进步。实践再实践，尤其对青年学生十分重要。

24. 要摆正自己的位置，不怕做小角色，才有可能做大角色。

25. 华为不需要思想家，需要解决问题的专家。公司只能给你位子，不能给你威望，威望需要你从实干中来。

26. 公司的管理总是跟不上你的进步，不因它的滞后而否定了你。即使发榜也只会选择少数代表，也不因为没有列入，你就不是英雄。

27. 不要总想做第一、第二、第三，不要抢登山头，不要有赌博心理，喜马拉雅山顶寒冷得很，不容易活下来，企业的最低和最高战略都是如何活下来！你活得比别人长久，你就是成功者！

28. 很多人喜欢带着情绪做事，一边做，一边不乐意。其实要么就不要做，要么就开开心心做。这世上没有谁欠谁，只有谁在乎谁。有时候依赖并不是真正非依赖不可，而是给彼此一个修好的机会。

29. 面子是无能者维护自己的盾牌。优秀的儿女，追求的是真理，而不是面子。只有不要脸的人，才会成为成功的人。要脱胎换骨成为真人。

30. 一个人再有本事，也得通过所在社会的主流价值认同，才能有机会。

资料来源：吴春波《华为没有秘密》及其他相关文献资料